中興小紀輯校

上

［南宋］熊克 撰　孔學 輯校

上海古籍出版社

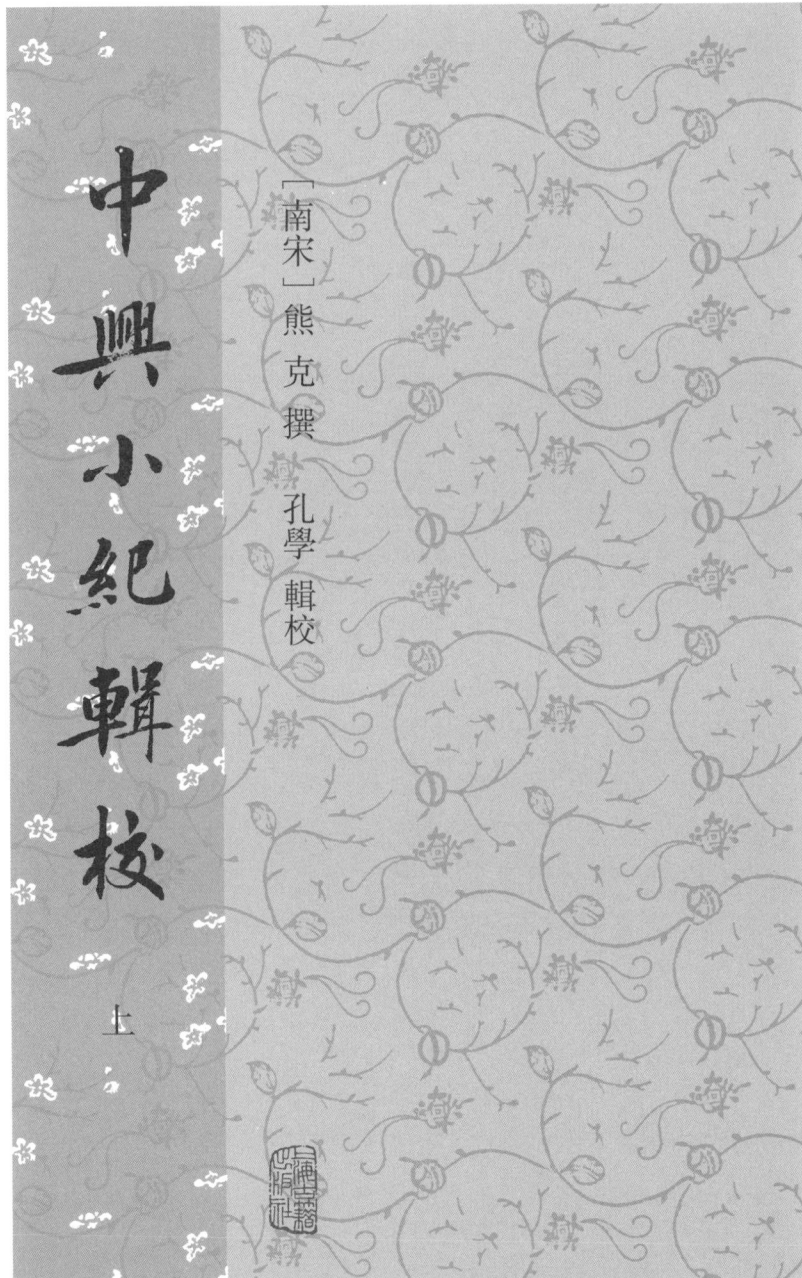

本書爲河南大學歷史文化學院資助出版項目

前言

中興小紀原名中興小曆，清人因避乾隆弘曆之諱改。原書已經失傳，今本是四庫館臣從永樂大典中輯出，並加以整理編排，分爲四十卷。有關此書，前人已經做了一些研究〔一〕。今在前人的基礎上對此書再加梳理。

一、熊克與中興小紀的撰寫

中興小曆，陳振孫直齋書録解題卷四及宋史卷二〇三藝文志均有著録，熊克撰，四十一卷。今本中興小紀四十卷則爲四庫館臣所分。

熊克，宋史有傳，字子復，福建建陽人。紹興二十七年中王十朋榜進士〔二〕，從此進入仕途。「紹興戊寅歲（二十八年），克攝事北苑」。〔三〕案北苑在福建建安東鳳凰山，所産茶，北宋以來一直爲貢品。宋廷專門在此設官管理。熊克中進士後，首先擔任權攝監當官。

乾道五年，調餘姚縣尉，「暨調餘姚尉，史越王嘗爲是官，適以舊學召入相，道出餘姚。熊攜行卷詣

王舟上謁，王讀其文而器之」。〔四〕

乾道六年，調任鎮江府教授。陸游入蜀記卷一乾道六年六月所記云：「十七日平旦，入鎮江，泊船西驛。見府學教授、左文林郎熊克。十九日，同坐熊教授，建寧人。」

淳熙二年，知諸暨縣。熊克有賀陳丞相帥閩啓云：「輔邦引疾，本祈閒散之居；潛府移麾，更受劇繁之任。」〔五〕前指任鎮江府教授，後指知諸暨縣。而據淳熙三山志，陳俊卿於淳熙二年知福州。宋史本傳謂部使者芮煇薦舉改官，而芮煇任浙東提刑在淳熙二年十二月至四年十月〔六〕，大致可推知熊克於淳熙五年離任。

淳熙五年，提轄文思院。宋會要輯稿禮一二之六載將作監申文思院提轄熊克等劄子，言鑄造韓世忠家廟祭器事，繫於淳熙六年正月六日。

淳熙七年三月，除校書郎。淳熙九年六月，除秘書郎〔七〕。淳熙七年十月，以校書郎兼國史院編修官；九年六月，爲秘書郎仍兼〔八〕。淳熙九年七月，以祕書省祕書郎兼學士院權直。所以熊克在淳熙九年十二月爲宣和北苑貢茶録作跋自署銜云：「朝散郎、行秘書郎、兼國史編修官、學士院權直熊克謹記。」十年二月，除起居郎兼權直院〔九〕。案：起居郎，宋會要輯稿、宋史本傳、直齋書録解題卷一八、名賢氏族言行類稿卷一均作「起居舍人」，當是。宋會要輯稿職官七二之七云：「十年二月二十六日，新除起居舍人熊克與在外差遣。以言者論克夤緣請托，忽叨召試，今兹峻除，士論尤駭，故寢新命。」

據嘉定赤城志卷九所列表格載，熊克於淳熙十一年三月四日以朝請郎知台州。十二年正月，以進九朝通略轉朝奉大夫。十三年正月二日召。但宋會要輯稿職官七二之七云：「（淳熙十二年十一月）十四日，知台州熊克放罷。以浙東提刑趙公碩、提舉常平岳甫奏，克在任縱容軍人販私鹽，凡改刺軍人私取緡錢，不遵法令。故有是命。」此後，奉祠居家不仕。紹熙間卒〔一〇〕，享年七十三歲。

熊克「好學善屬文」〔一一〕，仕宦之餘，著述不輟。據宋史藝文志及直齋書録解題等書記載，其著作如下：

（一）九朝通略一百六十八卷，玉海云：「倣通鑑之體，作繫年之書，一載釐爲一卷。」〔一二〕是一部記載北宋九朝的編年體史書。今已散佚。

（二）中興小曆四十一卷，原書已經散佚，今本中興小紀則爲四庫館臣從永樂大典中輯出，分爲四十卷。

（三）皇朝中興紀事本末，原書應是一百卷，今殘存七十六卷。此書在中興小曆的基礎上增删而成，也是高宗一朝的編年史。今存建炎元年至紹興二十年的紀事。

（四）官制新典十卷，解題云：「其書以元豐新制爲主，而元祐之略加通變，崇政之恣爲紛更，皆具列焉。」〔一三〕

（五）聖朝職略二十卷，解題云：「倣馬永錫唐職林，考其廢置因革，亦頗采故事，摘舊制誥中語附焉。其書猶草創未成，蓋應用之具也。」〔一四〕

（六）鎮江志十卷，當是其任鎮江府教授時所作。

（七）京口詩集十卷、續二卷，解題云：「鎮江教授熊克集開寶以來詩文，本二十卷，止刻其詩。續又得二卷，自南唐而上曾所遺者，補八十餘篇。」〔一五〕

（八）四六類稿三十卷，解題云：「皆四六應用之文也，亦無過人者。」〔一六〕熊克因善於四六儷語，因召爲校書郎。

（九）館學喜雪唱和詩一卷，宋會要輯稿瑞異一之五云：「淳熙癸卯前立春一夕大雪，祕書郎熊克賦詩，館學之士和焉。」癸卯爲淳熙十年，則此詩集當成書於此年。

（十）帝王經譜，不知卷數〔一七〕。

（十一）諸子菁華，不知卷數〔一八〕。

案明祁承㸁澹生堂藏書目著録，熊克北苑別録一卷。但其書後有趙汝礪跋，當爲趙汝礪所作。熊克衆多著作流傳至今的有中興小曆（即中興小紀）四十卷；皇朝中興紀事本末七十六卷。其他則散見於宋代類書等著作中。

關於中興小曆的撰寫，由於原書散佚，今本中興小紀是從永樂大典輯出，已失原本之舊。且未見此書的序跋。爬梳有關史料，大致可以勾畫此書的撰寫過程。熊克出身於書香門第，其父熊蕃曾著有宣和北苑貢茶録，其家鄉建陽有著名的麻沙書坊，是宋代刻書中心之一。加之熊克，「好學善屬文」，郡博士胡憲器之曰：「子學老於年，他日當以文章顯。」〔一九〕所以在淳熙七年有人向宋孝宗推薦他的文章，得到賞識，進入秘書省任職。歷任校書郎、秘書郎、起居舍人、兼國史院編修官、兼權直學士院。淳熙十年二月才離開秘書省。秘書省掌管圖籍及撰述，在此熊克可以查閱藏於「金匱石屋」的皇家藏書。作爲史官，參與修史。爲他後來修史獲得了技能的訓練及資料的儲備。並已經私下撰著九朝通略，淳熙十一年三月出知台州，同年十二月，以進九朝通略轉一官〔二〇〕。九朝通略是記載北宋九朝的編年體史書，宋廷對他進書後轉一官，不僅是對他編撰本朝史的獎勵，而且也是對他撰寫史書的官方肯定。這無疑激勵他繼續撰寫宋高宗的編年體史書。而此時有關高宗朝的官方部分史書已經編纂完成，如中興會要二百卷，於乾道九年七月成書，九月進呈〔二一〕。太上皇日曆在宋孝宗淳熙三年三月完成進呈〔二二〕。淳熙七年，熊克進入秘書省。熊克的書自稱小曆，是相對高宗日曆而言，所以熊克中興小曆的資料準備工作不會早於這兩個時間。而其開始撰寫中興小曆大約在淳熙十二年。從書中避孝宗之諱而不避光宗之諱（如卷十六紹興四年八月癸卯條載「先是，侍御史魏矼薦武臣崔謹習、王宏」，「崔謹習」，宋會要輯稿職官五五作「崔慎習」；繫年要録卷七九作「崔慎由」改「慎」爲「謹」，蓋避孝宗之諱），説明其成書應該在孝宗朝。孝宗於淳熙十六年二月壬戌禪位其子趙惇（宋光宗），中興小曆的成書當在此以前。從書中所引資料也可爲證，如卷三十八紹興二十九年十二月附引洪邁隨筆録，所引内容見容齋隨筆卷十致仕之失，而容齋隨筆成書於淳熙七年。李心傳建炎以來繫年要録卷一百七十七紹興二十七年七月庚午條注文針對熊克小曆所記王師心的事跡與日曆所載相差較大考證云：「熊克小曆載：師心建請於今年六月末，又云『上然之』，乃與日曆所書全不同。至於此日所書上語，則又去其首尾，蓋克本故相王淮門下士，而書成之時，淮尚爲左相，故於師心事多所緣飾也。今並正之。」而據宋宰輔編年録卷十八載：王淮於淳熙九年九月庚午拜左相，淳熙十五年五月乙亥罷相。因此中興小曆的成書當在淳熙九年九月至淳熙十五年五月之間。前述熊克進呈九朝通略在淳熙十一年十二月，所以中興小曆的撰寫應在淳熙十二年至淳熙十五年五月乙亥之間。

二、中興小紀資料來源

中興小紀是一部記載宋高宗一朝的編年體史書。學習的榜樣是北宋司馬光主編的資治通鑑，資治通鑑以歷代正史、實録爲主，旁採野史、稗乘而成。中興小曆也是如此，書名「小曆」，當然是相對官修高宗日曆而言。高宗日曆長達一千卷。因此，本書以高宗日曆爲藍本則是無疑的。宋代日曆實際上是雜取編年紀傳而成，總體上是編年敘事，但遇到某知名大臣薨卒時，則附其傳記，所以又有紀傳成分。中興小曆中很多未注明出處的文字，當是抄自原高宗日曆的文字。另官修史書中興會要也是本書可以參考的資料，如卷九建炎四年十二月乙未條注文云：「以會要及范宗尹事實參纂。」另外，成書於孝宗乾道二年的高宗聖政也是本書參考的資料，如卷十紹興元年二月辛未載：「詔和州鎮撫使趙霖以屯田法養兵。」而劉達可璧水群英待問會元卷六十九也引此段文字，注文標明來自聖政。而高宗正史及高宗實録由於當時還未成書，所以無法參考。官修史書之外，熊克還參考了大量的私家著述，下面從其書注文所引羅列於後：

揚祖行述	卷一建炎元年五月末附
吕本中雜説曰	卷一建炎元年六月壬戌附
吕好問家傳曰	卷二建炎元年七月癸卯附
翟汝文奏狀	卷二建炎元年九月月己亥
野記	卷二建炎元年十二月丙辰
楊時墓誌及胡安國奏狀	卷二建炎元年十二月附
（王）庶傳修	卷三建炎二年五月附
顔岐所編聖語	卷四建炎二年七月辛亥
葉夢得行述	卷四建炎二年七月附
張匯所記與馬擴自叙	卷四建炎二年八月甲戌
朱勝非閒居録	卷四建炎二年十月甲寅；卷五建炎三年三月甲申（本末無）；卷八建炎四年五月丁巳、五月戊辰；卷九建炎四年十一月戊申；卷十紹興元年二月附；卷十五紹興三年十一月戊午；卷十六紹興四年二月乙丑、七月附、八月庚辰、八月戊子、十一月己未；卷十八紹興五年三月乙酉；卷二十紹興六年六月戊申、十二月乙巳；卷二十一紹興七年四月癸卯；卷二十四紹興八年四月附、六月戊寅、六月癸未；卷二十五紹興八年十一月己丑；卷二十七紹興九年八月乙亥；卷二十八紹興十年九月附、十月附

（續表）

（魏）行可墓誌	卷四建炎二年十一月戊戌
張澂論黄潛善等疏	卷五建炎三年正月辛丑
趙鼎扈從録	卷五建炎三年二月庚戌朔、卷七建炎三年十一月戊午
（鄭）瑴傳	卷五建炎三年二月壬子
汪伯彦時政記	卷五建炎三年二月壬戌（本末無）
（莫濟）葉夢得行述曰	卷五建炎三年三月辛巳（本末無）
（盧）益行述	卷五建炎三年三月壬午
孫覿作李謨墓誌	卷五建炎三年三月丁亥
張浚復辟記	卷五建炎三年三月辛丑
劉光世行述	卷六建炎三年四月甲寅
趙鼎事實	卷六建炎三年四月乙卯；卷七建炎三年十二月壬午；卷九建炎四年八月己丑、九月己巳；卷十六紹興四年八月戊子；卷十七紹興四年九月癸酉、九月甲戌、十一月戊申、十一月辛未、十二月乙亥；卷十八紹興五年二月丙戌、紹興五年五月己亥、紹興六年八月、紹興六年九月庚午、紹興六年十月甲辰；卷二十紹興六年正月癸未、二月癸亥、七月庚辰；卷二十一紹興七年三月附、六月甲午；卷二十二紹興七年八月壬寅、九月丁丑；卷二十三紹興七年十月丙申、閏十月癸亥、十二月附；卷二十四紹興八年正月戊戌、三月壬辰、六月戊寅；卷二十五紹興八年秋七月己丑、十月丁巳、十月甲戌；卷二十六紹興九年六月附；卷二十八紹興十年六月丁酉

（續表）

林杞遺事	卷六建炎三年五月丙戌
建炎復辟記	卷六建炎三年六月己酉
吕頤浩勤王記	卷六建炎三年六月己酉
陳戩行狀	卷六建炎三年七月壬寅
王之望記西事	卷七建炎三年閏八月附、十一月癸酉；卷八建炎四年三月己酉
葉夢得避暑録	卷七建炎三年十一月庚申
吕頤浩逢辰記	卷七建炎三年十二壬午
劉豫傳及張滙所記	卷八建炎四年五月附
徐度卻掃編	卷八建炎四年六月丙戌
張浚丁巳瀟湘録	卷九建炎四年八月辛巳
王之望西事記	卷九建炎四年八月辛巳、九月附、十一月月附；卷十紹興元年二月附；卷十一紹興元年十月甲申、乙亥
范宗尹事實	卷九建炎四年九月己巳、十二月乙未

（續表）

會要	卷九建炎四年十二月乙未
汪藻外制	卷十紹興元年二月附
呂大麟見聞録曰	卷十一紹興元年十月甲申
李龜年紀楊么本末、李龜年記	卷十三紹興二年十二月甲寅、卷十八紹興五年六月附
鄭剛中送人序	卷十四紹興三年六月戊子
喻樗語録	卷十七紹興四年十一月癸丑、卷十八紹興五年二月丙戌、卷二十二紹興七年九月乙亥
趙鼎遺事	卷十七紹興四年十一月己未、卷二十二紹興七年八月戊戌（作趙鼎逸事）、卷二十三紹興七年十月丙申
魏良臣進奉使語録	卷七紹興四年十二月丁丑
趙鼎雜記	卷二十一紹興七年正月癸亥、卷二十三紹興七年十月丙申
呂大麟見聞志曰	卷二十一紹興七年元月丁亥
野記	卷二十一紹興七年四月癸卯、卷二十九紹興十一年四月庚寅、卷三十紹興十二年十一月癸巳、卷三十五紹興二十三三月辛巳

薛季宣所述	卷二十一紹興七年四月癸卯
張戒彈何掄章修	卷二十二紹興七年七月癸未
鄭克作吕祉行述曰	卷二十二紹興七年八月戊戌
	卷二十二紹興七年八月甲辰、卷二十三紹興七年十一月壬寅
張戒默記	卷二十四紹興八年五月戊子、丁未；卷二十五紹興八年十月甲戌；卷二十八紹興十年五月壬辰
方疇稽山語録	卷二十五紹興八年七月辛亥、十月丁巳、十一月己丑
勾龍如淵退朝録	卷二十五紹興八年十月甲戌、十一月己丑、十二月丁丑；卷二十六紹興九年春正月戊戌
順昌破敵録	卷二十八紹興十年六月乙卯
順昌被虜記	卷二十八紹興十年六月乙卯、七月己未
野史	卷二十九紹興十一年三月附、癸巳、十一月己亥、十二月附
王伯庠撰王次翁叙紀	卷二十九紹興十一年四月壬辰
劉子羽墓誌	卷二十九紹興十一年十一月乙巳

（續表）

洪邁夷堅志	卷二十九紹興十一年十一月附
孫覿誌禼之墓	卷三十紹興十二年十月附
麟臺故事	卷三十一紹興十四年七月壬戌
（吴）璘、（楊）政墓誌	卷三十一紹興十四年九月辛酉
（周）執羔行述	卷三十三紹興十七年十二月壬子
虜中廢亮詔	卷三十三紹興十八年九月附
陳璹編貢馬須知	卷三十四紹興十九年十二月附
張棣所記	卷三十五紹興二十二年十二月附
（賀允中）墓誌	卷三十五紹興二十三年七月附
（池州）方志	卷三十五紹興二十三年十二月附
邵溥作楊仁墓誌	卷三十六紹興二十四年五月附
周執羔誌	卷三十六紹興二十四年六月附

（續表）

（洪）興祖墓誌	卷三十六紹興二十五年八月附
（朱）魯訔爲敦儒集序	卷三十六紹興二十五年十月庚辰
洪邁隨筆録	卷三十八紹興二十九年十二月附
（楊）存中行述	卷四十紹興三十一年二月甲午
宋翌所記金亮本末	卷四十紹興三十一年十月庚子
楊倓江陵志	卷四十紹興三十一年年末附

三、中興小紀的價值與不足

四庫館臣認爲中興小曆：「上援朝典，下參私記，綴緝聯貫，具有倫理。其於心傳之書，亦不失先河之導。」〔二三〕我們認爲中興小曆有以下價值：

其一，首開私人編撰高宗朝編年史之先河。在此前秦檜專權時，爲了維持對金屈膝講和及壓制社會輿論，曾下詔禁止私史，並不惜大興冤獄，如李光的小史案就牽連衆多人員。雖然熊克在孝宗淳熙年問修史時，秦檜已死，私人修史也已解禁，但其所造成的寒蟬效應仍然存在。特别是一些歷史事件的當事人或其直系親屬還在，是非褒貶動惹非議。所以在此時毅然撰寫「當代史」，是需要很大勇氣的。中興小曆編撰完成後，遲遲没有進呈朝廷，恐怕有作者擔心惹禍的因素。

有關高宗朝的編年史，最完備、最系統的，當是李心傳於宋寧宗嘉定三年上奏朝廷的建炎以來繫年要録。四庫館臣認爲中興小曆對要録「亦不失先河之導」。而余嘉錫則認爲：「李心傳於此書頗致不滿，其作繫年要録，駁正小曆之誤，幾於指不勝屈。心傳之書自是以李燾長編爲法，不假此爲先河之導也。」〔二四〕而辛更儒認爲：就體例而言，要録溯源於長編。「然而高宗一朝編年史之作，小曆乃首創，要録踵繼之，且以其爲重要參考書，又怎能抹殺其開創先河之功績！」〔二五〕温志拔研究認爲：「建炎以來繫年要録所引熊克小曆，應當是今存皇朝中興紀事本末而非今本中興小紀。」〔二六〕而皇朝中興紀事本末則在中興小曆的基礎增補而成，所以四庫館臣的説法仍可成立。

事實上，中興小曆對要録的影響更加廣泛，據統計，要録提到中興小曆達四百二十餘處，這些注文，有的是采用小曆的説法，如卷八十二紹興四年十一月壬子條載：「自豫僭立，朝廷以金故，至以大齊名之。至是始下詔聲其逆罪焉。」注文云：「此據熊克小曆。」類似的例子還有卷八建炎元年八月丙戌條記尚書右丞許翰罷官奉祠，卷十六建炎二年六月丙辰葉濃之亂，卷二十三建炎三年五月丁亥載韓世忠擒獲劉正彦事，卷六十紹興二年十二月附翟琮擒盜發永安陵孟邦雄之事等，均據小曆。

有的是對小曆糾謬，如卷一載苗傅是苗履之子，注文云：「熊克中興小曆以傅爲授子，蓋誤也。」

書中這類例子最多，如卷八建炎元年八月癸酉載耿南仲南雄州安置，注文云：「熊克小曆作建昌軍居住，誤也。」又如卷十建炎元年十二月戊申載尚書吏部侍郎周武仲試刑部尚書，注文云：「熊克小曆：武仲及顔岐並郭三益之除在丙午。蓋誤。」

有的則是考異，如卷五建炎元年五月丁酉載吴幵、莫儔、謝克家、顔岐除罷事，注文云：「熊克小曆，吴幵、莫儔、謝克家、顔岐除罷並在戊戌，今從日曆。」又如卷八建炎元年八月壬戌並命李綱及黄潛善爲左右僕射事，注文云：「建炎日曆、中興制草並命二相在今年七月。熊克小曆亦載於七月壬寅。而李綱建炎進退志云：『八月五日告廷。』綱自記必不妄。今從進退志。」再如卷二十一建炎三年三月庚辰載朱勝非拜相事，注文云：「熊克小曆，勝非拜相在庚辰，日曆在己卯。〔按〕勝非閑居録亦云：『三月一日至臨安，以晡入見。』則降制必在初二日也。勝非自記，當得其真。今從之。」再如卷十三建炎二年二月庚辰條載王淵建節事，注文云：「會要：淵建節在去年七月平杜用之後。日曆亦於八月庚申書楊惟忠、劉光世、王淵並除節度使。而此日又書之，且有制詞。〔案〕野記及熊克小曆皆云淵平杭賊還建節。今附此，更須詳考。」

而李裕民進一步考證認爲：

按：館臣肯定其開繫年要録之先河，所論甚是。然本書價值實不止此，與繫年要録相比，可補要録之缺不少。如卷二九載：「紹興十一年六月辛巳，上謂宰執曰：『世忠以克敵弓勝金敵，朕取觀之，誠工巧，然猶未盡善，朕籌累日，乃小更之，遂增二石之力，而減數斤之重，今方盡善。後雖有作者，無以加矣。』秦檜曰：『百工之事，皆聖人作，非諸將所及也。』」〔二〕高宗吹牛，秦檜拍馬，兩副嘴臉，躍然紙上，繫年要録删去秦檜之語，後人就難窺全貌了。卷二九中除此條外，尚有十二條爲繫年要録所無，正月辛亥、三月庚子、三月癸丑（後半）、三月庚申、五月辛亥、六月癸巳，同日劉光世條（後半）、七月辛酉、九月丁未、十一月癸卯、十二月己丑（後半）、十二月癸酉（後半）。此書亦可正要録之誤。如繫年要録卷一三九紹興十一年庚寅條「上謂宰執曰：『自敵犯邊，報至，人非一，朕惟静坐一室中，思所以應敵之方，自然利害皆見』」，「人非一」不可通，據中興小紀，知應作「人言非一」，又「思」上當據補「精」字。」〔二七〕所論甚是。

其二，具有較高的史料價值。中興小曆是以高宗日曆爲主，參考其他官私記載撰寫而成，高宗日曆今已失傳，雖然要録等書有引用，但取捨詳略不同，小曆自有其獨特價值。所引私家記載，有很多現已失傳，小曆所引可以輯佚。流傳至今的，也可以進行校勘。小曆的史料價值大致有以下幾個方面：

首先，很多史料爲本書所獨有。除隻言片語外，據筆者統計，有二十九條是小曆與皇朝中興紀事本末所獨有的：分别是：卷十紹興元年一月辛未；卷十一紹興元年九月己未、十月戊辰；卷十二紹興二年四月癸丑；卷十三紹興二年七月乙亥、十月乙巳，十一月己未；卷十四紹興三年三月丁卯、四月癸未、五月癸酉；卷十五紹興三年秋七月丙辰、秋七月己未、十月癸未、十月壬寅、十月己酉、十一月戊午；卷十六紹興四年正月丁巳、二月乙酉、三月甲戌、四月庚寅；卷十七紹興四年十月戊戌、十月壬寅；卷十九紹興五年九月己丑；卷二十六紹興九年二月癸酉、三月甲午；卷二十七紹興九年八月己酉；卷二十九紹興十一年正月辛亥、三月庚申、六月辛酉。

其次，其它書有而以本書較爲完整，如卷三十四紹興二十年九月附有關義倉的歷史沿革的敘述，雖然南宋董煟救荒活民書卷三也有，但内容有删節。再如卷十紹興元年三月辛亥條，高宗下詔令各級官吏督促開墾荒田，此詔僅山堂考索前集卷六十五地理門有部分摘要。

再次，他書雖有記載，所記有所不同，如小曆卷三建炎元年十二月丙子載：「初，故崇政殿説書河南程頤以道學爲天下倡，其門人高弟，則有故監察御史建陽游酢與今徽猷閣待制將樂楊時。是日，以時爲工部侍郎，時年七十九矣。」「七十九」，繫年要録卷一一作「七十五」，「丙子」，繫年要録卷一一則繫於「庚辰」，並考證云：「熊克小曆：時之除在丙子，今從日曆。」再如，小曆卷四建炎二年八月載除信王爲「除河外兵馬都元帥」。繫年要録卷十五建炎二年四月末附載此事，並在注文考證云：「熊克小曆載信王除河外元帥在八月。〔案〕紹興元年五月，馬擴屬官萬俟篪家乞恩澤狀云：『建炎二年七月，河北節制應援軍馬馬擴申奏起復從軍前去，至當年八月，到大名府館陶縣駐劄。』詳此，則信王除帥當在七月矣。而紹興五年七月五日臣僚上言：『吏部取會到馬擴公文，稱建炎二年四月内，恭禀聖訓，渡河討賊，責任成功，許便宜從事。至大名府館陶縣，方准朝旨，不得渡河。』據此，則信王之除，蓋在四月也。今移附此，俟考。」

中興小曆成書較早，也存在不少問題。首先，其所依據的高宗日曆就存在不少問題，紹興十二年以前的内容沿用紹興日曆，由秦檜、秦熺父子主持編修而成。爲了掩蓋自己的醜行，凡是不利自己的記載全加毀棄。宋史秦檜傳載：「自檜再相，凡前罷相以來詔書章疏稍及檜者，率更易焚棄，日曆、時政亡失已多，是後記録皆熺筆，無復有公是非矣！」雖然後來臣僚建議重修，但效果並不顯著。馬端臨引中興四朝國史藝文志云：「高宗日曆初年者多爲秦檜改棄。專政以後，記録尤不足信。韓侂胄當國，寧宗日曆亦多誣。後皆命刊修。然高宗日曆、時政記亡失，多不復可考。」〔二八〕岳珂指出日曆等書記載岳飛事跡不實云：「重念先大父得罪於紹興十一年之十二月，而秦檜死於紹興二十五年之十月，相距凡十四載。檜是時方專上宰，監修國史、日曆，則没先大父之功，而重先大父之罪，變亂是非，固有不待言而明者。」〔二九〕熊克在小曆一書中，選擇高宗日曆的精要，並參考其它官私著作，對原日曆進行訂誤補闕。但原日曆的缺誤對其影響仍然很大。如本書記載秦檜對高宗阿諛奉承的話超過其它史書。李心傳批評：「其書多避就，未爲精博。」〔三〇〕陳振孫批評：「克之爲書，往往疏略多牴牾，不稱良史。」〔三一〕所謂「多避就」，也就是多避諱遷就之意，如小曆卷三十六紹興二十四年六月云：「時衢州饑民嘯聚爲盗，而守臣王曮措置乖方，且有贓汙不法之事。甲辰，宰執奏欲先罷曮。上謂秦檜曰：曮是卿之親戚，今罷之，勝罷其他十數人也。既而盗捕獲而猶未定，詔以提舉太平興國宫王師心知衢州，民始安堵。」案：繫年要録卷一六六甲辰條注文考證云：「按師心除命與曮同日，此時盗猶未平，今不取。」再如，小曆卷三十七紹興二十七年六月末載：「初，荆南府爲上流重地，而兵力寡弱，户部侍郎王師心時爲帥，嘗奏乞分鄂渚重兵留屯，以示形勢。從之。」而繫年要録一七七六月壬子云：「户部侍郎王師心言：『荆南爲上流重地，而兵力寡弱。舊例鄂州歲遣御前軍千人戍其地，欲增戍二千，以示形勢。』上以荆南乏財，不許。」注文考證云：「其所云與日曆不同，今不取。」小曆下文云：「至是，師心又言：『鄂渚戍兵，市馬北境，宜禁止以窒邊釁。又鼎、澧、歸、峽産茶，民私販入北境，利數倍，自知盭法不赦，因去爲盜。由引錢太重，貧不能輸，故抵此。望别創憑由，輕立引價，既開其衣食之門，民必悔過改業，而盜可消矣。』」上然之。秋七月庚午，上曰：『茶鹽禁榷，本爲國用所需，若財賦有餘，則摘山煮海之利，朕當與民共之。』」繫年要録卷一百七十七載：「庚午，給事中王師心言：『鼎、澧、歸、峽産茶，民私販入北境，利數倍。自知戾法不顧，因去爲盜，由引錢太重，貧不能輸，故抵此。望别創憑由，輕立引價，既開其衣食之門，民必悔過改業，而盜自消矣。』上覽疏，謂宰執曰：『茶鹽禁榷，本爲國用所需，若財賦有餘，則摘山煮海之利，朕當與百姓共之。姑遵舊制可也。』」注文云：「熊克小曆載師心建請於今年六月末，又云：『上然之。』乃與日曆所書全不同。至於此日所書上語，則又去其首尾，蓋克本故相王淮門下士，而書成之歲，淮尚爲左相，故於師心事，多所緣飾也。今並正之。」因此，熊克對王師心之事多溢美之詞，蓋因王師心是當時左相王淮的伯父的緣故。

其次，小曆雖然參考了衆多的私家著作，但選擇、考證不精。南宋承襲北宋以來的朋黨之爭，有新舊黨爭、主戰與主和之爭、新學與洛學之爭以及各種原因形成的政爭等。他們站在自己的立場上對有關事件進行記録，難免有失實之處。正如李心傳所説：「南渡之初，一時私家記録，往往傳聞失實，私意亂真，垂之方來，何所考信？」〔三二〕對這些紛錯難信記録應該細加考證，但熊克顯然做得不夠。如卷一建炎元年六月壬戌載李綱與吕好問對如何處理北宋末年金兵圍東京城時，一些大臣失節從僞楚事，發生爭議，後引呂本中雜説爲其父辯護云：「由是觀之，耿南仲、李綱之黨，苟以罪更相加誣，於國事所害甚大，皆不得無罪也。」繫年要録卷六癸亥條注文考證云：「案綱斥逐僞黨，乃國法之所當然。本中以綱與其父異論而排之，今不取。」呂好問也在圍城中擔任僞楚高官，所以與李綱有異議，而呂本中又是其子，顯然，李心傳的見識略勝一籌。而對岳飛的記載也多有不實之處，岳珂指出：「先兄吏部甫任浙東提舉日，熊舍人克知台州，以公事爲先兄按發罷黜，積憾不洩。以先兄甫爲先伯御帶雲之嫡子，故於作中興小曆之際，專欲歸罪。夫史館所大據依者國史、日曆，而旁證者野史、雜記。所進實録必以是爲本，而先大父不幸受秦檜之誣，而又與熊克有子孫一時之憾，曖昧之迹，無以自明，銜冤地下，永無信眉之日。」〔二三〕至於史事錯誤，書中多有，如卷三十八紹興二十八年五月附完顏亮坐薰風殿爲其臣下講述自己所做異夢之事，「薰風殿」，繫年要録卷一七六作「武德殿」，岳珂桯史卷九正隆南寇也作「武德殿」，並認爲小曆作「薰風殿」誤。繫年要録中考證小曆記事錯誤比比皆是。

清人廖廷相指出：「然觀此書所記，多詆抑李綱、趙鼎諸賢，而傅會和議，是非已謬。於當時君臣諛頌之辭，瑣屑必録，而韓、岳戰功反略。武穆之冤，未能表白。所徵引如汪伯彦時政記、朱勝非閒居録等書，尤屬誣辭，殊少別擇。」〔二四〕雖然當時時代較近，是非尚未論定，但也與熊克考證不精、多避就有密切關係。

再次，記事有疏漏。今存中興小紀是清人的輯佚本，在流傳及輯佚過程中就有脱漏。這裡討論的是熊克本人的脱漏，陳振孫指其書「疏略」，李心傳則斥其書「未爲精博」。造成疏略的原因有三：一是書名「小曆」，其本身就想編撰一部簡明的編年體史書；二是時代較近，很多資料還没有現世；三是熊克本人收集資料不足及删削不當。大概熊克本人也意識到這一點，所以中興小曆編成後，又在此基礎上，增删資料，編成皇朝中興紀事本末，中興小曆原書四十一卷，而皇朝中興紀事本末，據考證原書有一百卷之多。今存皇朝中興紀事本末七十六卷，上起建炎元年，下迄紹興二十年底，僅相當於今存中興小紀卷一至三十四。據筆者統計，中興小紀有而中興本末没有的文字合計爲四千九百零二字，中興本末有而中興小紀没有的合計六萬四千四百九十七字。因此，皇朝中興紀事本末的編撰主要是增補缺略。

四、中興小紀的流傳及輯校

中興小曆在孝宗淳熙末年完成，且很快被刊印，這一點可從書中避孝宗之諱而不避光宗之諱推出。但熊克並没有把此書進呈朝廷，可能的原因，一是時代較近，怕觸犯忌諱；二是本書有疏漏需要訂補。皇朝中興紀事本末就是熊克在中興小曆的基礎上增删而成（詳後），此書避宋光宗之諱而不避寧宗之諱，應成書刊刻於光宗紹熙年間。名賢氏族言行類稿卷一載：熊克「紹熙間卒」。則中興本末完成不久，他就病逝了。

現存皇朝中興紀事本末僅標「學士院上進」，未署作者之名。宋末元初著名學者王應麟在其所著玉海卷四十七著録爲「熊克中興紀事本末，一名中興小曆。」明李賢、彭時等纂修的明一統志卷七十六在所作熊克傳中有「高宗紀事本末」。明嘉靖浙江通志卷三十也有相同的記載。今人王欣夫得到劉承幹嘉業堂所藏中興紀事本末，根據王應麟玉海及其友鄭雪耘對中興紀事本末與中興小紀的對比研究，認爲：「則著者爲熊克，又得確證無疑。」〔三五〕本世紀初，辛更儒在北京圖書館（現國家圖書館）發現此書的抄本。並先後發表熊克皇朝中興紀事本末的發現及史料價值概述、中興小曆與中興紀事本末（學林漫步第十六集）、熊克著皇朝中興紀事本末考（中國典籍與文化論叢第十輯）等文章，論證認爲「由學士院上進的皇朝中興紀事本末與後來改換書名刊印的中興小曆，其撰作者正爲熊克，應當是無可懷疑的」。

周立志從中興小曆及中興本末的卷數、成書時間、引書的不同及内容的不同等方面，論證中興本末非熊克所作，而是學士院「傳抄自中興小曆，並以中興小曆爲框架，大量抄録了中興小曆文字，加以改動、添加或删減，也有全照抄者」。〔三六〕温志拔認爲學士院上進是「學士院僅僅是將該書進御宋帝，並未説明編撰了該書」，「上進並不等於編撰」。並徵引史料證明「學士院乃皇帝的秘書機構，負責制誥國書等文件的起草撰述，並無修史職掌」。認爲中興紀事本末的作者是熊克〔三七〕。

筆者贊同中興紀事本末是熊克所著的説法，理由如下：

首先，中興本末卷一七載：「韓世清在江東，彈壓有勞，民間惟恐其去，至畫像祠之。時吕頤浩方招安張琪，而世清襲擊破之。頤浩以世清壞其事，故不樂。後徽人羅汝楫在言路，嘗欲爲世清辨白而未果。今敷文閣直學士程大昌亦徽人，知其事，嘗親與克言之。」這裡克顯然是指熊克。與今本中興小紀卷一〇所記内容同。

其次，宋末元初知名學者王應麟在玉海卷四七著録「熊克中興紀事本末，一名中興小曆。」

再次，李心傳在建炎以來繫年要録所引熊克中興小曆，實際是中興本末。下文詳述。

第四，中興本末與中興小曆有前後承襲的關係，今存中興本末其中大部分是抄襲中興小曆，其中有一些增删。

中興小曆與皇朝中興紀事本末是一書還是兩書呢？玉海稱：「熊克中興紀事本末，一名中興小曆。」王欣夫爲此書所作題解也認爲是一書，辛更儒則進一步論證兩書爲一書〔三八〕。而周立志則認爲是兩書。中興本末「是傳抄自中興小曆，並以中興小曆爲框架，大量抄録了中興小曆的文字，加以改動、添加或删減。亦有全照抄者。」温志拔則認爲「二者不是同書異名」，中興本末應是根據中興小曆增補删改而成。筆者認同二者是兩書的説法，這不僅從二者卷數不同，中興小曆宋人大多著録四十一卷（今本中興小紀四庫館臣分爲四十卷）而中興本末殘存就有七十六卷之多。宋人陳均所著皇朝編年綱目備要，書前列有引用諸書，其中分别列有熊克的中興小曆和學士院進的中興紀事本末。而且宋人在徵引時，有兩書兼用的情況，如林駉源流至論卷之三、四引有中興小曆，而卷之四、六引有中興本末；章如愚群書考索後集卷五十六、六十引有中興小曆，而後集卷二十七、六十引有中興本末；佚名群書會元截江綱卷十五、二十一引有中興小曆，而卷二引有中興本末。從後世流傳看也是兩書，明楊士奇等編文淵閣書目卷二分别著録「宋中興小曆一部十册」及「宋中興紀事本末三十一册」。當然我們在肯定二者爲兩書的同時，也不能排除當時中興本末抄本或印本署名爲中興小曆，這一點不僅可以從玉海的著録上得到驗證，而且從宋人徵引中興小曆而實際是中興本末，可以推斷。如李心傳繫年要録大量徵引中興小曆，然而據温志拔考證所引是今本皇朝中興紀事本末，而非今本中興小曆〔三九〕。對此觀點，筆者是贊同的，然而對其論證，則認爲論據稍顯不足。該文主要是從繫年要録徵引的中興小曆文字在今本中興小紀中找不到，而在今本中興本末卻能找到（共找到二十四例），進行論證。但今本中興小紀有脱文，這些找不到的内容也有可能是其脱文。因此這裡作一些補充：

繫年要録卷七十二癸未條注文稱小曆『又并益罷政亦復不書』，但今存小紀卷十六紹興四年載：「參知政事席益既辭使金，及金使對榻前，又無一言之助。於是，臺諫交論其失。二月壬午，罷以資政殿學士、提舉太平觀。論者不已，尋詔落職。」，本末則無。

繫年要録卷九十三紹興五年九月末記載太行山義士張横有衆二千，注文考證引熊克小曆作：「横有衆二千。」今存本末作「有衆二千」，而中興小紀則作「有衆二萬」。

繫年要録卷一一五紹興七年十月辛亥條注文云：「熊克小曆又去『弩』字，止云諸路弓手，遂失其實。」然而考今本中興小紀卷二十三云：「權主管殿前司楊沂中，乞以諸路所起弓弩手，揀刺上四軍。」有「弩」字。而今本中興本末卷四十二云：「權主管殿前司楊沂中，乞以諸路所起弓手，揀刺上四軍。」無「弩」字。

繫年要録卷一百五十一紹興十四年二月甲午條注文云：「二事熊克小曆繫之三月甲子，今從日曆。」而今本中興小紀卷三十一則繫於三月甲午，中興本末卷六十三則繫於三月甲子。

中興小紀卷三十紹興十二年六月甲子條後附注文云：「詔放罪在是月癸未，今聯書之。」而中興本末無此注。要録卷一五四癸未條注文云：「熊克小曆載庾待罪在甲子，今從日曆。」顯然要録所引小曆也無此小注，纔有此注文。以上五例確證繫年要録徵引的中興小曆是今本中興本末而非中興小紀。實際上不只是要録這一部書，以下宋人著作也存在這種情況，如徐自明的宋宰輔編年録（六條，卷十四、十五、十六各兩條。）韓世忠向秦檜質疑對岳飛謀反的指控，他書秦檜回答均作「莫須有」，而中興本末與宋宰輔編年録作「不須有」、王象之的輿地紀勝（六條，卷十七、十八、一百零三、一百二十六、一百二十八、一百三十。）、施宿等撰嘉泰會稽志（兩條，卷十三、十九。）所引中興小曆，今本中興小紀無，而今本中興本末有。

中興小曆刊刻後，得到廣泛的傳播，各種史書類書大量徵引。但到宋寧宗嘉泰二年遇到劫難，據李心傳記載：「二年春，言者因奏禁私史，且請取李文簡續通鑑長編、王季平東都事略、熊子復九朝通略、李丙丁未録及諸家傳等書，下史官考訂，或有裨於公議，乞即存留，不許刊行。其餘悉皆禁絶，違者坐之。」「其秋，商人載十六車私書，持子復中興小曆及通略等書欲渡淮，盱眙軍以聞。遂命諸道帥、憲司察郡邑書坊所鬻書，凡事干國體者，悉令毀棄。」〔四〇〕宋會要輯稿載：「七月九日，詔令諸路帥憲司行下逐州軍，應有書坊去處，將事干國體及邊機軍政利害文籍，各州委官看詳。如委是不許私下雕印，有違見行條法指揮，並仰拘收繳，申國子監。所有板本，日下並行毁劈，不得稍有隱漏，及憑籍騷擾。仍仰江邊州軍，常切措置關防，或因事發露，即將興販經由地分乃〔及〕印造州軍不覺察官吏根究，重作施行。委自帥憲司，嚴立賞牓，許人告捉。月具有無違戾聞奏。以盱眙軍獲到戴十六等，輒將本朝事實等文字欲行過界故也。」〔四二〕因此，其遭禁毁，是因爲「事干國體及邊機軍政利害」。但對本書的流傳並非毁滅性的，嘉泰三年五月十六日，傅伯壽針對將要撰修高宗、孝宗、光宗三朝正史，上奏云：「自建炎丁未至於紹熙甲寅六十八年，典册所書，固已燦然。其間豈無登載漏脱、傳聞異同之患？凡事有舊記述，可不廣取而參考乎？今史館所收三朝北盟會編、中興遺史、中興小曆三書，恐如此之類尚多有之。臣以爲宜發明詔，廣加求訪。」看來藏於史館的中興小曆並没有毁棄。那麼民間又如何呢？皇朝編年綱目備要、林駉源流至論、章如愚群書考索、佚名群書會元截江綱均引用中興小曆。宋理宗時期目録學家陳振孫在直齋書録解題對此書加以著録。所以在民間仍有流傳。入元之後，馬端臨文獻通考經籍考著録該書，元修宋史也著録此書。明朝初年修永樂大典，中興小曆被編入其中。楊士奇等所修文淵閣書目著録此書云：「宋中興小曆一部十册。」錢溥秘閣書目云：「宋中興小曆十。」中興小曆的失傳大約在明末或清初，乾隆年間開四庫館，將中興小曆從永樂大典中輯出，編爲四十卷，因避乾隆之諱，改名中興小紀。四庫全書修成後，抄寫七部，分藏於文淵閣、文津閣、文溯閣、文瀾閣、文源閣、文匯閣、文宗閣。由於各閣准許臣民傳抄，所以有衆多抄本傳世，見於清人藏書志，如陸心源皕宋樓、張金吾愛日精廬所藏的文瀾閣抄本，周中孚所藏的文淵閣抄本。還有丁丙善本書室、丁仁八千卷樓、瞿鏞鐵琴銅劍樓所藏不知哪個閣的抄本等。四庫輯佚本雖然功勞很大，但也存在以下幾個問題：一是卷數四十卷，但陳振孫直齋書録解題、宋史藝文志均著録爲四十一卷。二是對遼、金等人名、地名進行改譯。三是對所謂違礙的詞句進行删改，如虜、夷狄、胡、腥膻醜類，寇、盜、賊等。清光緒十七年（一八九一）廣雅書局刻本，此本「爲巴陵方氏傳鈔本。原文訛脱，不可卒讀。今據徐夢莘三朝北盟會編、李心傳建炎以來繫年要録、朝野雜記、宋史、金史諸書，詳加校正，隨綴案語。其可疑者亦附注俟考」。〔四二〕後商務印書館據此排印。此版本系統據巴陵方氏傳鈔本進行了校勘，改正了不少錯誤，但四庫本的問題仍然存在。且此本在傳抄過程中又出現了新的脱誤，如卷三十一紹興十四年十二月的記事全脱。一九八五年福建人民出版社出版的顧吉辰、郭群一標點本，也是依據廣雅本爲底本。此本加新式標點，對廣雅本的一些錯誤進行了改正，對此書的流傳功莫大焉。但四庫全書對本書的竄改一仍其舊，對其脱漏也没有輯佚，校勘不多。所以有必要對其進一步整理。本次校勘以文淵閣四庫全書本爲底本，以文津閣本、廣雅書局刻本對校；以皇朝中興紀事本末、建炎以來繫年要録、中興兩朝編年綱目、十朝綱要、皇宋中興兩朝聖政、宋史全文等書參校。輯佚則以皇朝中興紀事本末及建炎以來繫年要録爲主。中興本末有中興小紀没有的内容，一般來説應該是中興本末新增的内容，但由於中興小紀輾轉刊刻傳抄，其内容必然有脱文，其中就包括今本中興小紀没有的内容。我認爲區分哪些是中興本末新增，哪些是中興小紀的脱文，一是根據上下文語氣判斷，如果語氣不連貫，説明有脱文。二是他書徵引有中興小曆的文字

（雖然宋人有時也稱中興本末爲中興小曆，但没有確切證據證明不是中興小曆的内容，仍然認爲是中興小紀的脱文）。

〔注釋〕

〔一〕如辛更儒有關熊克及其中興小曆的幾個問題，載文史二〇〇二年第一輯，總第五十八輯。該文考證了熊克的生平事蹟、著作年代、禁毁情况，並證明今本小曆非完本。李海燕中興小紀探析二〇〇七年河南師範大學碩士論文，該文從五個方面論述了熊克生平及中興小紀的撰述，分析了該書的史料來源及流布、該書的史料價值、編撰特點、存在問題。

〔二〕〔七〕南宋館閣續録卷八。

〔三〕熊蕃宣和北苑貢茶録後附熊克跋，讀畫齋叢書本。

〔四〕四朝聞見録卷二乙集。

〔五〕宋史翼卷一三芮煇傳。

〔六〕寶慶會稽志卷二提刑題名。

〔八〕南宋館閣續録卷九。

〔九〕宋中興學士院題名。

〔一〇〕〔一七〕名賢氏族言行類稿卷一。

〔一一〕〔一九〕宋史卷四四五熊克傳。

〔一二〕玉海卷四十七。

〔一三〕直齋書録解題卷六職官類。
〔一四〕直齋書録解題卷六職官類。
〔一五〕直齋書録解題卷十五總集類。
〔一六〕直齋書録解題卷十八别集類下。
〔一八〕明一統志卷七十六諸子菁華。
〔二〇〕宋會要輯稿崇儒五、玉海卷四十七。
〔二一〕玉海卷五十一乾道中興會要。
〔二二〕宋史卷三四孝宗紀二。
〔二三〕四庫全書總目卷四十七中興小曆。
〔二四〕余嘉錫四庫提要辨證一，中華書局一九八〇年版，第二二四至二二六頁。
〔二五〕〔三八〕有關熊克及其中興小曆的幾個問題，載文史二〇〇二年第一輯。
〔二六〕〔三九〕建炎以來繫年要録引熊克中興小曆及相關問題，載湖南第一師範學院學報二〇一三年第十三卷第五期。
〔二七〕李裕民四庫提要訂誤（增訂本）卷二史部編年類，書目文獻出版社一九九〇年十月第一版，第五十一頁。
〔二八〕文獻通考卷一九四經籍考。
〔二九〕〔三三〕岳珂金佗稡編卷二十七天定録卷中乞付史館堂劄。
〔三〇〕建炎以來朝野雜記甲集卷七嘉泰禁私史。
〔三一〕直齋書録解題卷四中興小曆。

〔三三〕建炎以來朝野雜記卷首。

〔三四〕〔四二〕廣雅本中興小紀附廖廷相跋。

〔三五〕王欣夫撰，鮑正鵠、徐鵬標點整理蛾術軒篋存善本書録未編年稿卷三，上海古籍出版社二〇〇二年版，第一五七二至一五七五頁。

〔三六〕周立志皇朝中興紀事本末與中興小曆之關係，文獻二〇一〇年第三期。

〔三七〕温志拔再論皇朝中興紀事本末與中興小曆的幾個問題，雞西大學學報二〇一三年第二期。

〔四〇〕建炎以來朝野雜記甲集卷七嘉泰禁私史。

〔四一〕宋會要輯稿刑法二之一三二至一三三。

凡例

一、以文淵閣四庫全書本爲底本，以文津閣本及廣雅書局刻本爲對校本。

二、以皇朝中興紀事本末、建炎以來繫年要録、皇宋中興兩朝聖政、中興兩朝編年綱目、宋史全文續資治通鑑、宋史、宋會要輯稿、續宋中興編年資治通鑑及相關宋人文集等作爲參校書籍。

三、輯佚主要利用皇朝中興紀事本末，參考建炎以來繫年要録等書籍。新輯佚文字在每條的開頭標以【新輯】，後用小字注明出處，並加括號，以别原書小字注。

四、避諱字一般徑直改回，不出校。

五、對同一條出現的相同錯誤，只在第一次出現時，出校勘記，并注明「下同」。

六、對四庫館臣的校記一仍其舊，但回改其對人名、地名的翻譯。對「胡」、「虜」、「醜類」等所謂違礙字詞的改動，有根據的一律回改。

七、吸收李心傳建炎以來繫年要録有關本書的校正成果，并附於相應條目之下校勘記。

目録

中興小紀卷一

建炎元年歲在丁未夏五月庚寅朔，大元帥康王即皇帝位於南京。上，道君皇帝之第九子，母曰賢妃韋氏，以大觀元年五月乙巳夜，生於宮中，紅光照室。初賜名，授武定軍節度，封蜀國公。二年，進封廣平郡王。

宣和四年正月，冠于文德殿，賜字德基。三月，出外第，拜太保、遂安慶源兩鎮節度，封康王。〔一〕上博涉經史，道君問以古事及應詔制述，率常稱旨。五年，娶邢焕次女，封嘉國夫人。嘗侍道君習射於鄆王府，上挽弓至一石五斗。宣和末，金虜入寇〔二〕，淵聖皇帝方受内禪，虜騎抵城下〔三〕，遣燕人吴孝民齎書請和，欲得親王、宰相爲質。時諸王皆從道君南幸，惟上與肅王留京師。淵聖召上，具言孝民所陳，上毅然請行。遂命少宰張邦昌副上，使於虜寨〔四〕。時列兵四遶〔五〕，上意氣閒暇如平日，數與大酋斡离不觀蹴踘雜伎〔六〕，留軍中經月。會都統制姚平仲以所部兵刼寨。平仲，古子也。虜人以用兵責〔七〕使者，邦昌懼而泣，上止曰：「爲國家何愛身耶？」斡离不由是憚之，不欲上留，更請肅王。淵聖嘉上忠勤，還拜太傅。

靖康改元，冬，金虜再入寇〔八〕，刑部尚書江都王雲奉使至虜寨〔九〕，先遣親吏李裕回道斡离不語，須康王親到，議乃可成。於是，上奉詔使斡离不軍，請緩師，雲副之。上請門下侍郎開封耿南仲偕行，淵聖曰：「南仲老矣。」乃令其子中書舍人延禧與觀察使高世則爲參議官。世則，瑗孫也。以十一月丁丑，發京師，晝夜行，庚辰，至相州，民遮道曰：「肅王已不反，乞大王起兵拒賊〔一〇〕，不宜北去。」辛巳，至磁州。初，王雲使虜歸〔一一〕，過磁、相，勸二郡爲清野計，二郡從之，悉撤近城民居，運粟入城。洎虜再至〔一二〕，果以磁、相無糧，由他路入。二郡人怨雲，以爲雲通於虜〔一三〕。磁有崔府君祠，乃東漢之崔子玉也，封嘉應侯，號曰應王。上至，州人擁神馬，謂應王出迎，守臣、秘閣修撰義烏宗澤啓上，亦謁其廟，雲從上入。上既出，雲爲百姓所害。上檄澤捕得害雲者斬之，乃定。磁人力請上毋北去，謂離北門五六十里，即有虜兵〔一四〕。知相州、直龍圖閣祁門汪伯彦蠟書至，亦言虜五百餘騎〔一五〕，沿路問上所在。於是，延禧等皆勸上回相州。閏十一月，朝廷議畫河，遣僉書樞密院臨川聶昌之河東、耿南仲之河北，皆爲割地使。昌偕虜至絳州〔一六〕，絳人殺之。南仲偕虜使王汭至衛州〔一七〕，衛人幾殺汭，南仲遂如相見上，乃與南仲連銜揭榜，召兵勤王，人情大悦。戊申，上登郡圃飛仙亭，因持弓矢呪之曰：「若次第中此牌字，則必聞京師音耗。」果三發三中，左右動色相賀。己酉，上與幕府從容語曰：「夜來夢皇帝脱所御袍賜吾，吾解舊衣而服所賜，此何祥也？」頃之，報京師使臣來，乃武學生借閤門祗候秦仔賫蠟詔，命上爲大元帥，陳亨伯元帥，汪伯彦、宗澤副元帥，速領兵入衛。上捧詔嗚咽，軍民感動。上乃命耿南仲同預軍謀。十二月壬戌朔，大元帥開府，奏除汪伯彦爲集英殿修撰〔一八〕。上初開府，服排方玉帶，語伯彦等曰：「吾陛辭日，皇帝賜以寵行，吾遜辭久之。皇帝曰：『朕昔在東宫，太上解此帶賜朕，卿宜收取。』不得已拜賜。」癸亥，南仲等言：「軍行先籍糧食，今勤王之師經由河北、京東兩路。」乃差徽猷閣直學士、河北都漕樂壽張慤，直龍圖閣、京東漕臣邵武、黄潛厚〔一九〕，並隨軍應副。乙丑〔二〇〕，閤門祗候侯章賫蠟書至，催發勤王兵。章言：「陛辭日，皇帝諭臣曰：『康王辟中書舍人從行，可令便宜草詔，盡起河北兵，守臣自將入援。』」是夜，上命延禧草詔，曉頒諸郡，惟中山、慶源被圍，不得達。元帥府五軍總一萬人，上遣使招劇賊楊青、常景等，皆効順，又得一萬餘人。丁卯，上欲領兵渡河，與幕屬謀所向，或請出濬、滑，或請渡王俞，或請趨魏縣，言人人殊，猶豫未決。汪伯彦獨曰：「非出北門濟子城不可〔二一〕。」衆莫能奪，上從之。仍遣前軍統制劉浩統兵出南門，陽爲濬、滑之行以疑虜〔二二〕。乙亥，上發相州，使臣馳報黄河未凍，衆失色。上禱于天地河神，至子城渡〔二三〕，報河凍已合。丙子，上總師渡河，至大名，都漕、權府事張慤與北道副總管奉符顔岐，率衆郊迓。時京城圍久，及上駐北門，而四方事皆取决於帥府矣。壬午〔二四〕，副元帥宗澤部兵二千人自磁州先諸軍至，上大悦。癸未，知信德府、直徽猷閣梁揚祖兵萬人、馬千匹繼至，諸將兵官如張俊、苗傅、楊沂中、田師中皆在麾下。揚祖，子美子；傅，授子〔二五〕；俊，成紀人；沂中，崞縣人；師中，秀容人。上問揚祖孰優，揚祖以俊對，上亦喜俊，自此常在左右。上留揚祖爲隨軍轉運使。甲申。始聞金虜登城〔二六〕。斂兵不下。淵聖詔：「見通和，卿等兵未可動。」上涕泣，知詔書爲虜所迫〔二七〕。宗澤請進師，直趨開德，解京城之圍。汪伯彦等執講和之説，且言：「虜兵十萬〔二八〕，吾軍纔一萬三千人，如何解圍？合使大王安居，更檄宣總司、陝西江淮勤王之師，約日俱進，乃可破敵。」時北道總管趙野至南京，與宣撫使范訥合軍，自號宣總故也。野、訥，並開封人。伯彦請上移軍東平，則措身于安地，身安國難可圖。上問耿南仲，亦以爲然，遂决東去。澤請自領軍至都城，許之。戊子，澤兵行出南門，進屯開德府，揚聲大元帥在中軍。庚寅，上離北京。

二年正月辛卯朔，上入東平府界。癸巳，帥臣盧益、漕臣黄潛厚率衆出迓，上達府治。丁酉，右文殿修撰、知冀州權邦彦以兵千人至，上命屯開德，隸于宗澤。壬寅，徽猷閣待制、知河間府黄潛善與高陽關副總管楊惟忠將數千兵至。益，開封人；邦彦，樂壽人；潛善，潛厚弟；惟忠，西戎部族也。潛善請上移書斡离不〔二九〕，與辨曲直，令退軍通京城之問。耿南仲曰：「使虜知元帥府所在〔三〇〕，非利也。」潛善計不行，乞戍兵于曹。從之。上留惟忠爲元帥府都統制。

〔二月〕丁卯，上以京東漕臣閭丘陞所領濮州兵〔三一〕，及深州守臣姚鵬、博州守臣孫振等兵一萬四千隸宗澤。新降到賊軍丁順及單州王澈〔三二〕、廣濟軍孟世寧等兵三萬七千人隸潛善。壬申，上以約諸路合兵來，而東平去京師差遠，與幕屬議進屯濟州。庚辰，上發東平府。癸未，至濟州。諸路兵大集，軍費日廣，梁揚祖言：「京城圍久，鹽法不通，宜比榷貨物法，許人入錢給鈔請鹽。」上從之。纔及一月，給鈔一百萬緡，公私俱便。宗澤帥兵至韋城與虜大戰〔三三〕，敗之。

〔三月〕丙辰，上奏除澤徽猷閣待制。丁巳，黄潛善以機事赴府稟議，且引探事人張宗〔三四〕，得金虜僞詔及邦昌僞赦〔三五〕，并迎立孟太后書。上揮淚大慟，期身先士卒，追二聖於河北。諸將曰：「此將臣職爾，大王乃宗社所繫，不可輕舉。」時兵部尚書呂好問亦遣勇士李進持帛書至。好問，希哲子也。戊午，上以便宜除汪伯彥顯謨閣待制，充元帥。而黄潛善爲副元帥。

〔四月〕癸亥，耿南仲等率文武官吏勸進，書再上，上流涕不受。諸路帥臣〔三六〕、監司推戴無虛日。使臣鄭安自京回，傳到少帝齧血書襟詔，上讀之慟哭。南仲以下又言：「帝王之興，必有受命之符，大王陛辭，皇帝賜以排方玉帶；大元帥建府，有賜袍異夢；四方申呈，或曰靖王，或曰康王〔三七〕，今始悟『靖』之爲字，皇帝立十有二月，而元帥府建，則靖康紀元，實爲符兆。」願大王亟即位，以當天心。」上不納。丙寅，張邦昌以諮目至，大略言：「國禍之酷，權以濟事，故寧忍死而報之於殿下。」上答邦昌書亦曰：「九廟不毀，生靈獲全，皆相公之功。」邦昌又遣上舅、忠州防禦使韋淵賫書稱臣，且言封府庫以待。又曰：「臣之所以不死者，以君王之在外也。」丁卯，吏部侍郎汝陽謝克家以邦昌命，賫玉璽至，文曰「大宋受命之寶」。克家跪進，上慟哭，命汪伯彦司之。皇太后遣左丞安岳馮澥、權右丞江寧李回來奉迎。澥，康邸舊人也。又令姪、權衛尉卿孟忠厚賫書詣上，略曰：「王其速驅輿衛，入處宸居，上以安九廟之靈，下以弭四方之變。」上覽書，乃命移檄諸道，具言邦昌恭順之意，約束不得亂入京城。於是，濟之老父請上即位於濟，宗室仲琮議用晉武靈王遵承制故事〔三八〕，幕屬難之，謂宜如唐肅宗即尊位以定天下。又宗澤言：「恐邦昌等陰與虜結〔三九〕，毋或深信。且開府于南京〔四〇〕，乃祖宗受命之地，取四方中，汴漕尤易，庶爲萬全。」時使臣曹勛自河北竄歸，進道君御劄曰：「便可即真，來救父母。」上慟哭拜受〔四一〕，由是決意趨應天。庚辰，上發濟州，鄜延副總管劉光世來，上命光世都提舉五軍。光世，延慶子也。僉書樞密院沙縣曹輔來。癸未，上至應天府。甲申〔四二〕，皇太后遣吏部尚書仙井王時雍、開封尹永嘉徐秉哲奉乘輿、服御來，而張邦昌繼至，伏地慟哭請死。丙戌，上以便宜進汪伯彦、黃潛善爲雜學士。於是，耿南仲議改元，謂宜倣藝祖建隆之號，且本朝以火德王，請曰建炎云。

〔五月庚寅朔〕，改元，大赦天下，除常赦所不原者。赦書首令從臣、監司、郡守訪求文武才略出倫之士，雖布衣亦聽舉。又誤國害民如蔡京、童貫、王黼、朱勔、孟昌齡、李彦、梁師成、譚稹及其子孫見流竄者，更不復敘。民貸常平錢穀，悉與蠲放。又散斂青苗，本以便民，歲久法弊，反爲大患，亦令罷去。祖宗上供，自有常數，後緣歲增，不勝其弊，當裁損以紓民力。比來州縣受納租稅，務加槩量，以規出剩，可令禁止。應臨難死節，義不受辱，出使軍前，及因守戰歿於王事，許其家自陳，優與褒賞。應違法賦斂，與民間疾苦，許臣庶具陳，言雖詆訐，亦不加罪。

初，睢陽當五代之末，有狂僧日呼于市曰：「此地將來有聖人出世。」及我太祖以歸德之節受周禪，而國號宋，人以爲應矣。至是，乃正應其語。

上之將即位也，門下侍郎耿南仲等請用漢光武故事，爲壇於宋之陽，先告天地，北望二聖，然後受命。及上登壇受表〔四三〕，涕泗交流，百官環侍，無不感動。因名其壇曰「中興受命之壇」。

【新輯】權左僕射張邦昌與耿南仲進呈三省事，以顯謨閣直學士、大元帥府元帥汪伯彥爲同知樞密院事，徽猷閣直學士、大元帥府副元帥黄潛善爲中書侍郎。

皇太后在東京，是日，手詔徹簾。（輯自皇朝中興紀事本末卷一上，參考宋宰輔編年録卷一四）

初，靖康以金虜入寇〔四四〕，置四道都總管，分制諸路，以衛京師。有詔事得專決，財得通用，官得辟置，兵得調發，有警則留其副以守，而都帥自將入援。既而，南道都總管張叔夜統兵三萬至京城下，與虜戰〔四五〕，遂除僉書樞密院事〔四六〕，從二聖北狩。東道都總管胡直孺亦統兵勤王〔四七〕，戰敗，爲虜所獲〔四八〕，後遣之還。惟副總管、直龍圖閣朱勝非留治應天府事，勝非頗能均節調度，帑藏得以不空。至是，上即位，犒賜半出於此。叔夜，耆之孫；直孺，開封人；勝非，上蔡人也。

辛卯，上謂宰執曰：「少帝事上皇，仁孝升聞。爰自臨御，沉機淵嘿〔四九〕，聖不可測，乃遭厄運，暫爲北狩。朕念手足之恩，常若神會。太后當二聖北轅，以聖德起於宫闈，乃眷朕躬，膺天曆數，累章勸進，於國有功。靖康皇帝宜上尊號曰孝慈淵聖〔五〇〕，元祐皇后册爲隆祐太后〔五一〕。」

壬辰，宰執奏事，張邦昌先退。上問黄潛善等曰：「朕何以處邦昌？」潛善等曰：「邦昌僭號，罪在不貸。然爲金人所脅，不得已而從權，惟陛下睿斷處之。」上曰：「邦昌小心，不幸逢此，雖不能死，然遭變從權，使宗廟不隳，社稷不壞，一城生靈，獲全肝腦。金人纔退，遣人賫書赴愬，及歸寶璽，駿奔來朝，北面事朕。既貸其初，欲馭以王爵，異時金人有詞，使邦昌具書報之曰：『中國不忘趙氏。』彼師不旋踵，而天下勤王之師皆左袒歸宋，故邦昌懼，不待問罪，幸保首領而反籍於朕，使金人知天下之歸，出於自然。卿等以爲如何？」潛善等曰：「陛下聖意高遠，非臣等所及。」於是，邦昌罷爲太保、奉國軍節度使、同安郡王，五日一赴都堂，參決大事。上即命潛善等募忠信能專對之士，奉使通和，除作國書，命邦昌更作金人書，早遣使行。尋詔：「加邦昌太傅，依文彦博故事，每月兩赴都堂，以稱朕優禮之意。」

冊賢妃韋氏爲宣和太后，立嘉國夫人邢氏爲皇后〔五二〕。

侍御史績溪胡舜陟首言：「今日措畫中原，宜法藝祖命郭進、李漢超、董遵誨等守邊之術，以三京、關陝析爲四鎮〔五三〕，拱、滑、潁昌隸東京；鄭、汝、河陽隸西京；恩、濮、開德隸北京；而同、華、陝隸京兆。擇人爲節帥，使各以地産之賦，養兵自衛，且援鄰鎮，如犬牙相錯。又京帑積錢千餘萬緡，宜給四鎮爲糴本，若四帥得人，則隱然爲國長城，庶幾中原不失，江左可居。」詔付三省。未幾，言者謂舜陟爲臺官而事僞廷，遂除秘閣修撰、知廬州，其議遂寢。

門下侍郎耿南仲告老，癸巳，除觀文殿學士、提舉洞霄宫。而大元帥府參議官耿延禧、高世則，亦皆以宮觀去。

上欲命相而難其人，黃潛善、汪伯彥皆元帥府舊寮，新擢執政，人望未孚，惟資政殿大學士李綱，當靖康京城初被圍時，能建議力守，後宣撫河南，救太原，雖無功而士論恕之，謂其平日有志，在今可用。甲午，綱自外除右僕射、兼中書侍郎。綱，邵武人。先是，淵聖除綱領開封府，道梗，尚未赴也。

【新輯】乙未，上恭謝于鴻慶宮。

以五月二十一日爲天申節。

言者謂：「吏部尚書王時雍昨留守東京〔五四〕，虜人取皇族，遣之殆盡。及取其壻太學博士熊彥詩，則設計爲免。後虜書廢帝〔五五〕，百官相持以泣，時雍獨無戚容。已而，百官哭於南薰門，時雍亦不預。又竊禁中寶物，以遺虜使爲名。自以兼將相之重，請用二府轎蓋。曾不知愧，有何面目復見陛下？」詔罷時雍爲提舉玉局觀。彥詩，鄱陽人也。

尚書左丞馮澥乞罷，除資政殿學士、知潼川府。以兵部尚書呂好問爲右丞。又以延康殿學士、提舉萬壽觀李回知洪州。澥，尋落職，提舉玉局觀。呂好問家傳曰：「時賜對，上勞之曰：『宗廟獲全，皆卿之力。』遂除右丞。」（輯自皇朝中興紀事本末卷一上，參考繫年要録卷五）

金虜主晟起燕〔五六〕，雲，上、中京，遼東、西，長春，平州凡八路民兵，隸于諸萬户，分擾兩河。於是渤海萬户撻不也屯河間府〔五七〕，女真副統詔合屯真定府〔五八〕，契丹都統馬五屯平陽府，女真萬户銀朱屯太原府〔五九〕，女真萬户婁宿屯河中府〔六〇〕，而雄、霸、嵐、憲、澤、潞諸州皆有萬户分屯。自虜之初入寇也〔六一〕，朝廷許諸郡得便宜行事，故各務自保，逐路帥司不能調發〔六二〕，無連衡合從相援之勢；又虜兵方盛，非一州之力所能敵，故虜得併兵，既破一州，又攻一州。至是，女真副統蒙哥進據磁、相〔六三〕。詔遣統制官馬忠、張換將所部各五千人，自恩、冀趨河間以襲之。

時靖康執政皆去，而僉書樞密院曹輔已被病，丙申，卒。

丁酉，詔：「宣仁聖烈皇后保佑哲廟有大功，而姦臣造言，仰誣盛德，著於史牒，以欺後世。可令國史院據實而修，播告天下。」於是，蔡卞、邢恕皆追貶之。

詔遣統制官薛廣、張瓊將所部各三千人，廣自内黄，瓊自開德過河，會河北山水寨義兵二萬〔六四〕，同復磁、相。尋以宣教郎臨江傅雱借工部侍郎，爲祈請使，又令廣、瓊等且駐河南。

戊戌〔六五〕，以吏部侍郎謝克家爲翰林學士，徽猷閣待制、北道副總管顏岐爲御史中丞。翰林學士莫儔除述古殿學士，承旨吴幵除龍圖閣學士，皆奉祠而去。儔，歸安人；幵，清流人也。

知揚州許份言：「濟、鄆與寇爲鄰，南京雖興王之邦，而胡騎屢至〔六六〕；惟揚州前江後淮，有險可恃，願駐蹕於此。」是日，詔略曰：「屢方勤於北顧，難遽議于東巡。」份，侯官人，將子也。

【新輯】己亥，詔略曰：「朕將謹視舊章，不以手筆廢朝令，不以内侍典兵權；容受直言，雖有失不加以罪；非奉典禮，上方無飾繡繪；非急繕治，大匠無營土木；非軍功，無異賞；非戎備，無僝功。斷以必行，無或有貳。尚慮群臣有獻奇巧、薦祥瑞、褒頌以導諛，隱諱以蒙蔽。大臣所舉非實，臺諫所言非公，凡此之屬，必罰無赦。用修播告，以敷朕心。」

（輯自皇朝中興紀事本末卷一上）

【新輯】資政殿學士、提舉醴泉觀路允迪，龍圖閣學士、提舉南京鴻慶宮、兼侍讀耿延禧，爲京城撫諭使、副。熊克小曆，允迪等出使在己亥。耿延禧中興記亦云：「初十日，臣受敕充京城撫諭副。」今依日曆附初九日戊戌，蓋戊戌降旨，己亥受命也。（輯自繫年要録卷五建炎元年五月戊戌條）

初，江寧府禁卒周德等叛，執知府、資政殿學士宇文粹中，殺官吏，嬰城自守。會經制司屬官鮑貽遜統勤王兵七千至城下，發運判官方孟卿檄貽遜進兵逼城，德等乃受招安。粹中，華陽人。靖康初，自右丞出帥。貽遜，龍泉人；孟卿，鄱陽人也。時新除右僕射李綱行次江寧，因與漕臣、權府事吳人李彌遜謀，是日，誅首惡五十人，其衆千餘人，令提舉常平官王枋部赴行在。

癸卯，罷天申節上壽常禮〔六七〕。

資政殿學士宋城路允迪，靖康初爲僉書樞密院，未幾，奉祠去。丁未，召爲吏部尚書。〔六八〕資政殿學士建陽范致虚，靖康末以前執政帥長安，嘗統兵復西京，擒僞留守高世由〔六九〕，未幾，兵敗，退駐潼關。至是，復命爲京兆經略安撫使。

初，西道總管、資政殿學士王襄〔七〇〕，北道總管、資政殿學士趙野，皆以前執政任總帥，雖率兵赴闕，而遷延不進。至是，襄、野並責分司。詔略曰：「豈有兩君之在野，略無一騎之入關？故取迂塗，以爲遁計。」尋又各以散官安置，襄永州，野邵州。野，開封人；襄，南陽人也。〔七一〕

戊午，詔太常少卿周望借給事中，充大金軍前通問使，武功大夫趙哲除達州刺史，副之。望，上蔡人也。

是月，以直龍圖閣、東道副總管朱勝非爲中書舍人兼直學士院〔七二〕。時事皆草創，詔書填委而院無几案，勝非嘗憑敗鼓草詔，然文氣嚴重如平時。勝非因奏：「陛下新即位，宜正始，正始之説無他，仁義而已。仁義者，天下之大柄也。人主當持之而朝廷奉承之，則人主尊；朝廷當持之而四方順從之，則朝廷尊；中國當持之而夷狄欽服之〔七三〕，則中國尊。

人主失其柄，必有大臣跋扈之患；朝廷失其柄，必有尾大不掉之患；中國失其柄，必有夷狄交侵之患〔七四〕。國家與北虜結好一百二十餘年〔七五〕，彼既亂弱，乃遠交金戎爲夾攻之計〔七六〕。天祚匿於近塞，遣使指蹤，令金戎取之，且露章稱賀，是中國失其柄矣。金人內侵，每以渝盟失信爲辭，此皆燕人之語，怨我背契丹之約也。不然，金人通好以來，何嘗違其意哉？願睿明務思其本。凡進退人才，弛張法度，禮樂征伐，慶賞刑威，一語言，一嚬笑，必加詳審，合於仁義者行之，不合於仁義者置之，則可以弭兵保民，紹復大業，迎還兩宮矣。」上嘉之。

時在京榷貨物鬻鹽鈔、茶引，而道途未通，發運使梁揚祖請權於真州置司。詔揚祖兼領其事。於是，歲入六百萬緡。歲入六百萬，據揚祖行述。

上之相李綱也，御史中丞顏岐言：「張邦昌爲金人所喜，雖已位三公，宜增其禮；綱爲金人所惡，宜置閑地。」六月己未朔，綱至行在入見，首言：「陛下用臣爲相，而外廷之論如此，臣願歸田里。至如命相於金人所喜惡之間，更望聖心審處。」上曰：「岐嘗有此言，朕告以如朕之立，恐亦非金人所喜者。」岐無辭而退。綱乃赴堂治事。

【新輯】時諫議大夫范宗尹亦言：「綱名浮於實，而有震主之威，不可以相。」章三上，不報。宗尹，穀城人。既而綱上十議：一議國是，謂當以自治爲上策。二議巡幸，謂關中爲上，襄陽、建康次之。三議赦令，不當以張邦昌僞赦爲法。四議僭逆，謂邦昌宜正典刑。五議僞命，謂受僞命者，宜依唐肅宗以六等定罪。六議戰，謂宜一新軍政。七議守，謂沿河沿淮沿江，宜控扼其衝。八議本政，謂崇、觀以來，政出多門，今宜歸中書。九議久任，謂宜擇大臣，責其成功。十議修德，謂當上施德以感天人之心。詔國是中書遵守，巡幸當還京城。（輯自皇朝中興紀事本末卷一下，參考宋宰輔編年録卷一五）

辛酉，詔潛邸名升暘宫。

先是，圍城百官中有余大鈞、陳冲、王及之、洪芻等八人，皆誘内人爲妾，及因抄金銀，自盜入己。事覺，送御史臺鞫治。壬戌〔七七〕，李綱再論圍城中受僞命者。上曰：「國家顛覆，士大夫不聞死節，往往因以爲利，如余大鈞、洪芻誘宫嬪爲妾，王及之坐蕃衍宅門詬諸王，卿知否？」曰：「見鞫之，必得其情。」

【新輯】綱又上三議：一曰募兵，二曰買馬，三曰募民出財助軍費。且言：「熙豐間，内外禁旅五十九萬，今禁旅單弱，何以捍强敵而鎮四方？故莫若取財於東南，而募師於西北，若得數十萬，付諸將以時練之，不久皆成精兵，此最爲急務。」于是，詔陝西、河北各募三萬，京東、河東各募二萬。仍創驍勝、壯健、忠勇、義成、龍武、虎威、折衝、果毅、定難、靖邊，凡十號，每號四軍，每軍二千五百人。李綱又言：「步不足以勝騎，而騎不足以勝車。」乃請以車制頒于京東西路，使制造而攻習之。諫議宋齊愈入對，以綱招軍、買馬、勸民出財助國非是。（輯自皇朝中興紀事本末卷一下，參考群書會元截江綱卷十五步騎車戰）

綱又曰：「靖康之禍，在内惟李若水，在外惟霍安國，死節甚著。而吴玕、莫儔、王時雍、徐秉哲，皆奉金人指立張邦昌，及捕宗室戚里。又受僞命爲執政，此爲罪首。」先是，若水已贈觀文殿學士，秉哲以散官安置。乃詔贈安國爲延康殿學士，貶時雍高州，玕永州，儔全州，並安置。

時在圍城中者，綱槩欲以叛逆罪之。右丞吕好問曰：「王業艱難，正含垢納汙之時，遽繩以峻法，懼者衆矣。責以不能死則可，若直謂之叛逆，彼豈無辭乎？」綱意不厭，乃遣其客正字晉陵胡珵要説好問，區别圍城人爲三等，以差行戮。且曰：「必如是，方可表公之忠節。」好問謂珵曰：「某與君俱處城中，衆以爲可罪者，纔十許人耳。餘人本末，吾輩所共悉，寧可以叛逆加之耶？」綱由是不樂。吕本中雜説曰：「金人再逼京師，謝克家、耿南仲黨人往往在圍城中，皆前日力攻李綱者也。綱既相，復以圍城中事中傷之。以邦昌僭號叛逆，凡在圍城中，皆次第論罪。吕好問謂綱曰：『圍城中固可罪，若但責以不能死節，彼無所逃罪矣。然其間尚有曲折，若專以叛逆罪之，則彼必有辭矣，却恐反爲害。』由是綱不悦，即使言者中好問。上深以爲非。然好問亦不敢留，綱亦旋罪去。由是觀之，耿南仲、李綱之黨，苟以罪更相加誣，於國事所害甚大，皆不得無罪也。」

癸亥，詔略曰〔七八〕：「朕惟祖宗涵養士類至矣，靖康之變，仕於中都者曾無仗節死難，而多偷生取容，甚者乘時爲姦，靡所不至，爲中國羞。姑取其尤，量加竄責，以爲臣子之戒。至於卒伍，理當濶略，以責後効。」既而臺獄具，余大鈞等皆當棄市。上曰：「有司之法如此，新政重於殺士大夫。」李綱等亦言天地之大德曰生。於是，詔流余大鈞與陳冲、洪芻于沙門島，王及之與張卿才、李彝、周懿文、胡思，皆廣南諸州安置。臺獄具在八月戊午朔，今聯書之。

李綱又奏：「張邦昌恃金人盜神器，國破而資之以爲利，君辱而攘之以爲榮。知陛下總師于外，天人所歸，乃始退舊班，遣使奉迎。今冒取王爵，平章大政，方且偃然自得，儻或逃誅，何以立國？臣請以春秋之法斷之：若都城人，則謂因邦昌得生而德之；若元帥府，則謂邦昌不待討而恕之；若天下，則謂邦昌易姓建號而憤之。都城人德之，元帥府恕之，私也；天下憤之，公也。春秋之法，人臣無將，將則必誅。今陛下欲中興，當先正朝廷，乃崇僭逆之臣以示四方，其誰不解體？若執政中有議不同者，臣乞與之廷辨。」上乃召黄潛善、吕好問、汪伯彦再對。而潛善主邦昌甚力。綱曰：「陛下必欲用邦昌，乞罷臣相。」上顧好問曰：「卿在城中，知其詳，謂當如何？」好問曰：「邦昌僭位，人所共知，既已自歸，惟陛下裁處。」綱又曰：「邦昌罪當誅，陛下以其自歸，則貸死而遠竄之。」潛善乃言：「在遠不如在近。」是日，詔邦昌以散官潭州安置。

初，知陳州趙子崧、知汝州趙子櫟〔七九〕、知蔡州閻孝忠皆密邇寇兵，能保全境内。知襄陽府黄叔敖、知漢陽軍李彦卿、通判鄂州陳規皆扞禦有勞〔八〇〕。又荆南府帥臣鄧雍棄城而去，賊欲乘勢渡江〔八一〕，破公安縣，知縣程千秋率民禦之，賊不敢犯。是日，詔子崧陞二秩，子櫟寶文閣直學士，叔敖秘閣修撰，孝忠、彦卿皆直秘閣，千秋陞一秩，就除本府通判。叔敖，分寧人；雍，開封人〔八二〕；規，臨沂人〔八三〕。尋詔雍爲禁從，賊來先遁，落職與宫祠。既而襄陽復不守，叔敖落職，降充監當。

甲子，召通奉大夫傅墨卿爲禮部尚書，龍圖閣學士、知潭州郭三益爲刑部尚書。墨卿，山陰人。前知舒州，以武昌寇作，遣其孥還越，道由江寧，遇周德之變，一家盡死。墨卿方遭患，不及就職。三益，嘉興人也。

初，上諭宰執，令置登聞檢、鼓院，以通下情。至是，置於行宫門外。

李綱言：「今日中興規模，有先後之序。當修軍政、變士風、裕邦財、寬民力、改弊法、省冗費、誠號令、信賞罰、擇帥臣、選監司，使吾政事已修，然後可議興師。而所急者，當先理河北、河東，蓋兩路國之屏蔽。今河北惟失真定等四郡，河東惟失太原等六郡，其餘皆在。且推其土豪爲首，多者數萬，少者數千。不早遣使尉之，臣恐久之食盡，援兵不至，即爲金人用矣。謂宜於河北置招撫司，河東置經制司，擇有才者爲使，以宣陛下德意。有能保一郡者，寵以使名，如唐之方鎮，俾自爲守，則無北顧之憂矣。」〔八四〕上曰：「誰可任此者？」綱因薦前監察御史張所於河北，直祕閣傳亮於河東。乃詔借所直龍圖閣，招撫河北。又以樞密副承旨王𤩽經制河東，而亮副之，皆賜錢百萬緡，以備募兵。又給半歲糧及空名告千餘道，用京畿兵千人爲衛遣之。𤩽，成紀人；所，益都人，靖康末，嘗至河北募兵〔八五〕，時因論黃潛善坐貶。亮，馮翊人，號知兵，初以布衣得召，權京西統制官，將兵數千，直至汴京城外，與虜戰〔八六〕。至是，綱皆引用之。

丁卯，詔曰：「行在將士，適當隆暑，暴路之久，尤軫朕懷。又賦斂之繁，當謀蠲減；法令之弊，當議改更。潰兵爲盜，因間擄掠，殘破郡邑，已降赦令，當遣使招集，許令自新。贓吏爲姦，乘時掊克，重困吾民，罪不可貸，當遣使按治，寘於典憲。靖康間敢言之士，或至竄逐，宜悉召還。自今有智謀之人，如能獻諫，宜悉擢用，協成治道，以篤中興之烈。」

上登極赦書，已罷天下神霄宮。是日，又詔本宮錢穀並付轉運司，以充省計。既又詔道士林靈素、鄭知微、傅希烈家資，令温、處二州籍没。

上初詔取進士，命給事中、兼權直學士院河南王綯條所當行者。綯言：「經義當用古注，不專取王氏說。」乃詔復元祐詩賦、經義兼收之制。〔八七〕

鴻臚、主簿鄧肅，沙縣人也，宣和間，因進花石綱詩得名。李綱爲起居舍人，論京師水災，謫沙縣監税，與肅游相善。靖康間，肅被召得官，京城破，遂入統制官傅亮軍中，至是，以肅爲右正言。肅首論〔八八〕：「圍城中有以侍從官而爲僞執政者，有庶官而爲侍從者，有爲張邦昌撰赦文者，有因邦昌而改名者，是皆不復知有宋德。請悉以叛臣目之，其上者寘於嶺外，次則遠處編管。卿監而下，朝廷本不以國士待之，亦難於國士責之〔八九〕，但籍其姓名，自是不復任爲臺諫、侍從〔九〇〕，若用此，則一網而盡，不惟上報二聖之德，亦破天下姦雄之膽也。」時右司諫潘良貴亦論圍城中人，乞分三等定罪。良貴，金華人也。呂本中雜説曰：「鄧肅前一年因李綱薦得官，時又用汪伯彥薦爲右正言，故傅會綱意，專以圍城爲言。繼而潘良貴又乞三等誅罰。」

癸酉，詔河外、陝西、山東與隣路相援，如常山之蛇，首尾互應，令虜腹背受敵〔九一〕。每路帥臣統之，猶一人而運四體。寇至援兵四集，則賞不逾時，違者必罰無赦。

詔諸路添置武尉一員〔九二〕。

戊寅，同知樞密院汪伯彥進知院事。

己卯，詔于沿河、沿淮、沿江置帥府、要郡，以控扼之。帥府帶安撫〔九三〕，要郡帶鈐轄〔九四〕，各武臣爲之副。又別置凌波等水軍。

上之初即位也，即命寧武軍節度使范訥爲京城留守。而李綱素與訥不協。至是，右正言鄧肅言〔九五〕：「訥去年出師兩河，望風先遁，遂奔南京，擁衆自護。今在東京，揭牓曰：

『今日汴京，已爲邊面。』且兩河之地，陛下未嘗棄之，民效死者幾於百萬，日有捷報。而訥乃自呼邊面，且率百姓而去。訥家有房緡，盡鬻之以市兼金，而爲去計，遂使居民皇皇，不能安席。況訥嘗謂過客曰：『留守之説有四：戰、守、降、走而已。今戰則無卒，守則無糧，不降則走矣。』此語大播，群臣皆知，不止於風傳而已。漢得人傑，乃守關中，豈奔軍之將，可與此乎？」〔九六〕庚辰，詔罷訥〔九七〕，仍降授承宣使，淄州居住。

先是，召延康殿學士張慤爲户部尚書。慤至，首言：「陛下當判忠邪，忠邪判，則亂治分。」壬午，遂除慤同知樞密院事兼提舉户部財用。

初，詔舊相、觀文殿學士宋城徐處仁爲大名尹〔九八〕，處仁時已被病。至是，卒於大名。

初，言者論靖康末，折彦質爲宣撫，錢蓋爲制置，高亢總兵守河，皆不戰而遁。今置不問，則後將何以使人？彦質，可求子。可求見知府州，猶未陷于虜〔九九〕。蓋，惟演孫也。詔貶彦質昌化軍，蓋落職，高亢編置海外。亢行次南康軍，知軍李定、通判韓璹奏亢欲謀變，已誅之，且待罪。右僕射李綱曰：「亢將兵守河，賊未至而先走〔一〇〇〕，朝廷不能正軍法，一軍壘守倅乃敢誅之，必健吏也。使後之受命扞賊者，少知所戒，是當賞。」上曰：「然。」乃詔定、璹各轉一官。

初，金虜左副元帥粘罕自河東歸至雲中〔一〇一〕，右副元帥斡离不自河北歸至燕山。至是，聞上龍飛睢陽，張邦昌入覲，遂會于山後草地議事。斡离不中暑死，乃以其弟斡离嗢爲右副元帥〔一〇二〕。時金國主晟嘗遣使諭粘罕止南寇之兵，粘罕報以本朝數使人要結契丹漢兒，欲共攻其國，以激怒之。蓋粘罕專權，晟不能令。至是，命相亦取決焉，晟守虛位而已。

初，錢蓋制置陝西，嘗議湟、鄯之地，於朝廷無毫髮利而歲費不貲，不若立青唐之後，使爲藩臣。有益麻党征者，故王之子，國人所服，儻立之，必得其力。至是，用蓋策，乙酉，復蓋原官，除陝西總制〔一〇三〕，使賚告報益麻党征，仍賜姓名曰趙懷恩〔一〇四〕，因召五路兵赴行在。

以延康殿學士宗澤爲東京留守。時馬軍都指揮使郭仲荀見統禁旅在京城，執政黃潛善、汪伯彦頗疑澤，故就命仲荀副之〔一〇五〕，又以顯謨閣待制杜充爲北京留守。仲荀，逵孫；充，安陽人也。

詔罷州縣職田。

右僕射李綱請令河北諸路買馬及募民出財助軍費〔一〇六〕，且言：「熙、豐時，内外禁旅五十九萬，今禁旅單弱，何以捍强敵而鎮四方？故莫若取財於東南，募師於西北，若得數十萬，付諸將以時練之，不久皆成精兵，此最爲急務。」丙戌，乃詔陝西、河北各募三萬，京東、河東各募二萬〔一〇七〕，合爲十萬。仍創驍勝〔一〇八〕、壯捷、忠勇、義成、龍武、虎威、折衝、果毅、定難、靖邊凡十號，每號四軍，每軍二千五百人。

丁亥，上諭宰執：「東京發到内庫寶器，有玻璃、碼磁之屬，皆遐方異物，内侍陳列以進。朕念玩物喪志，悉令碎之。」汪伯彦曰：「陛下初即位，便能以道養志，不累於物，中興之功，不足致也。」

詔〔一〇九〕：「河東、河北自太原、真定失守之後，列郡被圍，誓以死守。昔有一城固守不下，則載信史以耀後世。今數千里之廣，無一人忍負國者，忠義之俗，古所未有。訪聞失職之吏，失次之軍，失業之民，渡河而南，未有所歸。其令帥臣、監司悉心措置，分布而收之。」

初，淵聖登極，高麗國遣使入賀。詔遣吏部郎官華亭衛膚敏爲宣問使，至明州迓之。始許使人春見，而虜已逼京城〔一一〇〕，詔令不通。使人坐館淹久，日費以萬計，膚敏度不可留，乃以幣易金繒，厚餉其使而遣之。還朝，請矯制之罪。上嘉賞，遷爲衛尉少卿。至是，膚敏言：「屬者虜犯汴京〔一一一〕，乘輿保金湯而居，固善。然知虜雖棄去〔一一二〕，秋必復來，而尚嬰孤城，此大臣不知變之過也。今兩河諸郡，幸皆堅守，臣謂宜陰以帛書，許其世封，使人知自愛，不爲賊有〔一一三〕。陝西、山東、淮南，則令增埤濬湟，訓齊其人，而擇大臣以鎮撫之可也。」

〔校勘記〕

〔一〕宣和四年正月冠于文德殿賜字德基三月出外第拜太保遂安慶源兩鎮節度封康王 「封康王」，建炎以來繫年要録（以下簡稱繫年要録）卷一繫於「宣和三年十二月壬子」，並考證云：「熊克中興小曆並云四年三月封王，誤也。蓋三年冬進封，明年春乃出閤耳。今從汪藻所編元符庚辰以來詔旨。」

〔二〕金虜入寇 「虜入寇」原作「人内侵」，據皇朝中興紀事本末卷一上改。

〔三〕虜騎抵城下 「虜」原作「敵」，據皇朝中興紀事本末卷一上改。

〔四〕使於虜寨 「虜」原作「金」，據皇朝中興紀事本末卷一上改。

〔五〕時列兵四邊 「列」原作「敵」，據皇朝中興紀事本末卷一上、中興兩朝編年綱目卷一及宋史全文卷一改。

〔六〕數與大酋斡离不觀蹴踘雜伎 「酋」原作「將」，據皇朝中興紀事本末卷一上改。「斡离不」原作「斡里雅布」，據原注文回改，下同。

〔七〕虜人以用兵責 「虜」原作「金」，據皇朝中興紀事本末卷一上改。

〔八〕金虜再入寇 「虜」原作「人」，「入寇」原作「南侵」，據皇朝中興紀事本末卷一上改。

〔九〕刑部尚書江都王雲奉使至虜寨 「虜」原作「金」，據皇朝中興紀事本末卷一上改。

〔一〇〕乞大王起兵拒賊 「賊」原作「敵」，據皇朝中興紀事本末卷一上及中興兩朝編年綱目卷一改。

〔一一〕王雲使虜歸 「虜」原作「金」，據皇朝中興紀事本末卷一上及中興兩朝編年綱目卷一改。

〔一二〕洎虜再至 「虜」原作「金人」，據皇朝中興紀事本末卷一上及中興兩朝編年綱目卷一改。

〔一三〕以爲雲通於虜 「虜」原作「敵」，據皇朝中興紀事本末卷一上及中興兩朝編年綱目卷一改。

〔一四〕即有虜兵 「虜」原作「敵」，據皇朝中興紀事本末卷一上及中興兩朝編年綱目卷一改。

〔一五〕亦言虜五百餘騎　「虜」原作「金遣」，據皇朝中興紀事本末卷一上及中興兩朝編年綱目卷一改。
〔一六〕昌偕虜至絳州　「虜」原作「金使」，據皇朝中興紀事本末卷一上及中興兩朝編年綱目卷一改。
〔一七〕南仲偕虜使王汭至衛州　「虜」原作「金」，據皇朝中興紀事本末卷一上及中興兩朝編年綱目卷一改。
〔一八〕奏除汪伯彦爲集英殿修撰　「奏」原脱，據皇朝中興紀事本末卷一上及中興兩朝編年綱目卷一補。
〔一九〕直龍圖閣京東漕臣邵武黄潛厚　「直龍圖閣」，繫年要録卷一作「直顯謨閣」，並考證黄潛善除直龍圖閣在「今年三月」，當是。
〔二〇〕乙丑　繫年要録卷一作「甲子」。
〔二一〕非出北門濟子城不可　「城」，皇朝中興紀事本末卷一上及中興兩朝編年綱目卷一作「汸」。
〔二二〕陽爲濬滑之行以疑虜　「虜」原作「金」，據皇朝中興紀事本末卷一上及中興兩朝編年綱目卷一改。
〔二三〕至子城渡　「城」，皇朝中興紀事本末卷一上作「河」。
〔二四〕壬午　繫年要録卷一作「癸未」。
〔二五〕傅授子　「子」，繫年要録卷一作「孫」，并考證中興小紀所記爲誤，當是。
〔二六〕始聞金虜登城　「虜」原作「人」，據皇朝中興紀事本末卷一上及中興兩朝編年綱目卷一改。
〔二七〕知詔書爲虜所迫　「虜」原作「敵人」，據皇朝中興紀事本末卷一上及中興兩朝編年綱目卷一改。
〔二八〕虜兵十萬　「虜」原作「敵」，據皇朝中興紀事本末卷一上及中興兩朝編年綱目卷一改。
〔二九〕潛善請上移書斡离不　「斡离不」原作「沃哩布」，據皇朝中興紀事本末卷一上改，蓋爲四庫館臣所改，下文遇此徑改，不再出校。
〔三〇〕使虜知元帥府所在　「虜」原作「敵」，據皇朝中興紀事本末卷一上、中興兩朝編年綱目卷一改。

〔三一〕上以京東漕臣閭丘陞所領濮州兵　「丘」原作「邱」，據皇朝中興紀事本末卷一上及中興兩朝編年綱目卷一改。

〔三二〕及單州王澈　「澈」，皇朝中興紀事本末卷一上作「徹」。

〔三三〕宗澤帥兵至韋城與虜大戰　「虜」原作「金」，據皇朝中興紀事本末卷一上及中興兩朝編年綱目卷一改。

〔三四〕且引探事人張宗　「張宗」，中興兩朝編年綱目卷一與此同，繫年要録卷三作「李宗」。

〔三五〕得金虜僞詔及邦昌僞赦　「虜」原作「人」，據皇朝中興紀事本末卷一上改；「僞詔及邦昌」原脱，據皇朝中興紀事本末卷一上補。

〔三六〕諸路帥臣　「臣」原作「守」，據皇朝中興紀事本末卷一上及中興兩朝編年綱目卷一改。

〔三七〕或曰康王　原脱，據皇朝中興紀事本末卷一上及中興兩朝編年綱目卷一補。

〔三八〕宗室仲琮議用晉靈陵王遵承制故事　「仲琮」，繫年要録卷四作「仲綜」；「武靈王」，皇朝中興紀事本末卷一上與此同，繫年要録卷四及中興兩朝編年綱目卷一作「武陵王」。

〔三九〕恐邦昌等陰與虜結　「虜」原作「金」，據皇朝中興紀事本末卷一上及中興兩朝編年綱目卷一改。

〔四〇〕且開府于南京　「府」原作「封」，據皇朝中興紀事本末卷一上及中興兩朝編年綱目卷一改。

〔四一〕時使臣曹勛自河北竄歸進道君御劄曰便可即真來救父母上慟哭拜受　案：李心傳在繫年要録卷四考證，據曹勛北狩聞見録及李綱建炎進退志，曹勛五月離燕山府，七月至南京。此處記載實誤。

〔四二〕甲申　繫年要録卷五作「乙酉」。

〔四三〕及上登壇受表　「表」，皇朝中興紀事本末卷一上及繫年要録卷五作「寶」。

〔四四〕靖康以金虜入寇　「虜入寇」原作「人内侵」，據皇朝中興紀事本末卷一上改。

〔四五〕與虜戰　「虜」原作「金」，據皇朝中興紀事本末卷一上改。

〔四六〕遂除僉書樞密院事　「事」原脱，據皇朝中興紀事本末卷一上補。

〔四七〕東道都總管胡直孺亦統兵勤王　「東」原作「南」，據皇朝中興紀事本末卷一上改。

〔四八〕爲虜所獲　「虜」原作「金」，據皇朝中興紀事本末卷一上改。

〔四九〕沉機淵嘿　「嘿」原作「斷」，據皇朝中興紀事本末卷一上並參考翰苑新書前集卷七十改。

〔五〇〕靖康皇帝宜上尊號曰孝慈淵聖　「慈」原作「德」，據皇朝中興紀事本末卷一上及繫年要録卷五改。

〔五一〕元祐皇后册爲隆祐太后　「隆祐太后」，繫年要録卷五及中興兩朝編年綱目卷一作「元祐太后」，是。繫年要録卷五辛卯條注文考證云：「汪伯彦中興日曆：『辛卯，元祐皇后爲隆祐太后。』諸書皆同之。臣謹按：上宫名改尊稱在八月庚午，諸書誤也。」

〔五二〕册賢妃韋氏爲宣和太后立嘉國夫人邢氏爲皇后　案：此條記事，繫年要録卷五及宋史卷二四高宗本紀一均繫於本月「癸巳」，當是。

〔五三〕以三京關陝析爲四鎮　「析」原作「浙」，據繫年要録卷五改。

〔五四〕吏部尚書王時雍昨留守東京　「吏部尚書」，繫年要録卷五乙未條據日曆作「工部尚書」，并認爲小曆誤。

〔五五〕後虜書廢帝　「書」原作「畫」，據繫年要録卷五改。

〔五六〕金虜主晟起燕　「虜」原脱，據皇朝中興紀事本末卷一上補。

〔五七〕於是渤海萬户撻不也屯河間府　「撻不也」原作「托卜嘉」，據原注文及皇朝中興紀事本末卷一上回改。下文徑改，不出校。

〔五八〕女真副統韶合屯真定府　「韶合」原作「蘇赫」，據原注文及皇朝中興紀事本末卷一上改。下文徑改，不出校。

〔五九〕女貞萬户銀朱屯太原府　「銀朱」原作「尼楚赫」，據原注文及皇朝中興紀事本末卷一上回改。下文徑改，不出校。

〔六〇〕女真萬户婁室屯河中府　「婁宿」原作「羅索」，據原注文及皇朝中興紀事本末卷一上回改。下文徑改，不出校。

〔六一〕自虜之初入寇也　「虜」原作「金」，「入寇」原作「用兵」，據皇朝中興紀事本末卷一上改。下文同改。

〔六二〕逐路帥司不能調發　「能」原脱，據皇朝中興紀事本末卷一上補。

〔六三〕女真副統蒙哥進據磁相　「蒙哥」原作「蒙克」，據原注文及皇朝中興紀事本末卷一上回改。下文徑改，不出校。

〔六四〕會河北山水寨義兵二萬　「會河」原脱，據皇朝中興紀事本末卷一上補。

〔六五〕戊戌　繫年要録卷五據高宗日曆作「丁酉」。

〔六六〕而胡騎屢至　「胡」原作「敵」，據皇朝中興紀事本末卷一上改。

〔六七〕癸卯罷天申節上壽常禮　「罷天申節上壽常禮」原脱，據皇朝中興紀事本末卷一上補。

〔六八〕資政殿學士宋城允迪靖康初爲簽書樞密院事奉祠去丁未召爲吏部尚書　案：繫年要録卷五考證云：「按允迪今年四月自京祠爲奉請車駕進發使，因隨行在，非此時始召之，克不詳考也。」

〔六九〕擒僞留守高世由　「僞」原作「金」，據皇朝中興紀事本末卷一上改。

〔七〇〕西道總管資政殿學士王襄　「道」原作「路」，據皇朝中興紀事本末卷一上改。

〔七一〕案：此條記事，繫年要録卷五繫於「戊午」。

〔七二〕以直龍圖閣東道副總管朱勝非爲中書舍人兼直學士院　「直」原脱，據皇朝中興紀事本末卷一補。

〔七三〕中國當持之而夷狄欽服之　「夷狄」原作「遠人」，據皇朝中興紀事本末卷一上改。

〔七四〕必有夷狄交侵之患　「夷狄」原作「外國」，據皇朝中興紀事本末卷一上改。

〔七五〕國家與北虜結好一百二十餘年　「虜」原作「敵」，據皇朝中興紀事本末卷一上改。

〔七六〕乃遠交金戎爲夾攻之計　「戎」原作「人」，據皇朝中興紀事本末卷一上改。下同。

〔七七〕壬戌　案：繫年要録卷五認爲行遣從僞官員在「癸亥」。并考證云：「熊克小曆載僞命臣僚貶謫在壬戌，邦昌安置在癸亥，皆誤。」

〔七八〕癸亥詔略曰　案：此詔建炎時政記及三朝北盟會編卷一〇八均繫於本月「八日丙寅」。當是。

〔七九〕知汝州趙子櫟　「子」原作「汝」，據皇朝中興紀事本末卷一下、繫年要録卷六及浮溪集卷一七五改。下同。

〔八〇〕通判鄂州陳規皆扞禦有勞　「鄂州」，繫年要録卷一建炎元年正月壬寅引小曆作「郢州」。

〔八一〕敵欲乘勢渡江　「賊」原作「敵」，據皇朝中興紀事本末卷一下改。下同。

〔八二〕雍開封人　「開封」，皇朝中興紀事本末卷一下作「雙流」。

〔八三〕規臨沂人　「臨沂」，繫年要録卷一據陳規行狀作「安丘」。

〔八四〕「而所急者」至「則無北顧之憂矣」一百三十一字原脱，據皇朝中興紀事本末卷一下補。

〔八五〕所益都人靖康末嘗至河北募兵　案：繫年要録卷六考證此條記事誤，認爲：「所但奏遣吕剛中募兵，而遥爲提領。」

〔八六〕與虜戰　「虜」原作「金」，據皇朝中興紀事本末卷一下改。

〔八七〕案：此條記事，繫年要録卷一五及宋史全文卷一六下均繫於建炎二年五月丙戌。

〔八八〕肅首論　案：鄧肅的奏章，繫年要録卷七繫於本年七月「辛丑」。

〔八九〕亦難於國士責之　「於」，皇朝中興紀事本末卷一下作「以」。

〔九〇〕自是不復任爲臺諫侍從　「侍從」原作「侍郎」，據皇朝中興紀事本末卷一下改。

〔九一〕令虜腹背受敵　「虜」原作「金」，據皇朝中興紀事本末卷一下改。

〔九二〕詔諸路添置武尉一員 「路」，皇朝中興紀事本末卷一下作「縣」。按，南宋初，沿邊諸縣以武臣爲縣尉，故稱武尉。此條承上言之，指河外、陝西、山東等路添置武臣縣尉也。

〔九三〕帥府帶安撫 「撫」原作「府」，據皇朝中興紀事本末卷一下補。

〔九四〕要郡帶鈐轄 「帶」原脱，據皇朝中興紀事本末卷一下補。

〔九五〕「而李綱素與訥不協」至「是右正言鄧肅言」 案：繫年要録卷六乙卯條注文考證云：「按：訥爲大將，擁重兵不勤王。高宗嘗謂之庸人，且言其不知兵。非因其與綱不協而被論也。」

〔九六〕「而李綱素與訥不協」至「豈奔軍之將可與此乎」 此一百七十七字原脱，據皇朝中興紀事本末卷一下補。

〔九七〕庚辰詔罷訥 「庚辰」，繫年要録卷六據日曆繫於「己卯」。

〔九八〕詔舊相觀文殿學士宋城徐處仁爲大名尹 「宋城」，繫年要録卷一據宋官修國史本傳作「穀熟」。

〔九九〕猶未陷于虜 「虜」原作「敵」，據皇朝中興紀事本末卷一下改。

〔一〇〇〕賊未至而先走 「賊」原作「敵」，據皇朝中興紀事本末卷一下改。下同。

〔一〇一〕金虜左副元帥粘罕自河東歸至雲中 「虜」原作「人」，據皇朝中興紀事本末卷一下改。「粘罕」原作「尼瑪哈」，據原注文及皇朝中興紀事本末卷一下改。後文徑改，不出校。

〔一〇二〕乃以其弟斡离喝爲右副元帥 「斡离喝」原作「鄂勒琿」，據原注文及皇朝中興紀事本末卷一下改。後文徑改，不出校。

〔一〇三〕乙酉復蓋原官除陝西總制 案：繫年要録卷六乙酉條注文考證云：「與日曆所書不同。按：蓋先降五官，後用登極赦特旨叙復。今所謂復舊職者，蓋指待制也。」

〔一〇四〕仍賜姓名曰趙懷恩 案：繫年要録卷六乙酉條注文考證云：「按：紹興日曆五年四月二十九日，趙懷恩繳到録白付身，元係右武大夫、恩州觀察使，特封隴右郡王。今掇取附入。蓋懷恩崇寧初已賜姓名。克實誤也。」

〔一〇五〕故就命仲荀副之　案：繫年要録卷六考證：「仲荀除副留守在明年七月乙未，蓋聞澤卒而後除之。」此處記事誤。

〔一〇六〕右僕射李綱請令河北諸路買馬及募民出財助軍費　「河北」原脱，據皇朝中興紀事本末卷一下補。

〔一〇七〕京東河東各募二萬　「河東」原脱，據皇朝中興紀事本末卷一下及續宋中興編年資治通鑑卷一補。

〔一〇八〕仍創驍勝　「驍勝」原作「騎勝」，據皇朝中興紀事本末卷一下改。

〔一〇九〕案：此詔，皇宋中興兩朝聖政卷三及宋史全文卷一六下均繫於「建炎二年正月丁亥」。

〔一一〇〕而虜已逼京城　「虜」原作「金人」，據皇朝中興紀事本末卷一下改。

〔一一一〕屬者虜犯汴京　「虜犯」原作「敵逼」，據皇朝中興紀事本末卷一下改。

〔一一二〕然知虜雖棄去　「虜」原作「敵」，據皇朝中興紀事本末卷一下改。

〔一一三〕不爲賊有　「賊」原作「敵」，據皇朝中興紀事本末卷一下改。

中興小紀卷二

建炎元年秋七月己丑朔，以徽猷閣直學士董耘爲兵部尚書〔一〕。耘，須城人，嘗爲元帥府參議官。初以兵部侍郎召，至是擢用之。

己亥，詔：「省、臺、寺、監以繁簡相兼，館職、學官減半；開封府曹掾依舊爲推官，諸路提舉常平併歸提點刑獄司，兩浙、福建市舶併歸轉運司，諸州司録依舊爲僉判，曹掾官依舊爲節察、推、判官、支使、掌書記、録事、司户、司理、司法參軍。縣不滿萬户，不置丞；罷吏員三之一。堂吏遵祖宗法，轉官止朝散大夫。初除外任，只爲通判；前宰執子弟緣恩數帶貼職，及待制以上並罷。宰執并見任宫觀、待闕未有差遣京朝官以上〔二〕，俸錢並權減三分之一。」

右僕射李綱言：「中原，天下根本。一去之，則人心摇。臣昨建策以適襄、鄧爲次者，示不去中原，且係其心爾。近外議紛紜，謂陛下將幸東南，果然，臣恐中原非復我有。」上曰：「但欲奉太后及六宫往東南，朕當留中原。」綱曰：「陛下英斷如此，雖漢之高、光，唐之太宗，不過是也。」乞降詔。上乃命綱擬詔。辛丑，詔略曰：「朕將親督六師，以援京城及山東、河北諸路。已迎奉隆祐太后，津遣六宫及衛士家屬，置之東南，朕與羣臣獨留中原。應在京屯兵聚糧，修樓櫓，治器具，令留守司趣辦之。」

壬寅〔三〕，以右僕射李綱爲左僕射兼門下侍郎，門下侍郎黄潛善爲右僕射兼中書侍郎。時，初建御營司〔四〕，綱與潛善並兼使，而同知樞密事張慤副之，又擢鄜延副總管劉光世爲本司都統制〔五〕。

癸卯，尚書右丞吕好問除資政殿學士、知宣州。吕好問家傳曰〔六〕：「時臺諫官多李綱所厚，因論圍城事，并以中好問。上出手札付尚書省曰：『昨邦昌僭號之初，吕好問即募人齎帛書，具道京城内外事；金人甫退，又遣人勸進。攷其心迹，與餘人不同，言官所不知，仰尚書省行下。』於是，好問力求去，乃除職知宣州，時七月己酉也〔七〕。」家傳記好問罷政日，與建炎詔旨所書皆不同。

召延康殿學士、提舉鴻慶宫許翰爲右丞。翰，襄邑人，靖康時爲同知樞密院，與李綱最厚，故復用之。

乙巳，李綱言：「今未能幸關中，宜適南陽。」乃詔委守臣修繕城隍。又降鈔鹽錢帛，令漕臣范之才儲糧草，及命江、湖綱運由襄、漢通漕〔八〕，并四川轉輕貨自歸峽以輸于鄧。於是，中書舍人劉珏言：「當今之要，在審事機，愛日力爲急。自虜北歸〔九〕，已再逾時，陛下中興，亦既數月矣。而六飛時巡，靡所定止，攻戰守備，闕然不講。臣聞近臣有欲幸南陽者，南陽密邇中原，易以號召四方，此固然矣。然今日兵弱財單，陳、唐諸郡，新刳於亂，千乘萬騎，何所取給？南陽城惡，亦不可恃。夫騎兵，虜之長技，而不習水戰，金陵天險，前據大江，可以固守，東南久安，財力富盛，足以待敵。」又衛尉少卿衛膚敏亦言：「建康實古帝都，望詔東幸，徐圖北向，爲萬全之策。」珏，長興人也。

丙午，户部侍郎黄潛厚遷尚書。於是，中書舍人劉珏言：「潛厚乃宰臣親兄，祖宗以來，無兄弟同居一省者。」上遣同知樞密院張慤諭珏，所論固當，以潛厚明於國計，姑從權宜可也。

丁未，以虞部郎官張浚爲殿中侍御史。浚，綿竹人，咸子也〔一〇〕。

時諸路各置總管，己酉，詔四道都總管並罷。

右諫議大夫臨邛宋齊愈初在圍城中，自外至會議處，寫「張邦昌」三字。至是，鞫于御史臺，獄具，壬子，賜死〔一一〕。

初，江浙經制使翁彦國横賦暴斂，致亂東南，而其黨兩浙轉運判官吴昉助之爲虐，人不聊生，至有擊登聞鼓以訴者。時彦國移知江寧府，上乃亟罷二人。丁巳，降詔引咎，略曰：「比緣時巡，深戒有司從儉，而彦國與昉同惡相濟。今彦國罪盈物故，而昉已罷，庶幾吾民少安。」先是，左僕射李綱以彦國姻黨，庇之，至貼改聖旨而獨罪昉。中書舍人兼直學士院朱勝非言：「舍渠魁而責支黨，臣所未諭。」卒正彥國罪〔一二〕。彥國，崇安人也。

初，諸路發禁兵，會東道總管司勤王，至則總管胡直孺已陷于虜〔一三〕，遂留南京。上即位，遣諸路兵還。時杭州兵纔三百餘人，有故童貫下勝捷殘兵而爲盜，將兵者遂誘以足數，軍校陳通等見杭州富饒甲東南，因謀歸爲亂。八月戊午朔，通等夜劫庫兵以叛，拘帥臣、龍圖閣直學士葉夢得，殺轉運判官吴昉與副將白均以下凡十二人。時轉運副使顧彥成方出巡〔一四〕，通欲俟其歸害之，彥成歸及城外而變作，復走秀州〔一五〕。通等逼令前執政、特進薛昂領郡事〔一六〕，昂不能拒。夢得，吴縣人；昂，餘杭人也。

己未，浙東帥臣翟汝文集兵於西興渡以禦杭寇，且奏乞令浙西兵亦聽其節制。

壬戌〔一七〕，詔御史中丞顏岐除待制、提舉明道宫。

初，右正言鄧肅言：「陛下昨欲進兵援京城，爲耿南仲父子所沮。」時南仲爲觀文殿學士、提舉洞霄宫，已詔并其子龍圖閣學士延禧並落職。至是，侍御史侯官王賓復累疏論南仲罪。癸酉〔一八〕，責授散官，建昌軍居住〔一九〕。

丙子〔二〇〕，詔依祖宗故事，改帝姬復爲公主。

先是，杭寇申翟汝文云：「若得内翰親至，即降。」汝文信之，是日，以兵七千渡江，時經制司遣屬官鮑貽遜領鎗杖手二千人亦至城下，賊不聽命。汝文復回越州。

初，左僕射李綱薦張所招撫河北，傅亮經制河東。至是，所言：「乞置司北京，俟措置就緒，即渡河。」而權北京留守張益謙奏，以爲招撫不當置司北京。亮亦言：「經制司兵纔萬人，河外皆虜界〔二一〕，乞權置司陝府。」右僕射黄潛善頗沮所，又以兵少，不如勿遣，罷之。綱言：「潛善力沮二人，乃所以沮臣，使不安其職。臣每鑒靖康大臣不和之失，凡事必與潛善等議而後行，不謂彼乃設心如此。」乞歸田里。殿中侍御史張浚與宋齊愈素善，知齊愈死非其罪，謂上初立，而綱以私意殺侍從，典刑不當，有傷新政，恐失人心。于是，首論綱罪。丁丑〔二二〕，綱罷爲觀文殿大學士、提舉洞霄宫。制辭略曰：「謀猷弗効，狂誕罔悛，虧恭謹之通規，負弼諧之初望。既盡括郡縣之私馬，又竭取東南之民財。出令符於公議，則屢抗以邀留；用刑佛於羣情，則力祈於親劄。以至貼改已晝之旨，芘其外姻之姦。兹遣防秋之師，實爲渡河之援。預頒告命，厚賜緡錢，費逾百萬之多，僅達京師而止。專制若此，設心謂何？」綱相凡七十五日。

【新輯】於是，右正言鄧肅言：「人主之職，在論一相。陛下初登九五之位，召李綱於貶所，而任以台衡，待之非不專也。然綱學雖正而術疏，謀雖深而機淺。陛下嘗顧臣曰：『李綱真以身徇國者。』今日罷之，而責詞甚嚴，臣所以疑也。且既非臺章，又非諫疏，不知遣詞者何所據？而言臣若觀望，豈爲愛君？且兩河百姓雖願效死，而數月間茫然無所適從，及綱措置，不一月而兵民稍集。又僞楚之臣，紛紛皆官于朝，綱先逐邦昌，而叛黨稍正其罪。今綱去則二事將如何哉？兩河無兵，則夷狄驕，叛臣在朝，則政事乖，綱於此不可謂無一日之長也。」肅尋與郡，而言者極論其罪。上曰：「肅亦何罪？送吏部足矣。」（輯自皇朝中興紀事本末卷二）

右丞許翰因求去，且言：「綱忠義英發，非綱無可與共建中興之業者。今綱罷，而留臣無益。」既而，張所亦罪去，傅亮引兵歸陝西，招撫、經制司皆廢矣。

馬軍都指揮使郭仲荀自京東部禁旅詣行在。仲荀以七月至。至是，詔仲荀護衛隆祐太后之江寧府及制置東南盜賊。

初，李綱建議買馬及勸民出財。至是，上慮擾民，且東南非產馬之地，己卯，詔罷之。惟陝西每州令買百匹。

辛巳，提舉明道宫顏岐再除御史中丞，不就職，遂改工部尚書。

【新輯】先是，召太學生丹陽陳東赴行在。東既至，上書論宰執黄潛善、汪伯彦不可任，李綱不可罷。仍告駕還汴京，治兵親征。凡三上。會進士臨川歐陽澈亦上書，極詆用事者，其間有及宫禁燕樂事不實，上因與大臣語及之，謂澈不審。潛善乘是密啓誅澈，併以及東。壬午，皆就誅。（輯自皇朝中興紀事本末卷二）

詔遣殿中侍御史馬伸往湖、廣四路〔二三〕，監察御史院寇防往江、淮四路，吏部郎官黄次山往京東、西路，兵部郎官汪端友往兩浙、福建路，並爲撫諭使。伸，須城人；次山，南昌人也。

尚書右丞許翰見陳東死，謂所親曰：「吾與東皆争李綱者，今東戮于都市，吾在廟堂，可乎？」乃力求去。丙戌，罷爲資政殿學士、提舉洞霄宫。時正字胡珵爲東潤澤書藁，又使文攝他官〔二四〕，從綱而行，同舟東下。既而，言者論之。詔停其官，送梧州編管。

以給事中瑞安許景衡爲御史中丞。

資政殿學士宗澤留守京城，於四壁置統領官，募義兵分隸之，仍團練軍民之可用者，以備緩急。及治城池，修器械略備。而宗廟、宫室、臺省皆隨宜緝治。澤乃上疏，乞不南幸，其辭甚切。又遣使將兵保護西京陵寢。羣盜並起，王善兵十萬擾京東，王再興兵五萬掠京西〔二五〕，揚進號「没角牛」，兵尤衆，圍光州甚急。澤徧遣人招之，悉聽命。而宰執黄潛善、汪伯彦皆忌澤，將罷之。於是，許景衡言：「得宗澤方能保東京，有東京，行在始安枕。」上悟〔二六〕，遽封所上章示澤，故終景衡之去，澤賴以安。景衡又言：「遷都南陽，無險阻城池，而密邇盜賊，且漕運不繼，不如建康，天險可據。請定計巡幸。」凡八上疏争之。

初，詔發建州禁卒守京西滑州，爲金虜所攻而退〔二七〕，復回本州，請卸甲錢，轉運司不即支。九月己丑，因大閱，軍校張員等遂作亂，殺本路都監田其姓者，及害漕臣毛奎，拘守臣張動〔二八〕、提舉官王浚明，嬰城固守。於是，提點刑獄陳桷檄朝請郎王淮爲統制官，率諸縣弓手、土軍及南劍州將兵集于城下，討之。奎，西安人；動，侯官人；浚明，金華人；桷，永嘉人也。

時江東漕臣劉蒙、提舉官陸友諒合奏，乞優加翁彥國贈典。於是言者以謂：「彥國乃李綱姻黨，爲之腹心，原蒙等之意，蓋欲附綱，使綱未逐，其計得行，則爲綱所擢何疑？」庚寅〔二九〕，詔蒙、友諒各降五官。

先是，詔兩江諸州兵掩捕杭寇，委提刑司節制。時文臣周格、武臣高士曈並領憲司事〔三〇〕。士曈，戚里子也，欲招安之。浙東帥臣翟汝文奏以謂：「浙東軍與經制司鎗仗手合萬人，兵勢已盛，【新輯】而憲臣意在黨賊，以受其降。昨嚴賊有倪從慶者，止十數輩，跳踉山谷，朝廷不責帥臣誅討，苟就招安，致人無所畏。今杭賊悖甚，至於主帥橫屍，漕臣斷首，而反寵以官，是誘人作賊也。」時帥臣葉夢得但爲賊所拘，而誤報已死，故汝文之語如此。賊乃遣其黨往秀州，誘士曈及轉運副使顧彥成來杭州受降，復劫寓居前秘書監上虞李光至秀，約士曈，以甲午素隊入城。是日，士曈才至，賊百餘騎突出，欲執以入，賴鮑貽遜下槍杖手在北門，士曈跳奔獲免。繼而，周格亦領兵至，士曈與格始別議約日進兵。〔輯自皇朝中興紀事本末卷二）而諸軍爲賊誘去者甚衆，人無鬭志。又諸處所集，皆鄉夫，不識金鼓，一日賊自小堰門出，衝散浙東兵，次攻鮑貽遜寨，貽遜率將士迎敵，殺賊兵七百餘人。於是，朝廷詔遣統制官辛道宗將西兵二千人討之。道宗至秀州，其軍自亂，潰而去者六百人，趙萬、郭青爲之首〔三一〕，賊勢益張。提刑司所領蘇、秀及淮南兵數百人，緣此亦驕。辛丑，夜，賊攻周格寨，害格；蘇、秀兵遂脅淮南之衆，共入杭投賊。淮兵不從，盡爲所殺，即自往投之，致賊衆愈盛。又刺城中百姓爲兵，且擄子女以分其黨，復以金帛遣人誘諸郡不逞，使據城相應。翟汝文慮變生肘腋，亟引軍回去。此據翟汝文奏狀修入。

【新輯】（乙巳），東京留守宗澤募義士守京城，且造決勝戰車千二百乘，每乘用五十有五人，運車者十有一，執器械輔車者四十有四，周旋曲折，可以應用。又據形勝，立二十四壁於城外，駐兵數萬，澤往來按視之，周而復始。沿大河鱗次爲壘。（輯自宋佚名群書會元截江網卷十五步騎車戰，參考劉遠可壁水群英待問會元卷之六十五）

丁未，特進、提舉崇福宫白時中卒。

戊申〔三二〕，詔淮、浙等路當三錢並許用。從同知樞密院張慤請也。

時報金虜犯河陽、汜水〔三三〕，已逼東京。於是，羣臣多請幸東南。己酉〔三四〕，下詔暫駐淮甸，應接四方，稍定即還京闕，仍命知揚州吕頤浩修城池，膳部郎中陳兗辦頓遞〔三五〕，虞部郎中李儔具舟船。頤浩，歷城人〔三六〕，靖康中爲燕山漕臣，金虜入寇〔三七〕，執至京城下，講和乃送之還，時爲揚帥〔三八〕。

辛道宗下叛兵回至平江府，守臣趙研集軍民登城嚴備，賊畏之，自城外徑過，一城帖然。至常州，守臣何衮不爲備，且厚犒之，賊既受犒，即刼府庫及居民之家幾盡，復拘通判曾緯以行。至無錫縣，知縣郗漸單馬造賊中大言曰：「聖駕幸東南，先驅且至，知之乎？」皆言不知。漸曰：「若等無他，宜於此轉禍爲福。」衆相視矍然，不敢動，即送之出境。研，高密人；漸，臨清人；緯，布子也。至鎮江府，守臣趙子崧禦之鋭甚，及與戰，府兵敗績，子崧領親兵渡江保瓜洲，賊入城，遂據之。其後，子崧以散官貶南雄州。

金虜遣左監軍撻辣將兵圍中山〔三九〕，時河北官軍多自亂，河東守臣皆棄城走，於是，賊乘而取之〔四〇〕。惟中山、慶源、保、莫、祁、洺、冀、絳〔四一〕，久而方陷。

冬十月丁巳朔，上登舟幸淮甸，宰執、侍從、百司、三衙禁旅、御營司將佐，扈衛而行。

知秀州、權浙西憲司趙叔近往招安杭寇。時鎗仗手屯秀州，賊畏之，遂聽命。甲子，叔近以素隊入城，然賊兵猶不解甲。

時諸處有寓居及待次官多擅自募兵，以勤王爲名，或自稱材武子弟，皆徒爲紛擾，有害軍政。戊午，詔禁止，仍命帥臣、憲司察之。

隆祐太后至高郵軍，聞叛兵焚鎮江，遂遣兵控扼瓜洲，戊午，太后入揚州。

先是，雄州失守，知歸信縣李成者，本縣之弓手，以勇聞于河朔，累功爲縣令。成妻子在城中，爲亂兵所戮，乃率其衆數萬來歸，詔授忠州防禦、京東河北都大捉殺使。朝廷慮成衆太盛，命分二千人往南京，一千人於宿州就糧，餘衆令成部赴行在。成遣其將史亮部所分兵以行，亮至宿而殺掠居民，且焚汴河橋，成躡其後亦至。有道士陶子思者，喜談兵，成道遇之，子思謂成面有割據之相，勸成西往取蜀。成惑其邪説，遂叛，分兵寇兩淮。乙丑，命江淮制置使劉光世領統制官苗傅兵二萬討賊〔四二〕，光世下令，得成者，以成官爵與之。故士皆力戰，賊衆大潰，降者數千，擒史亮及其黨張勝、王宣等數人，成僅以身免〔四三〕，收殘兵北走。

初，靖康末，有勒停人前忠翊郎趙叔向者，於京城募兵，以救駕爲名，所募皆游手之人。上即位，與敦武郎，而叔向尚謀作亂，至是，亦命光世擒之。

詔罷招新軍，其淩波等水軍亦罷之。

戊辰，宰執登御舟奏事。上曰：「昨日有内侍至自京師，進内府珠玉二囊，朕投之汴水。」黄潛善曰：「可惜！有之不必棄，無之不必求。」上曰：「太古之世，摘玉毁珠，小盜不起，朕甚慕之，庶幾求以息盜爾。」

庚午，上次泗州。

壬申，詔升天長縣爲軍，以其近行在也。

初，藝祖六世孫選之子偁按：宋史，秀王子偁爲慶國公，令譮，子選之字，疑誤。娶張氏，夢絳衣神人，自言崔府君，擁一羊，謂之曰：「以此爲識。」已而有娠。戊寅，子偁次子生於嘉興縣，是夜，赤光滿室，如日正中。子偁以歲在協洽，其屬爲羊，故字之曰羊。

己卯，隨駕後軍至楚州寶應縣作亂，逼逐左正言盧臣中墜水死。殿中侍御史張浚以爲，雖在艱難中，豈可廢法？即論都統制韓世忠師行無紀，士卒爲變，乞正其罰。有旨從贖，而中書後省言：「世忠若止罰金，何以懲後？」於是，浚再論，且乞擒捕爲變者。遂奪世忠觀察使。既又詔：「臣中知無不言，而死於非命，特贈諫議大夫。」臣中，歙縣人；世忠，膚施人也。

庚辰，詔遣御營使司都統制王淵捕浙西羣盜（四四）。既而，淵總兵入鎮江城，賊猶不知，悉解甲就招，淵紿以勤王，先遣步兵過江，至瓜州登岸，盡殺之，騎兵百餘人戮於市。淵，福津人也。

既而，言者論浙東帥臣、顯謨閣學士翟汝文總兵臨城，不肯會戰。詔令具析。汝文言：「自杭賊作亂，首提孤軍與賊鏖戰，而諸將悉爲憲臣所制，除鮑貽遜鎗仗手在城下與臣相聞外，無單車一介以爲犄角，不知使臣與誰會合？兼前後乞討賊奏牘具在，焉可誣也？」詔汝文降充直學士(四五)。

癸未，上至揚州駐蹕。

【新輯】十一月丁亥朔，詔揚州路滑，始許百官乘轎。（輯自皇朝中興紀事本末卷三）

初，觀文殿大學士李綱還至鎮江府，而潰兵趙萬已迫常州，遂由外江歸宜興，且出家財犒之。至是，言者謂：「綱獨擅朝政，杜絶言路，臺諫官則陷以罪，或寘之閑散。又括馬之擾，招兵之暴，與勸民納財之虐，皆優立賞格，召吏爲姦，民無所告。以至陛下德意，綱沮之而不行；陛下號令，綱改之而自專。人臣不道，無過於此。」遂詔綱落職。戊子，言者又論：「綱悖戾輕狂，嘗易詔令以芘翁彦國之親黨，捐金帛以資張所、傅亮之妄用，奸跡謬狀，皆不逃聖鑒。昨綱初相，首置檢鼓院，蓋欲引羣不逞以譽己爾。綱以小人譽己則己尊，己尊則朝廷可以脅制，而政事皆由其出，甚者造成靖康之伏闕，雖人主不得而令。又辛道宗兵叛以來，綱居無錫，乃傾家資，制緋衣數千，遣其弟綸迎賊。且綱不任討賊之責，避之可也，豈有甘言重幣與之交通？如常州閭閻之俗浮淺，知有李綱而已，萬一賊起，藉綱爲名，臣恐國家之憂，不在金人，而在蕭牆之内。」於是，貶綱鄂州居住。時虛傳貶綱嶺南，綱單騎南去，既而知無後命，乃還。

庚寅，詔：「以二聖、母后在遠，兩遣使迎請，未副所期，而中原固守之圖亦虞弗至，思得忠信宏博，可使絶域，知謀果毅，能將萬衆者，以成朕志。慮其湮沈，弗能自達，不以有官無官，並許詣登聞鼓院自陳。朕將優禮遇之。」

以禮部侍郎朱勝非爲翰林學士。

乙未，以同知樞密院事張慤爲尚書左丞，工部尚書顔岐爲同知樞密事。慤仍兼御營副使。先是，慤言：「三河之民怨虜入骨〔四六〕，欲殲殄之。請依唐人澤、潞步兵雄邊子弟遺意，募民聯以什伍，而寓兵於農，使合力抗虜，謂之巡社。」又太中大夫許翰陳利害，請使州縣什伍其民而教之戰，以效唐昭義步兵之制。詔委付慤，遂著爲法：每十人爲甲，五甲爲隊，四隊爲部，五部爲社。各有長，至五社則爲都社，有正及副。如兩都社及萬人以上，擇土豪二人爲都副總轄。其借補官之制，則萬人以上成忠郎〔四七〕，千人以上保義郎，八百人以上承節郎，五百人以上承信郎〔四八〕。自甲長至都總轄，三歲遞遷。諸州以守爲統制官，縣以令爲統領官，歲終以較守令優劣，而逐路提刑爲提舉官。書成，詔頒于天下行之。

【新輯】乙巳，詔：「自今被受中使傳宣者，當時密具所得旨，實封以聞。如事有未便者，許執奏。」又詔：「凡宣旨及官司奏請事，元無條貫者，並中書、樞密院取旨，非經三省、樞密院者，官司無得受。」復舊典也。〔四九〕（輯自繫年要録卷一〇）

丙午，再遷慤爲中書侍郎，仍提領措置户部財用，顏岐爲尚書左丞。又以刑部尚書郭三益爲同知樞密院事，吏部侍郎周武仲爲刑部尚書〔五〇〕。武仲，浦城人。其初召也，鄧肅時爲諫官，言：「武仲宣和間任中丞，顧望王黼等，不敢出一言。又嘗與趙良嗣同使金虜〔五一〕，去年良嗣已殺，武仲不殺，亦云厚矣。其可復使之出入禁闥以誤國乎？」不報。至是，復進任之。

初，宣教郎傅雱奉使自河陽渡河，疾馳十餘日，至雲中見虜酋左監軍悟室〔五二〕，至是回。時又得修職郎王倫，授以朝官，借刑部侍郎、充大金軍前通問使〔五三〕。倫，旦孫也〔五四〕。遣倫在是月壬辰。辛亥，除雱爲考功郎官。既而，倫至河東粘罕軍前，爲其所留。

初，右諫議大夫衛膚敏入對，勸上以守法度、重爵賞數事。上曰：「崇寧、大觀以來，所以亂祖宗法者，由宰相持禄，惟恐失人主之意，故於政事無所可否，馴致前日之禍。自今當以爲戒。」至是，有旨建承慶院，令内侍典之。膚敏乃請：「以承慶之役付之揚州，并升暘宫造作事亦歸有司。」又請：「禁中差除、須索，必關三省，其有戾祖宗之法，許大臣執奏。大臣不正救者，顯黜之。」時中書舍人劉珏又言：「陛下以前朝房院，故建承慶院，而論者以爲修營浸廣。陛下以隆祐太后故，間有御筆指揮，而論者以爲内降復出。蓋護視工役，領之内侍，而除授不歸中書，此人言所以籍籍也。今陛下既以承慶之役付之揚州矣，顧因是凡

所興繕，悉付有司。既以一二人除官爲不當矣，願因是申命三省，皆許執奏，則衆論息矣。」〔五五〕

初，諸州進士合於今春赴京省試，緣軍興已展一年。上方急於取人，慮寒畯無以自達，然巡幸既非久居，又四方道梗難赴。十二月丙辰朔，詔以省試合取人數，分下諸路，於轉運置司處類試，仍令提刑司差考官，每十四人取其一。

詔：「朕念親儒臣以稽先聖之格言，雖羽檄交馳，巡幸未定，亦不可廢。可差講讀官四員，萬機之暇，令於内殿講讀。」

自中原俶擾，内外財賦多失，往往吏毀其籍，漫無可稽。上獨委中書侍郎張慤理財，而慤曉錢穀利害，吏無敢欺。元豐舊制，中書專取旨。大臣所擬者，慤輒屏不奏〔五六〕。時宗澤守東京，右僕射黄潛善、門下侍郎汪伯彦皆笑其狂。慤曰：「如澤之忠義，若得數人，天下定矣。」於是二人語塞。此據野記修入。

直龍圖閣、知秀州、權浙西提刑趙叔近招到杭卒陳通等。戊午，叔近言〔五七〕：「杭卒初無叛心，止緣守臣葉夢得不以時支賞，遂致紛紛。今已招安，乞給告身，修武、從義郎各一，秉義、成忠、忠翊、保義郎各五，承節郎三十，承信郎五十，進武校尉二十〔五八〕，進義校尉一百，付叔近書填給之。仍乞不依常格注擬。」詔從之。於是，給事中劉珏言：「自羣盗蜂起，率用招安，此叛者所以滋熾也。屬者金陵之亂，凶黨無不得所欲，故道宗之師、建安之卒，相挻爲變。今吳興諸營又以反側告矣，其視逆上命，殺長吏，習以爲常。朝廷又從而寵之，謀國若此，豈可謂工哉？今叔近所請給告身二百二十餘人，朝廷不以爲過，而遽從之，或者襲是迹而動，將見爵賞不足以給之矣。」

先是，以隆祐太后兄之子、徽猷閣待制孟忠厚爲顯謨閣直學士，皇后父、右文殿修撰邢煥爲徽猷閣待制。右諫議大夫衛膚敏、殿中侍御史張浚皆論以爲不可。甲子，煥改授觀察使，而上以太后故，不忍罷忠厚職名。給事中劉珏、中書舍人汪藻引故事極論之。藻，德興人也。於是，翰林學士朱勝非言：「膚敏所論有故事。陛下即位，四方引領以望新政。今乃坐戚里而去爭臣，非所以示天下也。」

都統制王淵至秀州，下令訓兵十日方行，杭寇陳通等聞之，爲備稍緩。翌早，淵馳至杭州，通走不及，遂出迎，淵入城撫定。癸亥，斬通并其黨一百八十餘人。乃詔帥臣、龍圖閣直學士葉夢得落職奉祠，知秀州趙叔近落職罷任。

丙子〔五九〕，御史中丞許景衡除尚書右丞，以右諫議大夫王賓爲中丞。

初，故崇政殿説書河南程頤以道學爲天下倡，其門人高弟，則有故監察御史建陽游酢與今徽猷閣待制將樂楊時。是日，以時爲工部侍郎〔六〇〕，時年七十九矣〔六一〕。入對，首言：「自古聖賢之君，未有不以典學爲務者，以君德在是故也。」尋詔時兼侍講。是時，如右丞許景衡、右文殿修撰胡安國、左司郎官吳給、殿中侍御史馬伸，皆號得頤之學。安國，崇安人；給，須城人也。自後傳之浸廣，其間志於利禄者，托其說以自售，而世亦莫辨其真僞矣。此據楊時墓誌及胡安國奏狀修入。

初，建州禁卒張員等既叛，統制官王淮雖駐兵城下，未能破賊。有軍校魏勝者，獨不從亂，頗能調護其黨。於是，守臣張動與提舉官王浚明令勝諭員等，已奏朝廷，軍人本無叛意，緣轉運司不支卸甲錢，以致作鬧，自此稍定。是月，有詔本州招安，補勝承信郎、權監押。賊遂開城門，縱人出入。動與浚明各罷去。

金虜左副元帥粘罕之自草地歸雲中也〔六二〕，遣使往夏國，約同寇陝西〔六三〕，夏人從之。及知張邦昌已廢，遂率諸酋分道入寇〔六四〕。右副元帥窩里嗢與其弟兀朮自燕山率衆〔六五〕，由滄州渡河寇山東；粘罕自雲中率衆下太行，將由河陽渡河攻西京；又別遣萬户婁室，副以萬户撒离曷及孛堇黑峯寇陝西〔六六〕；又萬户銀朱等寇漢上〔六七〕。燕山軍欲先圍汴京，又分兵趨揚州。時留守宗澤增修禦敵之備，城外地方千里，無糧可因，兀朮乃遣人告粘罕，謂獨力難攻。粘罕報以將輟西京之行，併力圍汴。既而，知未可圖，如兀朮所言，遂已。於是，燕山軍肆暴於京東諸路，而婁室等至河中府，本朝官軍扼蒲津西岸，賊不得渡〔六八〕，遂潛由上流韓城縣，一夕履冰而過，直逼長安。於是蒲津官軍，不戰自潰。時河東之民，心懷本朝，所在結爲紅巾，出攻城邑，皆用建炎年號，見有脱身南歸者，往往助以衣糧，且言只俟天兵過河，亦不須多，當藉聲勢，盡執蕃人戮之〔六九〕。虜衆之在河東者〔七〇〕，稍稍遷以北去。虜之兵械，亦不甚精，但心協力齊，奮不顧死，故多取勝。然河東人與之習熟，略無所懼。是年，於澤、潞之間，刼左副元帥粘罕寨，幾獲之〔七一〕。故虜捕紅巾甚急，然不能得其真，則捉平民以塞責，有舉村被害者。故强壯者多奔以逃命，而紅巾愈盛矣。

〔校勘記〕

〔一〕以徽猷閣直學士董耘爲兵部尚書　案：董耘爲兵部尚書事，繫年要録卷七據日曆繫於本月「辛卯」。

〔二〕待闕未有差遣京朝官以上　「待」原作「寺」，據建炎時政記卷下及梁谿集卷一七六改。

〔三〕壬寅　繫年要録卷八繫於「八月壬戌」，并考證云：「建炎日曆、中興制草並命二相在今年七月，熊克小曆亦載於七月壬寅，而李綱建炎進退志云：『八月五日告廷。』綱自記必不妄，今從進退志。」

〔四〕時初建御營司　案：初建御營司，繫年要録卷五考證云應在本年「五月丁酉」。

〔五〕又擢鄜延副總管劉光世爲本司都統制　「本司都統制」，繫年要録卷五考證云應作「提舉使司一行事務」。

〔六〕吕好問家傳曰　案此段文字原作大字正文，據皇朝中興紀事本末卷二及廣雅本改爲小字注文。

〔七〕時七月己酉也　「己酉」原作「乙酉」，案本月己丑朔，無乙酉日，據皇朝中興紀事本末卷二及繫年要録卷七改。

〔八〕及命江湖綱運由襄漢通漕　「漢」原作「江」，據皇朝中興紀事本末卷二及繫年要録卷七改。

〔九〕自虜北歸　「虜」原作「金」，據皇朝中興紀事本末卷二改。下同。

〔一〇〕咸子也　「咸」原作「感」，據宋史卷三六一張浚傳及廣雅本改。

〔一一〕壬子賜死　案：宋齊愈之死，繫年要録卷七載：「是日（癸卯），腰斬通直郎宋齊愈於都市。」并考證其「非賜死」，是「依法定斷」。宋史卷二四高宗本紀一繫於「甲辰」。

〔一二〕卒正彦國罪　繫年要録卷七作「不從」，考證云：「按：彦國追削在十一月庚子，汪藻當制。中興玉堂制草此詔亦云彦國尋已物故，昉即罷黜，與李綱進退志合，今從之。」

〔一三〕至則總管胡直孺已陷于虜　「虜」原作「敵」，據皇朝中興紀事本末卷二改。

〔一四〕時轉運副使顧彦成方出巡　「轉運副使」，繫年要録卷七建炎元年八月戊午作「兩浙轉運判官」，注文考證云：「克又稱彦成爲轉運副使，蓋承洪邁夷堅志之誤。」

〔一五〕復走秀州　「秀州」，繫年要録卷七作「湖州」。

〔一六〕通等逼令前執政特進薛昂領郡事　「特進」，繫年要録卷七建炎元年八月戊午注文考證云：「按：昂靖康元年已落特進，克不詳考耳。」

〔一七〕壬戌詔御史中丞顔岐除待制提舉明道宫　案：繫年要録卷六壬戌條考證，此條應繫於「六月壬戌」。當是。「顔岐」原作「顔歧」，據宋史卷三四七顔復傳改。按，顔復有二子：嶢、岐，名皆從「山」。下文同改。

〔一八〕癸酉　原作「己酉」，案：本月戊午朔，無己酉日，據皇朝中興紀事本末卷二及繫年要録卷八改。

〔一九〕建昌軍居住　繫年要録卷八作「南雄軍安置」，并認爲熊克所記誤。

〔二〇〕丙子　繫年要録卷六繫於「六月丙子」，并認爲小曆誤。

〔二一〕河外皆虜界　「虜」原作「金」，據皇朝中興紀事本末卷二改。

〔二二〕丁丑　繫年要録卷八及宋史卷二四高宗本紀一繫於「乙亥」。據繫年要録卷八考證，丁丑日是據日曆，而乙亥則是據綱行狀及汪伯彥時政記。當是。

〔二三〕詔遣殿中侍御史馬伸往湖四路　「廣」原作「南」，據皇朝中興紀事本末卷二改。

〔二四〕又便文攝他官　「便文」原作「便交」，據皇朝中興紀事本末卷二改。

〔二五〕王再興兵五萬掠京西　「王再興」，皇朝中興紀事本末卷二作「王興」。

〔二六〕上悟　「悟」原作「梧」，據皇朝中興紀事本末卷二改。

〔二七〕爲金虜所攻而退　「虜」原作「人」，據皇朝中興紀事本末卷二改。

〔二八〕拘守臣張動　「動」皇宋十朝綱要卷二一、皇朝中興紀事本末卷二及宋史卷二四高宗本紀一同，繫年要録卷九及廣雅本作「勤」。

〔二九〕庚寅　宋會要輯稿職官七〇之五及繫年要録卷九作「壬辰」。

〔三〇〕時文臣周格武臣高士曈並領憲司事　「曈」原作「瞳」，據宋史高宗本紀及皇朝中興紀事本末卷二改。

〔三一〕趙萬郭青爲之首　「趙萬」，皇朝中興紀事本末卷二作「趙邦」。

〔三二〕戊申　繫年要録卷九據日曆繫於「庚戌」。

〔三三〕時報金虜犯河陽汜水　「虜犯」原作「人攻」，據皇朝中興紀事本末卷二改。

〔三四〕己酉　原作「丙辰」，據繫年要録卷九甲午條注文及宋史卷二四高宗本紀改。案：繫年要録卷九載，命吕頤浩修揚州城作甲午，下詔巡幸在己酉。

〔三五〕膳部郎中陳兖辦頓遞　「陳兖」，廣雅本作「陳兖斡」。

〔三六〕頤浩歷城人　「歷城」，繫年要録卷六壬戌條考證作「樂陵」，當是。

〔三七〕金虜入寇　「虜入寇」原作「人内侵」，據皇朝中興紀事本末卷二改。

〔三八〕時爲揚帥　「揚帥」，廣雅本作「淮陽帥」，屬下讀。

〔三九〕金虜遣左監軍撻辣將兵圍中山　「撻辣」原作「達懶」，據皇朝中興紀事本末卷二改。下文徑改不出校。「虜」原作「人」，據皇朝中興紀事本末卷二改。

〔四〇〕賊乘而取之　「賊」原作「敵」，據皇朝中興紀事本末卷二改。

〔四一〕惟中山慶源保莫祁洺冀絳　「祁」，皇朝中興紀事本末卷二作「邢」。

〔四二〕乙丑命江淮制置使劉光世領統制官苗傅兵二萬討賊　案：李成之叛，繫年要録卷一七繫於「建炎二年八月辛巳」，并考證劉光世討李成在建炎二年十月九日，此處誤。

〔四三〕成僅以身免　「僅」原作「勤」，據皇朝中興紀事本末卷三改。

〔四四〕庚辰詔遣御營使司都統制王淵捕浙西羣盜　案：繫年要録卷一〇考證此記事誤，認爲：「淵此月丁卯先除制置使，庚辰乃命光世耳。」并將在鎮江殺降卒事繫於「丙戌」。

〔四五〕詔汝文降充直學士　「直」原作「雜」，據皇朝中興紀事本末卷三及繫年要録卷一二改。

〔四六〕三河之民怨虜入骨　「虜」原作「敵」，據皇朝中興紀事本末卷三改。下同。

〔四七〕則萬人以上成中郎　「忠」原作「中」，據皇朝中興紀事本末卷三改。

〔四八〕八百人以上承節郎五百人以上承信郎　「承節郎，五百人以上」原脱，據皇朝中興紀事本末卷三補。

〔四九〕案：李心傳繫年要録卷一〇注文云：「熊克小曆載此旨因衛膚敏所奏，非是。」

〔五〇〕吏部侍郎周武仲爲刑部尚書　案：繫年要録卷一〇將此條繫於「戊申」，并認爲將此繫於丙午爲誤。

〔五一〕又嘗與趙良嗣同使金虜　「虜」原作「國」，據皇朝中興紀事本末卷三改。

〔五二〕至雲中見虜酋左監軍悟室　「虜酋」原作「敵人」，據皇朝中興紀事本末卷三改。「悟室」原作「烏克紳」，據原注回改。下文遇此徑改，不出校。

〔五三〕時又得修職郎王倫授以朝官借刑部侍郎充大金軍前通問使　案：繫年要録卷一〇十月辛巳條注文考證云：「按：倫、弁五月初已授命，但未成行，逮雱歸而始遣耳。」克亦小誤。

〔五四〕倫旦孫也　繫年要録卷五戊戌條作「倫毅子」。并考證云：「按：倫乃旦弟，兵部郎中旭之元孫。旭生通議大夫端，端生朝奉大夫元，元生毅，官至朝散郎。」

〔五五〕案：李心傳在繫年要録卷一一將此段文字繫於十二月「戊辰」，并加注文云：「膚敏十二月五日方除諫議大夫，繫之前月者，誤也。珏十一月三日已除給事中，而克以爲中書舍人，亦誤。克又載膚敏奏語云：『其有戾祖宗之法者，許大臣執奏，大臣不正救者，顯黜之。』按此乃汪藻撰膚敏墓誌中所云，與本奏不同，今不取。仍依日曆附此月戊辰。但十一月乙巳，先有奏執内降等指揮，此時膚敏未爲諫官，或者因珏先建言，而黄潛善等不能遵用。然膚敏三奏全不云已有此指揮，不知何故。今附此，更須詳之。」

〔五六〕大臣所擬者慤輒屏不奏　案：繫年要録卷一〇丙午條注文考證云：「按：此時黄潛善以右揆兼中侍，慤安能獨屏之？況自元豐之末至建炎之初，凡進呈皆三省同上，已革官制之舊久矣。或者慤獨進呈財用司事，而行狀修潤失實，日曆附傳又從而因之。克不深考耳，今不取。」

〔五七〕戊午叔近言　「戊午」，繫年要録卷一〇據日曆繫於十一月「辛亥」。

〔五八〕進武校尉二十　「二十」，皇朝中興紀事本末卷三作「三十」。

〔五九〕丙子　繫年要録卷一〇繫於十一月「戊申」，日曆繫於十二月庚午。

〔六〇〕是日以時爲工部侍郎　案：繫年要録卷一一繫於本月「庚辰」。

〔六一〕時年七十九矣　「七十九」，繫年要録卷一一作「七十五」。

〔六二〕金虜左副元帥粘罕之自草地歸雲中也　「虜」原作「人」，據皇朝中興紀事本末卷三改。

〔六三〕約同寇陝西　「寇」原作「侵」，據皇朝中興紀事本末卷三改。下同。

〔六四〕遂率諸酋分道來入寇　「酋」原作「將」；「入寇」原作「來侵」，據皇朝中興紀事本末卷三改。

〔六五〕右副元帥窩里嗢與其弟兀朮自燕山率衆　「窩里嗢」原作「鄂勒琿」；「兀朮」原作「烏珠」，據原注回改，後文徑改，不出校。

〔六六〕副以萬户撒离曷及孛菫黑峯侵陝西　「撒离曷」原作「薩里罕」；「孛菫」原作「貝勒」，據原注改，後文徑改，不出校。

〔六七〕又萬户銀朱等侵漢上　「銀朱」原作「銀木」，據皇朝中興紀事本末卷三改。

〔六八〕賊不得渡　「賊」原作「敵」，據皇朝中興紀事本末卷三改。

〔六九〕盡執蕃人戮之　「蕃」原作「敵」，據皇朝中興紀事本末卷三改。

〔七〇〕虜衆之在河東者　「虜」原作「金」，據皇朝中興紀事本末卷三改。下同。

〔七一〕幾獲之　「獲」原作「復」，據皇朝中興紀事本末卷三改。

中興小紀卷三

建炎二年歲在戊申。春正月丁亥，復詔此事前已降詔：「河東、河北郡縣，失職之吏、失次之軍、失業之民，渡河而南。仰陝西、京西帥臣、監司悉心措置，於沿河州縣，分布收納，官員即赴行在，公人補充職役，兵士就填逐處闕額，百姓給以官田，假其牛種，仍令於寺觀權居。」

金虜將銀朱兵號二十萬攻鄧州〔一〕。先是，詔諸道貢賦皆聚于鄧，守臣、直龍圖閣兼京西帥劉汲營繕儲峙，所以待乘輿之具甚備。戊子，城陷，汲死焉。

庚寅〔二〕，以秘閣修撰吕源爲兩浙轉運使，直秘閣姜仲謙副之。源，升卿子也。於是言者謂：「源家富於財，初結林靈素、孟昌齡而得監司，結梁師成而爲廣帥，若仲謙則爲譚稹之奴，至除延閣。今兩浙人心未安，豈堪二小子擾之耶？」詔與别路。既而，改源知揚州，仲謙廣西轉運副使。

先是，杭、温二州上供物留鎮江府，有以螺鈿爲之者，上惡其奇巧，命守臣錢伯言毁之。壬辰，伯言奏：「已毁於市，觀者悦服。」上因謂宰執曰：「朕早來語御史張浚曰：『還淳反朴，須人主以身先之，天下自然嚮化。』」黄潛善曰：「誠如聖諭。」

初，榷貨務都茶場既移真州，至是，户部尚書黄潛厚言：「其地近行在，而兩處給鈔引非便，請併歸一司。」從之。時給事中劉珏論潛厚不已，遂除延康殿學士、提舉醴泉觀〔三〕。

先是，有撰勸勇文者，揭於關羽廟中。其言雖俚而切，略曰：「蕃賊擾亂甚久〔四〕，百姓因賊破家者〔五〕，皆當復讐力戰。若不能此，枉作男兒，雖活何益？去歲賊來〔六〕，百姓已錯，今年防賊，不可怯懦，汝若怕賊則敗，不怕則勝。況賊有五事易殺：賊連年戰辛苦，易殺；馬倒不能起，易殺；深入重地力孤，易殺；多帶金銀，易殺；作虛聲嚇人，易殺。各宜齊心協力，共保今歲無虞。」於是，直秘閣、京西提刑謝貺得而上之。詔兵部刊板，散示諸路。〔七〕

初，本朝取士制，進士外有諸科，而明法在其中。熙寧以來，罷諸科，獨明法爲時所尚，故存之。然以舊科但取記誦之學，乃改號新明法，許曾應諸科人就試。崇寧初，併入進士額，此科遂廢。至是，大理少卿吴瓌言：「法官闕人，乞復立明法之科，進士曾豫薦者，聽其試。」癸巳，詔從之。

殿中侍御史張浚言：「兵部尚書董耘諂事童貫，南征北伐，首尾幕中，納賄賂以市官資，飭表章以肆欺罔，海内咸怨。陛下總師濟、鄆，仍緣獲進，蓋有所自，豈可濫居高選？」

丙申，以耘爲延康殿學士、提舉洞霄宮。遂召徽猷閣待制、知東平府盧益爲兵部尚書。〔八〕

金虜將婁室乘地大震〔九〕，進攻長安，時城中兵僅千人，帥臣、龍圖閣直學士唐重嬰城固守，援兵無至者。戊戌，經制通判傅亮以所部降虜〔一〇〕，城遂破。重與轉運副使桑景詢、總管楊宗閔、判官曾謂皆死〔一一〕。重，眉山人，後謚曰恭愍。宗閔，崞縣人；景詢，懌孫也。先是，重辟雅州知録丹稜楊仁，欲以自助，仁辭不行，乃爲重言：「今全陝之重，必宰輔親臨，大號召天下之兵，勢可百倍。昔婁敬脱輓輅一言，漢高感悟，即日駕關中。况近臣爲帥有請，上當必從。」重未及用而死。

金虜左副元帥粘罕攻河南府〔一二〕，留守孫昭遠遣驍將姚慶拒之于偃師，軍敗慶死。昭遠命將官王仔奉啓運諸殿神御，間道走行在。至是，虜兵益熾〔一三〕，昭遠戰不利，己亥，其下擁昭遠南去避虜，昭遠罵之曰：「若等衣食縣官，不以此時報國，南去何爲？」叛兵怒，擊昭遠死焉。昭遠，抃孫也。是秋，神御乃至行在。

時粘罕恐東京留守宗澤以兵邀擊萬户銀朱，故自據西京與澤相持，使銀朱無後顧之憂云。

庚子，以主客郎中謝亮爲陝西撫諭使〔一四〕。

羣盜有張遇等，號「一窩蜂」，初犯江寧府，江淮制置使劉光世截其後軍，破之。遇轉由真州，是日，攻陷鎮江府，守臣錢伯言棄城而去。

內侍邵成章不守本職，輒言大臣。辛丑，詔：「自祖宗以來，未有內侍言大臣者。成章可除名，南雄州編管。」

先是，劇賊丁進，號「一箭」者，以萬餘人攻壽春府，守臣、直秘閣康允之率軍民固守，賊解圍去。允之奏至，甲辰，上謂宰執曰：「此郡守得人之效也。卿等六人，宜廣詢人材，若人得二人，則列郡便有十餘守臣稱職。然須參議，不可徇私。」張愨曰：「崔祐甫嘗謂，非親非舊，安敢與官？今日當問所除當否耳。」上曰：「徇私用親，舊固不可，果有真賢實能，是親舊乃不敢用，亦非也。但扶公道，抑僥倖，自無嫌怨矣。」黄潛善曰：「好惡之言，事定則是非方見，如周公亦未免於疑，所以古人多期於後世之君子。」上曰：「然。」尋除允之直龍圖閣。

鳳翔府奏以方士彭知一所燒金發來。上劄付三省曰：「朕不忍燒假物以誤後人。」令發還之。仍毁其燒金之具。乙巳，右僕射黄潛善言：「臣等伏讀親筆，知陛下側身修政，動民以行，四方鼓舞，蓋盛德之舉也。」上曰：「當與卿等共持此誠，以隆中興之業。」

初，詔：「在京三省、樞密院、省臺、寺監、百司當番人吏，隨到駐蹕處，先轉一資，事定別推賞，不到者勒停、編管。」至是，中書舍人汪藻取門下省七十九人、中書省七十一人、尚書省一百八人，皆當轉資。庚戌，上問宰執曰：「到者二百五十八人，其不到者何不具？此賞未可行，候見當罰人數同上。」於是，黄潛善等惶懼。蓋上厲精庶政，洞察如此。

右諫議大夫衛膚敏因論孟忠厚不合，改除中書舍人，不肯就職。辛亥，上以問宰執，黄潛善等曰：「給事中劉珏亦未書牘。」殿中侍御史張浚章再至，中書舍人汪藻亦言：「忠厚與邢焕事同，難獨草焕制。」於是，張慤流涕曰：「陛下循祖宗成憲，惟忠厚冒此職，士議甚喧，諫官卧家幾月，臣竊惜之。」郭三益曰：「陛下屈法於忠厚，爲太后也；慤流涕而請，爲天下也。願從慤言。」潛善與汪伯彦亦論：「忠厚當换武階，陛下重違太后意〔一五〕，即乞以臣僚論疏納東朝，自降處分。」上曰：「不若以疏付忠厚，令自請，則事體兩全。」壬子，宰執奏事，上曰：「太后令與忠厚换武階矣。」遂除正任承宣使。上曰：「朕爲兹事不下懷，今月餘矣。」潛善曰：「天下幸甚。」慤又曰：「昨高遵惠之子能言其父在元豐末除待制，宣仁不敢私之，但遷一秩。其後遵惠爲侍從，乃紹聖間，非宣仁垂簾時也。」時忠厚以遵惠藉口，故朝論不平。因詔后族自今勿任侍從官，著爲令。

初，「一窩蜂」賊張遇既破鎮江府，遂屯于金山寺及楊子橋，衆約三萬〔一六〕。詔兩浙制置使王淵招安之〔一七〕，賊遂聽命。至是，淵歸自杭州，自將數百騎，穿遇寨而過，遇見淵軍器械精明，惶懼迎于馬首。淵曰：「汝等賴我來晚，故得受降，若來早，已無遺類矣。」淵奏授遇閤門宣贊舍人，其黨劉立等各補官。守臣錢伯言始歸鎮江。既而，詔降伯言二秩，淵自承宣除嚮德軍節度使〔一八〕。

初，言者乞以崇寧無狀之人編爲一籍，省、臺各録副本，不許堂除及任守宰，已得旨行矣。是日，詔略曰：「朕惟臣寮趨操弗端，致貽國患，理宜昭示好惡，使人同知。然念才行難於兼全，一眚不可終廢，除罪重人外，並隨材選任。如率職勵行，可補前失，則與擢用。」

以吏部尚書路允迪爲僉書樞密院事。言者因論允迪嘗託朝士郭太冲買妾，遂薦爲本部郎官。於是，允迪以疾乞祠。二月丙辰，除資政殿學士、提舉洞霄宫。

宣教郎馮鐸言：「今潰兵爲害，乞令鄰州之在五百里内者，互相策應。」是日〔一九〕，詔：「諸路鄰州三百里内，互相策應。承報而不去者，重寘之法。」

言者論：「龍圖閣直學士鄭修年乃居中之子，顯謨閣直學士劉阜民乃正夫之子，徽猷閣待制余日章、白彦暉乃深與時中之子，皆乳臭小兒，初無出身及文學政事。乞並鐫其職。」是日，詔從之。

龍圖閣直學士、知洪州胡直孺奏：「江西五害：經制司敷甎瓦萬數浩大，一也；誘民以私財助國，旁及寺觀，使臣人吏亦均其數，二也；州縣受納米一石，加至五斗，三也；朝廷所需，皆取之行户，動以千計，四也；監司多不體國，務收己恩，爲保家之計，不因有勞，巧爲犒設〔二〇〕，動摇軍情，致其愈驕，使帥守之威令不伸，五也。望詔除此五者，以固人心，然後汰監司之躁妄，去兵官之愚怯者，實中興之先務也。」詔奬之。

辛酉，刑部尚書周武仲移吏部，以御史中丞王賓爲刑部尚書，户部侍郎兼知揚州吕頤浩進尚書。時劇賊張遇等雖受招安，而猶縱兵四刼，乃詔頤浩率江淮制置使劉光世、兩浙制置使王淵等圖之。於是，頤浩單騎入賊營，遇等皆出迎，惟劉彦不至，乃主謀不降者。頤浩斷其足，釘於楊子橋，餘黨怖而釋甲。

時四方薦士，皆試于中書後省。潭州布衣何烈對策，用廷試體稱臣。壬申，諫官李處遯請黜烈，併劾考官。於是，降烈充末名，而中書舍人汪藻、滕康、衛膚敏並罷。處遯，河南人，淑孫；康，宋城人也。

三月乙酉朔，【新輯】詔京城留守宗澤自端明殿學士加資政殿學士，大名尹杜充自寶文閣直學士加樞密直學士。（輯自皇朝中興紀事本末卷四）

詔遣御營使司左翼軍統制韓世忠，領統領官陳思恭及新招到張遇等軍一萬人，赴西京。

時虜將婁室自長安進攻秦鳳〔二一〕，右都護張嚴擊敗之。又虜將銀朱既破鄧〔二二〕，遂併掠汝、金、房凡四郡之民以歸。左副元帥粘罕聞世忠將至，而婁室已敗，親援之，乃留左監軍悟室與右都監余覩屯河陽〔二三〕，以待世忠。庚子，粘罕盡焚西京，掠其民而去。知河南府翟進遂入洛陽城。進，伊陽人也。

初，靖康宰執何㮚、陳過庭、聶昌皆扈二聖北狩。丙午，除㮚觀文殿大學士、提舉玉局觀，過庭資政殿大學士、提舉太平宫，昌資政殿學士、提舉崇福宫。時昌已死，朝廷未之知也。

初，浙東副總管楊應誠嘗爲廉訪使者，至是，頗爲帥臣翟汝文所抑，不能自安，遂首應詔，願使絶域。謂嘗隨其父任邊吏，熟知虜情〔二四〕，若自高麗至女真，其路甚徑。請身使三韓〔二五〕，結雞林以圖迎二聖。是日〔二六〕，詔應誠借刑部尚書，充大金、高麗國信使，以武臣韓衍借忠州防禦使，副之。於是，汝文奏：「應誠欺罔君父〔二七〕，自爲身謀，實無奇策，可返翠華。苟應誠至高麗，辭以大國之使，假道以問二聖之所，敢不承命。或金人聞使臣至自敝邑，却請問津以窺吴越，將何辭以對？決辱命，取侮遠夷〔二八〕。臣已檄四明，若應誠至，毋濟其行。」不報。應誠聞此，乃自杭州登海船以往。

時諸路方行巡社之法，東平府守臣權邦彦亦奏：「東河縣民自相糾集爲巡社〔二九〕，寇不敢逼〔三〇〕。」而言者已謂其法利於西北，而不利東南，乞罷之。夏四月己未，詔陝西、河北巡社依舊，餘路並罷。時杭、温二州已就緒，請存留，亦不聽。〔三一〕

言者已謂："近日帥守之棄城者，習以成風，如鄧雍之於荆南，何志同之於潁昌，趙子崧之於鎮江，皆擁兵先遁，今則安居薄責，而未正其罪。又如康允之之於壽春，陳彦文之於九江，以數千之疲旅，捍十萬之强寇〔三二〕，而允之止遷一職，彦文纔復舊官。議者惑焉。願著其賞罰，以示勸懲。"是日〔三三〕，詔從之。

時經筵講論語及讀資治通鑑，故事，五月至八月罷講。庚申，上諭宰執曰："朕履兹艱難，方孜孜經史，若廢之累月，則疑義無所質。朕欲勿罷，可乎？"宰執皆稱善，遂詔勿罷。又上欲旌賞有功將士，嘗命綾錦院監官姜涣揀工匠〔三四〕，權赴軍器所織戰袍，以備宣賜。或言少府監於織作所捉人，而監丞許任申初無是事，宰執以奏。上始知言者之妄，因問少府官爲誰？黄潛善等曰："監、少馬居中、張元膺，皆小心能辦事。"張慤曰："若只付綾錦院織，令長貳督之，保不誤事。"詔可。潛善曰："陛下洞察人情，庶政各歸攸司，深鑒前日因事置局，紊亂綱紀之弊，蓋中興之漸也。"

初，上登極赦覃恩，轉官朝請大夫至中奉，不限止法。而三省、樞密院吏亦有合轉者，宰執奏取旨。甲子，上曰："吏雖該恩，豈宜與士夫一等？可令回授有服親。"黄潛善等曰："陛下既分流品，增榮士類，則人知歆艷，相率赴功，此致治之本也。"

乙丑，御營使司左翼軍統制韓世忠至西京，時虜將悟室〔三五〕、余覩之衆屯河陽，世忠約知河南府翟進及新降丁進及孟世寧等三軍，併力與虜戰。丙寅，進夜攻虜營，而虜已預知，反爲所襲而敗。悟室復入據西京。進乃爲世忠前導，再與虜戰于永安縣，會丁進等不至，而統制官陳思恭領後軍先走，世忠敗績，其將張遇救之，僅得免，收潰兵數千，歸于行在。

先是，扈聖駕後軍至寶應縣而亂，既又殺統制官姓龎人，遂去爲盜。有孫琦者爲之首，衆至五萬。癸未，琦等入據唐州。

初，二聖北狩，諸親王皆從，獨王弟信王榛至慶源府遁歸，乃變姓名，隱於真定境內。又宣和末，童貫宣撫河東，自太原遣保州廉訪使者馬擴往真定募兵，或告擴於帥臣劉韐，謂擴欲獻城於虜〔三六〕，韐收擴繫之獄。韐，崇安人；擴，狄道人，政子也。既而韐去，虜陷真定城，擴與羣囚走出，爲虜所擄，不死。時有武翼大夫趙邦傑者，聚忠義鄉兵於五馬山作寨，擴往依之。邦傑與擴聞信王在民間，遂率兵擊虜奪榛以歸〔三七〕，奉之爲首，故兩河遺民聞風響應，皆受旗榜。至是，榛奏【新輯】略曰：「自金賊劫遷二聖，舉族三千餘口，悉驅而北。臣至慶源府，謀竄得免，今在五馬山。臣竊見邦傑與擴累與賊戰，皆獲小捷，其忠義之心，堅若金石。臣自陷虜中，頗知其虛實，賊今稍隳，皆懷歸心，且屢敗於西夏，而契丹亦出攻之。今河北、河東十陷七八，惟山西一帶諸寨鄉兵約十餘萬，力與賊抗，但晝夜暴露，農事失時，卒皆困窘。兼闕戎器，臣多方存恤，借稱官資，使忠義之徒，竭節不變。惟望朝廷早遣兵來援，不然，久之恐反爲賊用，則河南難保。宜乘此時速取所失州縣，以副民望。臣願陛下念祖宗創業之艱，二聖播遷之難，於布衣小官中，選其先公後私，爲國家效死之人，付以事權。即下明詔，委臣總大軍與諸寨鄉兵，約日齊舉，决見成功。仍給空名誥敕二萬道，及河東、河北兵馬元帥印付臣佩之。臣粉骨碎首，所不敢憚。况於陛下，以禮言則君臣，以義言則兄弟，其憂國念親之心，共想無異。興言及此，不覺流涕。」時榛此疏附東京留守宗澤，（輯自皇朝中興紀事本末卷五）雖尚未達，而朝廷已聞信王有渡河入京師之謀。五月乙酉〔三八〕，乃詔：「朕將還京闕，恭謁宗廟，仰三省、樞密院、御營使司條具當辦者，取旨行之。」此據汪藻建炎詔旨及馬擴自敘參纂〔三九〕。

左僕射黄潛善等以右丞許景衡議論與己異，始共排之。初，李綱既去，而遷都南陽之計格，遂幸維揚。景衡復請上渡江，潛善等因乞降詔回京〔四〇〕，故言者以景衡之説爲非。至是，罷爲資政殿學士、提舉洞霄宫。未幾，卒。識者哀之。

言者以爲：「頃歲民間養馬，州縣民注之於籍，時或和顧，亦借用之，人苦其擾。乞今後不得拘籍，仍免顧借。」丙戌，詔從之。

陝西、京東諸路及東京、北京留守〔四一〕，並奏金人分兵渡河。辛卯，詔統制官韓世忠等各領所部兵迎敵，令京城留守宗澤遣新招到楊進等援之。世忠至京東，爲虜所敗，其將張遇死焉〔四二〕。

甲午，曲赦河北、陝西四路。

時江淮等路發運復添副使一員，是日〔四三〕，以秘閣修撰、知揚州呂源爲之。

太常少卿周望奉使未行，除起居郎。

先是，責授散官、韶州安置宇文虛中應詔，願使絶域，遂詔赴行在。丙申，詔宇文虛中復資政殿大學士〔四四〕。

羣盜有號李鐵棒者與靳賽等合兵四萬人，擾隨州，是日，破光山縣。

壬寅，中書侍郎張慤卒，士庶皆痛惜之，謚曰忠穆。

熙河經略使華陰張深奏：「走馬承受内侍蘇淵尚習故態，敢陵帥臣。」乙巳，詔承受見帥臣，如屬官禮。

【新輯】丁未，復置兩浙、福建提舉市舶司。（輯自皇朝中興紀事本末卷五，參考輿地紀勝卷一三〇）

己酉，秀州禁卒徐明等叛，囚守臣襄陽朱芾〔四五〕。詔帶御器械張俊統兵往討〔四六〕，遂平之，擒明獻于行在。復秀州在六月戊辰〔四七〕，今聯書之。

是月，金虜將婁室至鳳翔府〔四八〕，熙河帥張深遣偏將劉惟輔統兵三千禦之。惟輔以精騎千餘夜逾新店，虜恃勝不虞〔四九〕，惟輔舞矟刺其將黑峯大王者，婁室勢窮遁走。深更檄右都護張嚴以兵繼進，嚴趨鳳翔，戰五馬山下，兵敗而死。虜謀趨涇州，時涇源統制官曲端與本路正將吴玠屯軍原上，有統領官劉彦希自鳳翔退歸，端斬以徇。乃遣玠率前軍據青溪嶺以拒虜〔五〇〕，端鎮戎人；玠隴干人也。端知書，善屬文，而長於兵略，與虜戰屢捷，虜頗畏之〔五一〕。左副元帥粘罕聞嚴已敗，取平陸渡河，由解、絳、晉、汾以歸雲中。婁室遂自馮翊渡河，破潼關，陷同、華、陝以歸〔五二〕。於是直龍圖閣、知延安府王庶遣將斷河橋，又遣將屯神水峽〔五三〕，斷其歸路，虜遂遁〔五四〕。時有詔陞庶龍圖閣待制、六路軍馬制置使。庶，慶陽人也。此據庶傳修入。

初，建州叛卒張員等雖受招安，而疑權監押魏勝圖己，一日勝於通衢呼員等曰：「我心爲汝，而見疑如此，可決於神，若卜不吉，汝當殺我。」員等舉筶擲之而吉，自此始安。時以職方郎邵武謝如意爲福建轉運判官，如意至建陽，密遣人結路分都監黄濤及勝，共誅員等首惡六人，勝招員等赴路分廳受宣劄，既至，悉擒誅之。後數日，如意入城，人情稍定。既而，新守臣莆田方承被命賫敕榜諭衆卒〔五五〕，承留建陽不敢進。六月丙辰夜，軍校葉濃復叛，突城而出，遂犯福州古田縣。

戊午，以禮部侍郎兼直學士院王綯爲御史中丞。時内侍康履用事，諸將有奉之者。而綯不敢言。此據野記修入。

借刑部尚書楊應誠等奉使至高麗。丁卯，見國王楷，傳聖旨，借道以達金國，楷降階拜謝〔五六〕，與應誠等對立論事，且言：「事大朝日久，皇帝即位，方欲入貢，遽蒙降使。昨聞二聖北狩〔五七〕，本國惶懼。金人舊時弱，今兵威如此，亦嘗遣兵來奪去所築九城，因此不和。」應誠等言：「本朝累聖待貴國最異，非他國之比，今時偶多艱，假道北去〔五八〕，只是講和，於貴國無害。」楷曰：「大朝自有山東海道，何不由登州以往？」應誠等曰：「不如貴朝去金最徑，但煩國王報金國，應誠至界首，待報而後行。兼三節人皆自賫糧，不敢以浼貴國，惟借馬二十八匹而已。」楷曰：「容與諸臣議。」遂遣門下侍郎傅佾至館〔五九〕，議曰：「聞金人見造海船，欲往兩浙，若引使至其國，恐彼却要借路至兩浙，則何以處？」應誠等曰：「女真不能水戰。」佾曰：「東女真常於海道往來，况女真舊臣本國，近却要臣事，以此可見强弱。」留數日，楷又遣中書侍郎崔洪宰、知樞密院事金富軾來議，亦守前說。蓋其君臣畏金人之强，堅不肯假道。且言：「二聖見留燕雲，不在金國。」又曰：「金國决不肯和。」應誠等不得已，遂回。

言者以爲：「東南武備利於水戰，宜於江上廣造戰艦，列於南岸，仍防姦人有乘風盜爇之患，設不此圖，則寡不足以敵衆，步不足以敵騎〔六〇〕，誤事必矣。」己卯，詔沿江措畫，限一月畢。

資政殿學士、東京留守宗澤病，諸將楊進等曰：「今四方義士雲集都城幾百萬，糗糧亦備，聞河北虜兵殊少〔六一〕，脅從者日望王師之至，而留守嬰疾，進等憂焉。」澤遂力疾而起，合諸將鋭兵數十萬，涓日渡河。復抗疏請上還京，且曰：「臣若誤國，一子三孫甘被顯戮。」

是月〔六二〕，澤卒，後謚曰威愍〔六三〕。

殿中侍御史晉陵張守言：「今防秋在邇，而朝士往往引去，願榜朝堂，以戒敕之。」

〔校勘記〕

〔一〕金虜將銀朱兵號二十萬攻鄧州　「虜」原作「大」，據皇朝中興紀事本末卷四改。

〔二〕庚寅　繫年要録卷一二繫於本月「癸巳」。

〔三〕遂除延康殿學士提舉醴泉觀　案：黄潛厚除官，據繫年要録卷一一庚辰條考證在建炎元年十二月。繫於此處誤。

〔四〕蕃賊擾亂甚久　「蕃賊」原作「敵兵」，據皇朝中興紀事本末卷四改。

〔五〕百姓因賊破家者　「賊」原作「而」，據皇朝中興紀事本末卷四改。

〔六〕去歲賊來　「賊」原作「敵」，據皇朝中興紀事本末卷四改。下同。

〔七〕案：此段記事，繫年要録卷一二繫於「己丑」。

〔八〕案：此段記事，繫年要録卷一二繫於「甲午」。繫年要録卷一五戊申條注文考證，盧益除兵部尚書，不得其日，熊克所記二月（實際是正月）丙申，兵部尚書董耘罷，遂召徽猷閣待制、知東平府盧益爲兵部尚書。按史：益元年五月乙巳自顯謨閣直學士、知東平府，落職奉祠。當二月間，權邦彦已知東平府。克蓋誤。

〔九〕金虜將婁室乘地大震　「虜」原作「大」，據皇朝中興紀事本末卷四改。

〔一〇〕經制通判傅亮以所部降虜　「虜」原作「金」，據皇朝中興紀事本末卷四改。

〔一一〕判官曾謂皆死　「判官曾謂」原作「通判曹謂」，據繫年要録卷一二、皇宋中興兩朝聖政卷三及宋史卷二五高宗本紀二改。

〔一二〕金虜左副元帥粘罕攻河南府　「虜」原作「人」，據皇朝中興紀事本末卷四改。

〔一三〕虜兵益熾　「虜」原作「敵」，據皇朝中興紀事本末卷四改。下同。

〔一四〕以主客郎中謝亮爲陝西撫諭使　「郎中」原作「郎官」，據皇朝中興紀事本末卷四及繫年要録卷一二改。

〔一五〕陛下重違太后意　「意」原脱，據皇朝中興紀事本末卷四及繫年要録卷一二補。

〔一六〕衆約三萬　繫年要録卷一二作「衆號二萬」。

〔一七〕詔兩浙制置使王淵招安之　「兩浙」原作「西浙」，據皇朝中興紀事本末卷四改。

〔一八〕淵自承宣除嚮德軍節度使　「嚮」原作「宣」，據廣雅本、皇朝中興紀事本末卷四及繫年要録卷一二改。

〔一九〕是日　繫年要録卷一三繫於「丙午」。

〔二〇〕巧爲犒設　「犒」原作「高」，據廣雅本、皇朝中興紀事本末卷四改。

〔二一〕時虜將婁室自長安進攻秦鳳　「虜」原作「金」，據皇朝中興紀事本末卷四改。

〔二二〕又虜將銀朱既破鄧　「虜」原作「金」，據皇朝中興紀事本末卷四改。

〔二三〕乃留左監軍悟室與右都監余覩屯河陽　「余覩」原作「伊都」，據原注文回改，下文徑改，不出校。

〔二四〕熟知虜情　「虜」原作「敵」，據皇朝中興紀事本末卷四改。
〔二五〕請身使三韓　「使」原作「死」，據皇朝中興紀事本末卷四及繫年要録卷一四改。
〔二六〕是日　繫年要録卷一四繫於「丁丑」。
〔二七〕應誠欺罔君父　「誠」原作「臣」，據皇朝中興紀事本末卷四及繫年要録卷一四改。
〔二八〕取侮遠夷　「夷」原作「人」，據皇朝中興紀事本末卷四改。
〔二九〕東河縣民自相糾集爲巡社　「河」，皇朝中興紀事本末卷五作「阿」。
〔三〇〕寇不敢逼　「寇」原作「敵」，據皇朝中興紀事本末卷五改。
〔三一〕案：繫年要録卷一五己未條考證此段記事云：「熊克小曆：『己未，詔陝西、河北巡社依舊，餘路並罷。』而不言京畿東西。誤也。克又云：『時杭、温二州已就緒，請存留，亦不聽。』按日曆稱：『杭、温二州願存留指揮更不施行。』則前此蓋許之，今又令罷，非此時始請也。又按：罷諸路巡社，乃是去冬指揮，今但不許陳乞存留耳。克失於詳考，故所書差誤。」
〔三二〕捍十萬之强寇　「寇」原作「敵」，據皇朝中興紀事本末卷五改。
〔三三〕是日　繫年要録卷一五繫於「丙寅」。
〔三四〕嘗命綾錦院監官姜涣揀工匠　「姜涣」，繫年要録卷一五及皇宋中興兩朝聖政卷三作「姜焕」。
〔三五〕時虜將悟室　「虜」原作「金」，據皇朝中興紀事本末卷五改。下同。
〔三六〕謂擴欲獻城於虜　「虜」原作「金」，據皇朝中興紀事本末卷五改。下同。
〔三七〕遂率兵擊虜奪榛以歸　「虜」原脱，據皇朝中興紀事本末卷五補。
〔三八〕五月乙酉　「乙酉」原作「己酉」，據廣雅本、皇朝中興紀事本末卷五及繫年要録卷一五改。

〔三九〕此據汪藻建炎詔旨及馬擴自敘參纂　原脱，據皇朝中興紀事本末卷五補。
〔四〇〕潛善等因乞降詔回京　「乞」原作「已」，據皇朝中興紀事本末卷五改。
〔四一〕陝西京東諸路及東京北京留守　「東京」原脱，據繫年要録卷一五補。
〔四二〕爲虜所敗其將張遇死焉　「虜」原作「金」，據皇朝中興紀事本末卷五改。「將張遇死焉」，繫年要録卷一九建炎三年正月丙午考證云：「按去年五月世忠與遇偕至京西，今春遇至京東乃死。克誤也。」
〔四三〕是日　繫年要録卷一五據日曆繫於「戊子」。
〔四四〕詔宇文虚中復資政殿大學士　「大」原脱，據皇朝中興紀事本末卷五補。
〔四五〕囚守臣襄陽朱芾　「襄陽朱芾」原脱，據皇朝中興紀事本末卷五補。
〔四六〕詔帶御器械張俊統兵往討　「俊」原作「浚」，據繫年要録卷一五及皇朝中興紀事本末卷五改。
〔四七〕復秀州在六月戊辰　「戊辰」，繫年要録卷一六據日曆繫於「乙丑」。
〔四八〕金虜將婁室至鳳翔府　「虜」原作「大」，據皇朝中興紀事本末卷五改。
〔四九〕虜恃勝不虞　「虜」原作「金」，據皇朝中興紀事本末卷五改。下同。
〔五〇〕乃遣玠率前軍據青溪嶺以拒虜　「虜」原作「敵」，據皇朝中興紀事本末卷五改。
〔五一〕虜頗畏之　「畏」原作「勇」，據皇朝中興紀事本末卷五改。
〔五二〕陷同華陝以歸　「歸」原作「西」，據皇朝中興紀事本末卷五改。
〔五三〕又遣將屯神水峽　「神水峽」，皇朝中興紀事本末卷五作「龍水峽」。
〔五四〕虜遂遁　「虜」原作「金人」，據皇朝中興紀事本末卷五改。
〔五五〕新守臣莆田方承被命賫敕榜諭衆卒　「臣」原作「城」，據皇朝中興紀事本末卷五改。

〔五六〕楷降階拜謝　「降階」原脱，據皇朝中興紀事本末卷五補。

〔五七〕昨聞二聖北狩　「北狩」原作「遠征」，據皇朝中興紀事本末卷五改。

〔五八〕假道北去　「北」原作「此」，據皇朝中興紀事本末卷五改。

〔五九〕遂遣門下侍郎傅偂至館　「傅」原作「富」，據繫年要録卷一六及皇朝中興紀事本末卷五改。

〔六〇〕則寡不足以敵衆步不足以敵騎　「衆步不足以敵」原脱，據皇朝中興紀事本末卷五補。

〔六一〕聞河北虜兵殊少　「虜」原作「金」，據皇朝中興紀事本末卷五改。

〔六二〕是月　案：宗澤死亡時間，繫年要録卷一六繫於「七月癸未朔」，宋史卷二五高宗本紀二繫於「七月丙戌」。

〔六三〕後謚曰威愍　「威愍」，繫年要録卷一六作「忠簡」，并以「威愍」爲誤。

中興小紀卷四

建炎二年秋七月，先是，湖州薦選人張體純，敦遣赴行在，授江東茶鹽司幹官；又提領措置茶鹽所辟朝官鄭待問爲屬官。於是，言者論體純、待問皆以進頌得官，豈可冒部使者之屬？癸未朔，詔悉罷之。仍詰問湖州及提領官，以二人皆係濫補，因何舉辟？體純，金壇人；待問，江山人也。

丁亥，宰執奏楚州發來歸朝官事。上曰：「聞諸州多囚繫此輩，經歲不釋，小有疑則加害，朕甚憫之。覆幬之間，皆吾赤子，偶生邊地，豈可與金人一概待之？金人與吾戰，率諸國之衆，荐冒鋒鏑，使肝腦塗地，彼亦何辜？朕欲悉發行在存拊之，庶可召和氣。」汪伯彦曰：「王者仁，不異遠，陛下皆與生全，蓋如天矣。」黄潛善曰：「陛下一視同仁，愛之如傷，此盛德所以通於神明矣。」

是日，詔：「國步多艱，人材爲急，如蔡京、王黼當國日久，孰不由其擬授？果賢或才，豈可不用？自今毋得分别，使自奮忠義。三省遵行之。」

戊子，詔宰執曰：「朕昨親筆，外人頗聞之否？」黄潛善曰：「陛下廣收人才，以濟時艱，天下士聞之，必歸心矣。」

【新輯】潛善又曰：「昨詔士卒有犯，並依軍法，不得剜眼刳心，過爲慘酷。御營使司已遵德音，宣布兵衆，皆鼓舞感戴。」（輯自皇朝中興紀事本末卷六）潛善又曰：「内侍王嗣昌以何罪送吏部？」上曰：「嗣昌爲門司，好大言，議國政，與邵成章爲死黨，不可不斥。」潛善曰：「臣一刻之間，三聞陛下大哉王言，此中興之兆也。」〔一〕

丁亥〔二〕，以吏部尚書周武仲爲龍圖閣學士、提舉太平觀。

新通判襄陽府程千秋昨因守公安縣有功，朝廷再加二秩，就命通判荆南。時有潛其短於帥臣唐慤者，千秋請避之，改倅襄陽，未行，荆南轉運司擒千秋寘之獄，巧誣以罪。其弟千乘詣闕訴冤，已得旨免勘，而慤猶未肯釋。【新輯】至是，言者謂：「方群盜薛廣、祝靖、李孝忠相繼犯荆南，監司、帥臣望風悉遁。賊既據城，與公安止隔一水，維舟絞筏，欲乘勢南來。千秋奮不顧身，率縣民禦之，使人夜渡，焚舟毀筏，殺賊甚衆，遂不敢犯。鄂、岳、鼎、澧皆賴以安〔三〕，民間繪其像而祠之。（輯自皇朝中興紀事本末卷六）緣有全驅保妻子棄城與賊者〔四〕，欲依公安，千秋以其位居已上，恐掣肘敗事，拒之不納。賊平，悉懷愧恨，媒蘖於慤，欲殺之以快其意。慤深加鍛鍊，違詔不釋。且忠義立功之士，所宜加卹，罪猶當宥，況無罪乎？」己亥，詔釋千秋，仍降慤貼職爲直秘閣。

辛丑，詔略曰：「迺者春多雨霪，夏仍旱暵，飛蝗爲沴，餘寇尚存，弗能道天地之和，何以弭邦家之患？永惟厥咎，當在眇躬。應政事有未便者，俾郡守、監司條上。被災處驗實，與免租稅，禁囚淹延，趣其結絶。」

甲辰，詔樞密直學士、大名尹杜充爲東京留守，令【新輯】盡瘁國事，以繼前官之美；深戒妄作，以正前官之失。（輯自皇朝中興紀事本末卷六）又以馬軍都指揮使郭仲荀爲殿前都指揮使，副之。仍召龍神衛四廂都指揮使楊惟忠赴行在，爲主管馬軍。時已遣宇文虛中使金國，祈請二聖，道由京城，乃令攝留守司事。既而，仲荀先充以至，虛中乃行。

先是，提舉洞霄宫謝克家因言者論其嘗從僞命，落職。遂進狀自辨，略曰：「國家傾危，二聖播遷，臣不能徇節以死，何所逃刑？顧如言者所論，則爲未之察也。三月七日，張邦昌爲虜人逼脅〔五〕，圍城士大夫恃陛下之在外也，共爲後圖。呂好問不能獨任其責，方邦昌之在尚書省也，好問遣人起諸退人，故次日皆仍舊職。臣嘗遣長男伋往見李回，欲同詣元帥軍中，回言將令高世賞同臣以行。而胡直孺、李擢繼道邦昌之言，且趣之出，與回言合。臣始見邦昌，面決行日，則臣之復出，爲陛下出也。四月八日，奉實璽出門。十二日，見陛下於濟州，蒙陛下洞然照知，委任元帥府差提舉一行事務。自濟還京，不復入省，即整辦儀物，催發百司官吏前往南京，粗免闕悞。如臣才短力憊，方多事日，享祠官之禄，臣分已足，但所造罪名至醜，使如章言，則爲大惡，不宜尚齒縉紳，否則爲至冤，亦不宜嘿〔六〕。如臣所陳涉妄，甘受欺君之誅；若原情昭洗，死無所恨。」丁未，召克家爲吏部侍郎。時殿中侍御史馬伸聞召克家，及中書舍人晉陵孫覿已去復召，乃言：「克家與覿皆小人之雄，不可用。二人在靖康間，皆附耿南仲，唱爲和議，助成賊謀〔七〕，有不主和者，則欲執送虜營〔八〕，人畏其險而不敢較。陛下即位，灼見其情，逐去是矣。近者不知誰爲之地，皆得被召，復將進用〔九〕。望竄之遠方，以禦魑魅。」不報。於是，克家乞郡，除龍圖閣待制、知台州。伸此疏在是月丁酉。

先是，朝議大夫惠厚下及密院小吏楊雍，皆自虜境逃歸〔一〇〕，言：「中原之人聞上登極，咸以手加額，曰聖明既立，將有息兵之望。又有録登極赦書奏道君者，聖情甚悦，趣宣和皇后作詵相賀。」厚下，華原人也。辛亥，宰執早朝以奏。上斂容不語久之，曰：「宣和皇后性極儉，每得月賜，未嘗妄用，衣或破，則補而服之。」黄潛善曰：「躬儉節用，服澣濯之衣，詩人所美，臣等今聞后之儉德如此，豈勝幸甚。」此據顔岐所編聖語。

壬子〔一一〕，詔圭田士以養廉，自今毋借。

是月，燕山府人劉立芸聚衆攻破城邑，立芸諭衆曰：「吾欲致南北太平，所至不殺掠，但令饋糧。」於是，蕃漢之民歸者甚衆〔一二〕。

時吏部案牘散逸殆盡，選者與吏並緣爲姦，多冒名寄版之弊。右選侍郎吴江魏憲在宣和間，已貳銓曹，熟於典選。至是，乃請嚴保任以覈實，開告賞以扼姦，急期會以取闕，故姦弊稍戢。憲屢言：「古未有背天險而爲都者，虜之勁騎〔一三〕，由京西不四五日可至淮、泗，宜有以備之。」未幾，憲以雜學士奉祠而去。

户部所餘金帛尚數百萬，尚書呂頤浩、侍郎葉夢得，皆慮倉卒難於輦運，遂以行在府庫充牣爲言，請自今上供之物，兩浙、福建者寄平江府，江、湖、二廣者寄江寧府。從之。〔一四〕據葉夢得行述修入。

言者請復常平官，修補助之條，廣儲蓄之具。八月癸丑朔，詔從之。既又詔：「常平之法，歲久多弊，頃以紹述爲名，雖公私不便，當增損者，亦不敢言。今止爲常平本法，所係甚大，非可他司兼領，宜復置提舉官。然慮襲前弊，反致害民。」遂令葉夢得與中書舍人孫覿、張澂共討論之。澂，舒城人也。戊午，以夢得爲翰林學士，覿爲給事中。

初，徽猷閣待制、江淮等路發運使梁揚祖兼措置真州茶鹽，至是就緒。戊辰，進揚祖爲雜學士。

時諸路類試合格進士並集行在，甲戌，上御集英殿策試，既遂，賜李易以下四百五十人及第出身〔一五〕。易，江都人也。上曰：「聞易甚貧，寄食於人。」黄潛善曰：「易，揚州學正，郡庠正録，學業必優。」上又曰：「御藥院舊例，上十名文卷於御前定高下。朕謂取士至公，考官足信，豈以朕一人之見，更自陞降？」潛善等再三稱賀。試辭學兼茂科，考到朝奉郎袁正功合格。正功，晉陵人也〔一六〕。

初，信王榛已上奏，復遣前保州廉訪使者馬擴詣行在乞師。擴至東京，見留守宗澤，遂達行在。擴自離五馬山寨，麾下五百人，至是不滿百人。上識榛書蹟，即除河外兵馬都元帥〔一七〕。制辭略曰：「覽封章之近奏，聞行役之獨留。慨然壯圖，副朕本旨。依就顯於臨制，庶盡總於營屯。以迎二聖之還，以慰兩河之望。」又以擴爲元帥府都總管，俾將兵北討。據張匯所記與馬擴自敘。

初，道君北狩，自燕京遷霫郡，一日，謂駙馬都尉蔡鞗曰：「宸極失御，播越至此。荷天眷祐，建炎中興。今草得一書，欲厚遺本路都統，求通於左副元帥。」先是，御史中丞江南秦檜當靖康末，不肯推立異姓，爲金虜驅去〔一八〕，亦寓此地。道君乃命鞗以書示檜，檜讀之嗚咽不勝〔一九〕，謂鞗曰：「天祐吾宋，必將有主，聖慮如此，定應昭格。」遂具酒殽，延本路都統。後聞此書得達粘罕。是月，道君徙居韓州。先是，諸王有得春秋閱之，道君曰：「春秋多弒君父之事，爲人臣子，豈宜觀哉？」鞗曰：「春秋者，孔子所以正褒貶，故司馬遷曰：『春秋，禮義之大宗也。』願陛下試取觀之。」他日，道君謂鞗曰：「比讀春秋，始知宣聖之深意，恨見此書之晚。」曾因萬壽節宴〔二〇〕，道君賦詩以與淵聖，乃用親仁善隣事，曰：「此出春秋也。」道君每南望，必注目久之，曰：「陵寢在何處？」泣數行下。遇忌辰時，輟膳追慕終日。雖在蒙塵，教子必以義方，宗室自孝騫以下九百餘人，每相見，撫問再三，有挾私恨而致争者，必告以身在他鄉，幸得相聚，毋挾私憤。然紹述神宗之志，未嘗忘懷。適有貨王安石日録者，輟衣而易之。

先是，殿中侍御史馬伸言：「陛下龍飛河朔，近得黄潛善、汪伯彦以爲宰輔，任之不疑。然其器識非高，如制夷狄〔二一〕，在今實難，不敢望之。若中國常事，皆可施設，豈宜悖謬以敗中興之業也哉？且二帝北狩，宗社不絶如綫者，繫陛下一人。三鎮未復，不當都汴以處危地。而前日下還都之詔，以謫許景衡，其輕詔令如此。待闕官俸減三之一，又有闕不許差，權所以省用。而近日廣宫祠之請，與復提舉、添教授，皆與初意相戾，其市私恩如此。草茅對策，誤不如式，考官贖金可也，而一日黜三舍人。乃取其門人孫覿諸羣小以掌絲綸，其黜陟不公如此。壽、江二州官吏，均能守城，壽則推賞，江則不賞，其政令不一如此。邵成章緣上言遠竄，今日何時，以言爲諱，其塞言路如此。舊制，臺官有闕，中丞、學士各薦而三省不與，潛善乃自除李處遯之徒，欲爲己助，其毁法如此。張慤、宗澤、許景衡才皆可任，乃忌而沮之，至死使不得展，其妨功如此。人有問以救危拯溺之事，則曰難言，其意蓋謂陛下制之。或問陳東事〔二二〕，則曰：『朝廷初不知。』蓋謂事在陛下也。其歸過於君如此。又曰：『呂源狂横，陛下逐去，不數日，由郡守而升發運。』凡陛下所欲用者，必去之；所欲去者，必留之，其强狠自專如此。又御營使實主兵權，而潛善、伯彦各别置親兵一千，所給優於衆兵，此何意哉？」疏奏，改伸爲衛尉少卿。九月癸未，伸自乞誅責，詔伸言事不實，送吏部，差濮州監酒。

初，上嘗語宰執，以廷中從班未富。又謂黄潛善曰：「求賢，宰相之職也，宜加意詢訪。」乃詔取舊從臣姓名來上，亦有召還復用者。上意猶未足。黄潛善曰：「祖宗時，多命從官各舉所知三二人，以俟選擇。」上從之。乃詔行在從官各舉所知。於是，列曹尚書吕頤浩、盧益、王賓，翰林學士葉夢得、端明殿學士黄潛厚、御史中丞王綯，列曹侍郎劉珏、張浚、康執權，給事中黄哲，中書舍人黄唐傳、張澂〔二三〕，各奉詔舉二人。執權，開封人；哲，華陽人；唐傳，侯官人也。時頤浩舉朝議大夫褚宗諤、修職郎李迨，益舉朝請郎惠柔民，賓舉前知公安縣程千秋，夢得舉直龍圖閣知潭州辛炳、朝散郎致仕王庭秀，潛厚舉登州教授鄒潛〔二四〕，綯舉通直郎蔡向，珏舉崇德縣令鄧根，浚舉校書郎富直柔，執權舉前知永州李公彦，哲舉杭州教授李誼，唐傳舉知興化軍張讀，澂舉從政郎周虎臣。宗諤，高密人；柔民，晉陵人；炳，侯官人；庭秀，鄞縣人；潛，浩弟；根，邵武人；直柔，弼孫；公彦，臨川人；

誼，南昌人；讀，閩縣人；虎臣，館城人〔一一五〕。壬辰，宰執進呈。上曰：「所舉人，卿等有識者否？」黄潛善曰：「臣等未識，然皆名士。」上曰：「朕得人才又近三十人，殊可喜也。」

權管密州杜彦進瑞芝一本，狀辭云：「草葉純赤，實符建炎美號；形如指掌，應股肱宣力之義。殆將有熊羆之士。」蓋彦自謂也〔一一六〕。

時上親寫書之旅獒及易之大有、大畜二卦，與孟子之言於坐右素屏，宣示宰執。甲辰，黄潛善等謝曰：「陛下於書取謹德、昭德之義，於易取有賢、畜賢之道，蓋正心誠意以齊家治國者，在德；立政造事以致君澤民者，在賢。與孟軻之格言，皆今日之急務。因知心術之妙，不以字書爲工也。」潛善又曰：「自古千歲乃生聖人，後世之君，欲法堯舜、文武，必待偶聖而生，則多歷年所，顧治之志莫就，蓋在則人，亡則書。陛下聽朝之暇，擇經史之言，寫之於屏，所謂日與聖賢對。」汪伯彦曰：「陛下寫聖賢垂範之言，寘諸左右，則非爲翰墨，乃進德修業，日躋之盛也。」上曰：「如孟子言：『用賢與殺，皆察於國人。』朕每味斯言，欲謹守之。」潛善曰：「願陛下允蹈其言，則天下幸甚。」

己酉，同知樞密院事郭三益卒。

初，成都路轉運判官安居趙開奏：「祖宗以三司總諸路轉運使，此成憲也。熙寧後，因事設官，而漕司遂至不足。今榷茶、買馬，乞依嘉祐故事，併歸漕司。仍減額以蘇茶户，減價以惠茶商，則私販衰而盜息。」是秋，擢開主管川陝茶馬事，使推行之。開乃先更茶法，官買官賣茶並罷，酌政和都茶場法，印給茶引，使茶商執引與茶户交易。改成都茶場爲合同場，仍置茶市，交易者必由市，而引與茶必相隨，茶户茶鋪皆籍其名姓，使之互察。此其大略也。

冬十月甲寅，借刑部尚書楊應誠等奉使高麗回，具奏高麗君臣見拒之意。宰執皆欲罪其負恩，上亦怒形於色。朱勝非曰：「彼國爲北金密邇，與中國隔，遠近利害甚明。自是前此待之太厚，安能責報？」黄潛善曰：「若以巨舟載精甲數萬，徑造其國，彼能無懼乎？」勝非曰：「越海征伐，燕山之事可戒也。」上怒稍解。後兩月，高麗奉表謝罪，執禮甚恭，優詔答之。此據朱勝非閒居録。

監察御史寇防宣諭江、淮四路回，因奏：「祖宗朝三京各置留守司御史臺，每於月旦率屬拜表如宣詔，其餘列郡，附遞以進。故三京之俗，號知禮義。今諸州亦望依三京故事，月旦拜表，庶遠方咸知尊君之義。」戊午，詔從之。

時四方貢賦，不能如期而至，行在仰給惟茶、鹽鈔法，然視商賈去來，不可爲準。初，宣和因方臘之亂，江、浙被賊諸州，皆蠲其賦，而官兵無所給。乃詔發運使陳亨伯經制東南，亨伯請以七路之財補其乏。始設比較酒務，量添酒價，及商税額亦增一分，并賣契紙與公家出納，每緡收二十三文，並號經制錢〔二七〕。斂之少，聚之多，而無損於民。靖康罷之。至是，翰林學士葉夢得言：「設經制之法，添酒價，增税額，并賣契紙、頭子等錢，皆求於民之所欲，而非强其所不欲，故酒價雖高，未有驅之使飲；税額雖增，未有迫之爲商者，其他類此。望復行之。」户部尚書呂頤浩亦言：「經制之法，始於陳亨伯，若循之，可以助國而無害於民，賢於緩急暴斂多矣。」知沛縣李膺又言：「方今費廣，昨經制司所收積微而多，儻行之，所補不細。」壬戌，乃詔諸路提點刑獄司拘收，仍依封樁錢法，不可擅用。

金虜右副元帥窩里嗢以衆渡河〔二八〕，攻下開德府〔二九〕，遂攻濮州。癸亥，奏至。詔御營使司統制官張俊、左軍統制官韓世忠，各帥所部兵，俊由京師至開德，世忠由徐州往東平府迎敵。又令見屯冀州總管馬擴援之。議者謂俊乃中軍統制，不可遠去，遂以統制官范瓊代俊行。

初，知河南府翟進與金虜夾河而戰〔三〇〕，屢破之。至是，留守司遣所招到楊進者來，與同捍賊〔三一〕，乃擁衆數十萬，殘汝、洛間，翟進諭之不聽。癸酉，楊進忽遣數百騎絶水犯翟進營，翟進已諜知其姦，乘半渡縱擊之，追北數十里，而翟進躍馬墮壕遇害。時御營使司都統王淵頗忌楊進，故進懼而復叛。

知樞密院事汪伯彦有子曰似，與其女之壻梁汝霖者，嚮皆爲金虜掠去〔三二〕，拘於湯陰縣寨中一年矣。至是，似、汝霖同日南遁，至河，偶得漁舟以濟，都水使者榮嶷馳報伯彥。十一月壬午，伯彥以其事奏，且曰：「二聖在遠，陛下無足以解憂者，臣於子壻之愛，宜在所後，已不令入城，徑歸鄉矣。」癸未，詔獎伯彥，略曰：「卿仰思二聖之未還，不忍一門之私喜。」

【新輯】丙戌，以户部尚書呂頤浩爲吏部尚書，翰林學士葉夢得爲户部尚書，御史中丞王綯爲禮部尚書，中書舍人張澂爲御史中丞。初，頤浩在板曹，嘗乞輦致左藏庫官物過江，言未及行而徙。（輯自皇朝中興紀事本末卷七，參考繫年要録卷一八）

初，虜嘗遣萬騎渡河〔三三〕，先攻虢，後圍陝，知陝州李彥仙極力禦之，虜不能破〔三四〕。其酋至拜於城下而去〔三五〕。復攻虢州，陷之。有内侍高邈，嘗官陝西，至是，彥仙寓書於邈，言其與虜戰獲捷之狀。又言：「鄜延帥王庶節制六路之後，將士用命，亦屢勝敵。」彥仙，鞏縣人也。己丑〔三六〕，上以語宰執，且曰：「朕聞之，喜而不寐。」黄潛善曰：「邈得彥仙書，是何月日？」上曰：「朕不欲觀其私書。」潛善曰：「前代帝王或複道窺人之私，此陛下盛德事也。」既而，朝請郎范寅敷自北地歸，言每見漢兒説彥仙名，乞朝廷究其實而優獎之。寅敷，致虛子也。先是，庶用涇原統制官曲端爲都統制，庶政嚴，多誅將士，嘗曰：「設曲端誤我，亦當斬之。」端聞而恨，未有以報。時虜驟至，延安正軍纔二萬，庶召諸道兵未集，端不出兵爲援，庶退屯龍坊，虜乘虚陷延安。數日，端至龍坊，以兵衛庶，且曰：「節制何自至此哉？節制固知愛身，不知爲天子愛城乎？」庶曰：「吾數令不從，誰其愛身者？」端怒，謀即軍中誅庶而併其兵，因問庶印何在，欲奪之。會朝廷遣主客郎官謝亮使夏國，端夜往見之曰：「延安，五路喉衿。今既已失，春秋大夫出疆之義，得以專之，使者苟一誅敗將，南歸而報，乃使者展節之時也。」亮曰：「奉使有指，以人臣而擅誅於外，是跋扈也。公爲則自爲之，亮無預也。」端乃去，庶以故忿端，欲死之。時新知鳳翔府王𤫊自陝府將兵三千人之新任，亦爲端所襲而敗，𤫊不能軍，遂將其餘衆轉入西蜀。

初，直龍圖閣張所招撫河東，有前清河尉王彦投所軍中，所奇其才，不數月，擢都統制。彦以効用人岳飛爲軍將。彦，河内人；飛，安陽人也。久之，飛見疑於彦，乃去，自爲一軍，至是，飛降於東京留守杜充。又故大將种師道帳下小校桑仲爲潰兵所推，亦降於充，並用爲統兵官。未幾，郡盜張用、王善等來寇，充命飛、仲與戰，破之。

李成之敗也，獲其黨之家屬，詔分養於真、泰、楚之三州。至是，江淮制置使劉光世具上男女六百餘人。上謂宰執曰：「此曹身且不顧，豈卹其家？朕念作亂，非其家屬之罪，故令分養之。」黄潛善曰：「臣聞光世凱旋，過楚州，降卒見家屬無恙，皆感泣，仰戴聖恩。」朱勝非曰：「郊赦中可載此，以見陛下德意。」上又曰：「昨於光世處得李成所用持刀，一重七斤，成能左右手運兩刀，所向無前，惜也！成惑於陶子思邪説，使朕不得用之。」潛善曰：「陛下英武大度，惜人才如此。」

金虜既陷延安〔三七〕，又破綏德，遂逼晉寧軍。初，守臣徐徽言與府州折可求約出兵夾攻虜衆〔三八〕。時可求之子彦文自東京來，被執至雲中，左副元帥粘罕以利啗之，使爲書以招其父。於是，可求遂降於虜〔三九〕。可求與徽言親也，虜挾可求招徽言於城下，徽言登陴，以大義責之，可求曰：「君與我胡無情？」徽言曰：「爾於國家不有情，我尚於爾何情？」即引弓射之，可求走，徽言因出兵擊虜〔四〇〕，大敗之，斬婁室孛堇之子。時河東環境爲盜區，惟晉寧獨存，其地勝號天下險，而徽言設械甚備，虜數負，不得志。一夕内應者啓扉以納虜，徽言率帳下士力戰，虜兵猥至，被執。婁室百計誘之，不屈，遂遇害。徽言，西安人，後謚曰忠壯。

時奉使宇文虚中甫渡河，辛卯夜，上夢道君在延福宫，亟往拜之。壬辰，上以語宰執，且曰：「朕何時得見上皇耶？」黄潛善曰：「陛下夙夜以二聖爲念，孝悌之至，無所不通，故與上皇神交如平日。近聞虚中十月二十六日過河，與金人議事，自兹二聖歸必有期，望陛下少寬聖抱。」上頷之。

時吏部尚書吕頤浩、户部尚書葉夢得、御史中丞張澂、給事中孫覿，共討論常平法〔四一〕，謂此法不宜廢，如免役、坊場亦可行，惟青苗、市易當罷。上曰：「青苗法永勿復行。」夢得請選實歷州縣、通世務者爲提舉官。而頤浩又請追還常平糴本。皆從之。此據顔岐所編聖語及朱勝非閒居録修入。時立法已定，未及頒行。

先是，詔遣常德軍承宣使孟忠厚從衛隆祐太后往杭州。癸巳〔四二〕，宰執奏所經州縣日用飲食事。上曰：「太后於此，朕雖粗留意，亦不以口腹勞人。如朕於兩膳，物至則食，未嘗問也。向自相州渡河，野中寒甚，燒柴温飯，用瓢酌水，與汪伯彦於茅舍下同食。」伯彦曰：「追念此時，與光武滹沱河燎火食麥飯何異？皆中興之象也。」黄潛善曰：「陛下可謂『險阻艱難，備嘗之矣』！願崇儉以濟斯民，天下幸甚。」

初，太學生建安魏行可應詔，願使絶域，遂借禮部侍郎、充大金軍前通問使，仍兼河北京畿撫諭。時有金虜之舅王策者〔四三〕，拘囚在東京，行可經由，或勸之取旨帶行，庶可爲悦虜之計〔四四〕，行可不敢有請，徑馳北去。戊戌，渡河至開德府右城虜寨〔四五〕。是日，紅巾四出，虜曰〔四六〕：「既云奉使，乃欲以計襲我耶？」然紅巾亦不知行可爲奉使，及見使旌，乃引去。此據行可墓誌修入。

詔有司築圜壇於南門外。

初，政和所造九寶，其八爲金虜刼去〔四七〕，惟鎮國寶在焉。至是，上以宣示宰執，玉色温潤，真希世寶也。

己亥〔四八〕，上朝饗太廟。辛丑，宿齋於行宫。壬寅，冬至，自常朝殿詣壇，祀昊天上帝，以太祖配，大赦天下。是日，又詔略曰：「朕適歲當郊，大懼菲德，弗獲顧歆。乃者先事，三日陰翳，震於朕心。逮祖廟及壇，垂象燦炳，夜氣晏温，迄用成禮。顧朕眇昧，敢曰馨香上聞，實惟祖宗之靈，相祐在天，亦爾萬方有衆，不替忠順，協於天心。股肱大臣，其同寅協恭，輔朕不逮。耳目之言必忠，毋奪於私。有官君子，惟職是修。爪牙之臣，咸奮忠力。至於怙衆爲暴，亦當革心自效。朕言不渝，爾無怠忽。」

初，信王榛遣馬擴請兵於行在，而五馬山寨中有亡歸虜者〔四九〕，告於見屯真定女真萬户詔合，詔合馳禀東元帥府，謂擴將得兵而來。於是，右元帥窩里嗢、右監軍撻辣報左副元帥粘罕共爲之備。粘罕留左監軍悟室守雲中，而自率其衆下太行，南渡黎陽，然尚未至，窩里嗢、撻辣先會衆虜攻破山寨〔五〇〕，信王不知所在。而擴持大軍，方次於北京之清平，窩里嗢、撻辣復攻敗之。擴下統制官阮師中、鞏仲平力戰而死〔五一〕，任琳引衆叛去，擴總餘兵歸行在。粘罕進攻澶、濮，爲將官姚端夜襲而敗，再攻陷之，盡屠其城。東京留守杜充慮賊西來〔五二〕，決大河阻之，賊不能西，遂東會窩里嗢同入寇〔五三〕。

初，遣統制官范瓊將兵拒虜〔五四〕，瓊至東平府，虜衆方盛，守臣寶文閣直學士權邦彥力不能守，棄城而走，瓊乃脅邦彥與之南歸。

濟南府守臣劉豫者，阜城人，中元符第，嘗爲臺官，因論禮制局事，道君批曰：「劉豫，河北村叟，不識禮制。」遂黜於外。至是，纔復爲郡。時虜衆來攻〔五五〕，豫遣其子麟部兵出戰，爲虜所圍〔五六〕。豫檄通判張東援之，虜解去〔五七〕。粘罕乃遣人啗豫以利，豫即詣敵軍前通款。〔五八〕

甲辰，金虜陷德州〔五九〕，都監趙叔皈死之。

初，杜充尹大名，提點刑獄郭永爲充畫數策，充不能用。永曰：「人有志而無才，好名而遺實，以此而當大任難矣。」充愧謝之。充移守東京，詔就除漕臣張益謙代充爲尹。時北京與東平實相犄角，東平已陷，大名塊然孤城，當虜之衝〔六〇〕。叛臣劉豫舉濟南之衆，引虜騎來攻甚急，益謙與轉運判官裴億皆齷齪無能爲，或勸益謙委城遁者。永曰：「北門所以遮梁、宋，虜得志，則席卷而南，朝廷危矣。借力不敵，猶當死守，徐挫其鋒，以待外援。」因自率兵，晝夜乘城，且募士齎帛書，夜縋城出，詣行在告急，且請朝廷先爲之備。虜俘東平、濟南人大呼城下曰：「二郡已降，降者富貴，不降無噍類。」益謙、億輩相顧色動。永曰：「今日正吾儕盡節之時。」及行城，撫將士曰：「王師至矣。」衆皆感泣。戊申〔六一〕，城陷，益謙、億率衆迎降。虜曰〔六二〕：「城破而降，何也？」皆以永不從爲辭。虜遣騎召之，永正衣冠，南面再拜訖，易幅巾而入。粘罕曰：「沮降者誰？」永熟視曰：「不降者我。」虜見永狀貌魁傑，且夙聞其賢，欲以富貴啗之。永罵曰：「無知犬豕〔六三〕，恨不醢爾以報國，何説我降乎？」時大名人在縶者無不出涕，虜並其家害之。永，元城人，後贈資政殿學士，謚曰勇節〔六四〕。

是月，有狂人具衣冠，執香爐，携絳囊，拜於行宫門外。内侍以聞，押赴都堂詰之，但云：「天使我爲官家兒。」送揚州根治，亦無他語。雖加箠楚，終不言其姓名。乃釋之。

中書舍人周望請：「除鄉兵外，民有子弟願習射者聽之。仍籍其姓名，守令每月一試，取藝高者賞以銀絹，而最優者如三路保甲法，量與補官。」十二月乙卯〔六五〕，詔尚書省立法。

隆祐太后御舟以是月至杭州。詔鼎州團練使苗傅爲扈從統制官，駐軍於奉國寺。上初開府時，傅爲右軍統制官，與楊惟忠比肩，如王淵、張俊、韓世忠皆出其下者〔六六〕。

先是，建州叛卒葉濃等破古田縣，徑犯福州，入西門，刼前太宰余深家金帛，且欲縱火。本路提刑李芘登城諭之，乃去。深、芘，皆閩縣人〔六七〕。濃遂犯寧德縣，官軍追擊之，不利。濃等回，破建之政和、浦城、建陽三縣，復歸城下。時詔御營中軍都統制張俊，遣兩浙武憲趙哲統兵二千人，號萬人，討之。大軍至，賊迎戰，連敗，東走。哲遣人招安。庚申〔六八〕，濃等遂降。後濃至俊軍中，復謀爲亂，俊擒而誅之。

己巳，以右僕射黃潛善爲左僕射兼門下侍郎，知樞密院事汪伯彥爲右僕射兼中書侍郎。汪伯彥時政記云：「潛善、伯彥入謝。上曰：『潛善作左相，伯彥作右相，朕何患國事不濟？更同心以副朕意。』皆稽首謝。」伯彥所記，其果有之耶？若果有之，而二臣不能副上所期，罪益深矣。

尚書左丞顏岐爲門下侍郎，右丞朱勝非爲中書侍郎，兵部尚書盧益爲僉書樞密院事。

中丞張澂言：「建卒之殘福州，一方騷動。余深以前宰相與提刑司都吏王宏謀率郡人申朝廷，乞留知州江常，蓋常善而易制，故爲此奸謀，以窺朝廷。又杭卒之叛，薛昂不緣君命，自知杭州。又耿南仲趣李綱往救河東，以致軍潰，蓋不卹國事，用此報讎。又許翰與綱最厚，方在樞府，則迫种師中急攻太原，致其覆師，及綱作相，引爲執政。此四人者，豈可置而不問？」時，深爲特進、衛國公，昂爲金紫光禄大夫，皆已致仕；南仲見謫散官、臨江軍居住；翰見任資政殿學士、提舉洞霄宫。丁丑，詔深責臨江軍，昂責徽州，南仲授別駕，依舊臨江軍並居住，翰落職。未幾，南仲卒。言者論刑部尚書王賓乃李綱之黨，昨爲中丞，無一字及綱，比盧益爲副樞，賓翊日講筵，留身。夫侍從選居政府，身偶後於他人，而躁進如此。庚午〔六九〕，賓除龍圖閣學士，與郡。

初，虜陷東平、襲慶二府〔七〇〕，有土人前左司郎官吴給、朝奉郎孫億並於徂徠山建寨，保聚兩處軍民，及累下山與賊戰〔七一〕。至是，京東帥臣益都劉洪道聞於朝。乙亥〔七二〕，詔給爲徽猷閣待制、知東平府，億爲直龍圖閣、知襲慶府。

戶部尚書葉夢得嘗請上南渡，阻江爲險，以備不虞。上曰：「自揚至瓜洲五十里，聞警而動未晚。」夢得曰：「運河僅通一舟，恐非一日可濟也。」復乞命重臣爲宣總使，一居泗上，總兩淮及東方之師以待敵〔七三〕；一居金陵，總江浙之路以備退保。不報。

上一日召諸軍議事，帶御器械張俊奏：「敵勢方張，宜且南渡，俟國勢定圖之。」復請移左藏庫於鎮江。又吏部侍郎劉珏亦言：「備敵之計，兵食爲先，今以降虜爲見兵〔七四〕，以糴本爲見糧，二者無一可恃〔七五〕。維揚城池未修，卒有不虞，何以待之？」宰執皆不以爲然。

初，遣統制官范瓊北征，支金帛數萬，令其犒師。瓊悉以入己，且買女色以自奉。乃引所部軍，由間道自淮西趣江東。至是，又轉而之江西〔七六〕。時金虜橫行山東〔七七〕，羣盜李成輩因之爲亂。虜左元帥粘罕將由東平歷徐、泗以逼行在〔七八〕，左、右僕射黃潛善、汪伯彥皆無遠略，且斥堠不明。自京城至泗州，道途甚遠，其京城斥堠，但委之御史臺，南京則委之留臺，泗上則委之郡守，未嘗多以金帛，專遣人探虜之動息。成雖前爲江淮制置使劉光世所敗而走，然成衆未衰也。是月，淮北屢有警報，皆謂成餘黨，無足畏者。虜覘知朝廷不戒〔七九〕，亦僞稱成黨，以款我師云。初，成之來歸也，朝廷既授以官，復多給空頭官誥與之，成敗，皆爲光世所奪，遂以賞所部立功將士，凡書填五十道。至是，光世申納其餘，且言：

「恐軍中有得之者，亦傚其書填，異時真僞不辨，乞除所申姓名外，許人告捕。」詔從之。仍立賞錢三百緡。詔立賞，在明年正月二日，今聯書之。

初，夏國因契丹爲金人所敗，遂率衆取其天德八館之地，八館者，膏腴産稻，夏國得之殊喜。至是，金虜怙强〔八〇〕，遣使求之，謂他日以陝西奉償。夏國懼不敢違，而中懷怨憤。又夏國世爲知府州折氏所困，時折可求已降於虜〔八一〕，故金欲因折氏以併夏境。

〔校勘記〕

〔一〕案：本卷首「先是」至此，原置於卷三之末，據本書目録，三卷記事至六月止，七月記事入卷四，因移此數段文字於卷四之首。

〔二〕丁亥　繫年要録一一六同，皇朝中興紀事本末卷六作「丁酉」。

〔三〕鄂岳鼎澧皆賴以安　「澧」原作「禮」，據繫年要録卷一一六改。

〔四〕緣有全驅保妻子棄城與賊者　「賊」原作「敵」，據皇朝中興紀事本末卷六改。

〔五〕張邦昌爲虜人逼脅　「虜」原作「金」，據皇朝中興紀事本末卷六改。

〔六〕亦不宜嘿　「宜」下有四庫館臣原注云：「按此下有脱字。」據皇朝中興紀事本末卷六補「嘿」字。

〔七〕助成賊謀　「賊」原作「敵」，據皇朝中興紀事本末卷六改。

〔八〕則欲執送虜營　「虜」原作「金」，據皇朝中興紀事本末卷六改。

〔九〕復將進用　「進」原脱，據皇朝中興紀事本末卷六及繫年要録卷一一六補。

〔一〇〕皆自虜境逃歸　「虜」原作「金」，據皇朝中興紀事本末卷六改。

〔一一〕壬子　案：繫年要録卷一五據日曆繫於「五月癸丑」，并考證小曆誤。

〔一二〕蕃漢之民歸者甚衆　「蕃漢」原作「邊上」，據皇朝中興紀事本末卷六改。

〔一三〕虜之勁騎　「虜」原作「金」，據皇朝中興紀事本末卷六改。

〔一四〕案：本條記事，繫年要録卷一七繫於「八月戊午」。

〔一五〕賜李易以下四百五十人及第出身　「四百五十」，續宋中興編年資治通鑑卷一與此同，宋會要輯稿選舉八之一及宋史卷一五六選舉志二均作「四百五十一」。

〔一六〕正功晉陵人也　「晉陵」，繫年要録卷一六作「無錫」。

〔一七〕即除河外兵馬都元帥　案：信王榛除河外兵馬都元帥，繫年要録卷一五繫於本年四月。

〔一八〕爲金虜驅去　「虜」原作「人」，據皇朝中興紀事本末卷六改。

〔一九〕檜讀之嗚咽不勝　「檜」原脱，據皇朝中興紀事本末卷六補。

〔二〇〕曾因萬壽節宴　「萬壽節」原作「聖壽節」，據三朝北盟會編卷二一一改。案：萬壽節爲欽宗生日，又稱乾龍節，北狩行録作「乾龍節」。

〔二一〕如制夷狄　「夷狄」原作「敵人」，據皇朝中興紀事本末卷六改。

〔二二〕或問陳東事　「事」原脱，據皇朝中興紀事本末卷六及繫年要録卷一七補。

〔二三〕中書舍人黄唐傳張瀓　「唐傳」原作「唐傅」，「張瀓」原作「張徵」，據皇朝中興紀事本末卷六及繫年要録卷一七改。

〔二四〕潛厚舉登州教授鄒潛　「潛厚」原作「潛善」，據皇朝中興紀事本末卷六改。

〔二五〕虎臣館城人　「館城」，繫年要録卷一七作「管城」，皇朝中興紀事本末卷六作「舒城」。

〔二六〕案：此段記事，繫年要録卷一七、皇宋中興兩朝聖政卷三及宋史全文卷一六下均繫於「壬寅」。

〔二七〕並號經制錢　案：「經制之法」，據繫年要録卷一八建炎二年十月癸亥條考證，「實創議於陝西，後乃行於東南」。

〔二八〕金虜右副元帥窩里嗢以衆渡河　「虜」原作「人」，據皇朝中興紀事本末卷七改。

〔二九〕攻下開德府　「攻」原作「收」，據皇朝中興紀事本末卷七改。

〔三〇〕知河南府翟進與金虜夾河而戰　「虜」原作「人」，據皇朝中興紀事本末卷七改。

〔三一〕與同捍賊　「賊」原作「敵」，據皇朝中興紀事本末卷七改。

〔三二〕嚮皆爲金虜掠去　「虜」原作「人」，據皇朝中興紀事本末卷七改。案：汪伯彦兒子汪似及女婿事梁汝霖事，繫年要録卷一八癸未條注文考證云：「按宗澤未卒前有奏疏云：『助奸臣贖子與壻之謀。』則其圖歸已久，非倉卒遁歸也，今且兩存之。似、汝霖自監丞出割地事，見伯彦中興日曆頗詳，克稱爲金人掠去，亦誤。」

〔三三〕虜嘗遣萬騎渡河　「虜」原作「金」，據皇朝中興紀事本末卷七改。下同。

〔三四〕虜不能破　「虜」原作「敵」，據皇朝中興紀事本末卷七改。下同。

〔三五〕其酋至拜於城下而去　「其酋」原作「金人」，據皇朝中興紀事本末卷七改。

〔三六〕己丑　繫年要録卷一八據日曆繫於「十月庚申」。

〔三七〕金虜既陷延安　「虜」原作「人」，據皇朝中興紀事本末卷七改。

〔三八〕守臣徐徽言與府州折可求約出兵夾攻虜衆　「虜」原作「敵」，據皇朝中興紀事本末卷七改。下同。

〔三九〕可求遂降於虜　「虜」原作「金」，據皇朝中興紀事本末卷七改。下同。

〔四〇〕徽言因出兵擊虜　「虜」原作「金兵」，據皇朝中興紀事本末卷七改。

〔四一〕共討論常平法　案：此事，繫年要録卷一八據日曆繫於「十二月戊午」。
〔四二〕癸巳　繫年要録卷一八據日曆繫於「十月甲子」。
〔四三〕時有金虜之舅王策者　「虜」原作「人」，據皇朝中興紀事本末卷七改。案：「金虜之舅王策」，繫年要録卷一四丙戌條據宗澤遺事，認爲王策爲「遼舊將」。
〔四四〕庶可爲悦虜之計　「虜」原作「金」，據皇朝中興紀事本末卷七改。
〔四五〕渡河至開德府右城虜寨　「右」，皇朝中興紀事本末卷七作「左」；「虜」原作「敵」，據皇朝中興紀事本末卷七改。
〔四六〕虜曰　「虜」原作「金人」，據皇朝中興紀事本末卷七改。
〔四七〕其八爲金虜刼去　「虜」原作「人」，據皇朝中興紀事本末卷七改。
〔四八〕己亥　繫年要録卷一八及宋史卷二五高宗本紀二均繫於「庚子」。
〔四九〕而五馬山寨中有亡歸虜者　「虜」原作「金」，據皇朝中興紀事本末卷七改。
〔五〇〕窩里嗢撻辣先會衆虜攻破山寨　「虜」原脱，據皇朝中興紀事本末卷七補。
〔五一〕擴下統制官阮師中鞏仲平力戰而死　「鞏仲平」，皇朝中興紀事本末卷七作「鞏平仲」。繫年要録卷一八作「鞏仲達」。
〔五二〕東京留守杜充慮賊西來　「賊」原作「敵」，據皇朝中興紀事本末卷七改。下同。
〔五三〕遂東會窩里嗢同進兵　「入寇」原作「進兵」，據皇朝中興紀事本末卷七改。
〔五四〕遣統制官范瓊將兵拒虜　「虜」原作「金」，據皇朝中興紀事本末卷七改。下同。
〔五五〕時虜衆來攻　「虜衆」原作「金人」，據皇朝中興紀事本末卷七改。
〔五六〕爲虜所圍　「虜」原作「金」，據皇朝中興紀事本末卷七改。

〔五七〕虜解去　「虜」原作「金人」，據皇朝中興紀事本末卷七改。

〔五八〕粘罕乃遣人啗豫以利豫即詣敵軍前通款　案：繫年要録卷一八己未條注文云：「恐亦不然。」

〔五九〕金虜陷德州　「虜」原作「人」，據皇朝中興紀事本末卷七改。

〔六〇〕當虜之衝　「虜」原作「敵」，據皇朝中興紀事本末卷七改。下同。

〔六一〕戊申　原作「甲申」，據繫年要録卷一八所引小曆改。　案：繫年要録卷一八繫於「十二月甲子」，并指出：「小曆載此事于十一月戊申。」

〔六二〕虜曰　「虜」原作「金人」，據皇朝中興紀事本末卷七改。下同。

〔六三〕虜見永狀貌魁無知犬豕　「犬豕」原作「之徒」，據皇朝中興紀事本末卷七改。

〔六四〕謚曰勇節　「勇節」原互倒，據梁溪集卷二〇郭永傳、三朝北盟會編卷一一九及繫年要録卷一八乙正。

〔六五〕十二月乙卯　「乙卯」原作「己卯」，據皇朝中興紀事本末卷七改。

〔六六〕案：繫年要録卷一八十二月乙卯條考證：「按淵宣和間已爲大將，傅雖世家，然自小校拔起，非惟忠、淵比也。」

〔六七〕深芘皆閬縣人　案：繫年要録卷一六云「芘，安陽人」。

〔六八〕庚申　案：繫年要録卷一八據日曆繫於「十一月癸巳」，并加注文云：「會要繫此月十三日。」皇宋中興兩朝聖政卷三及宋史卷二五高宗本紀二亦同繫年要録。

〔六九〕庚午　原作「庚子」，案此月辛亥朔，無庚子日，據繫年要録卷一八改。庚午日應在丁丑日前。

〔七〇〕虜陷東平襲慶二府　「虜」原作「敵」，據皇朝中興紀事本末卷七改。

〔七一〕及累下山與賊戰　「賊」原作「敵」，據皇朝中興紀事本末卷七改。

〔七二〕乙亥　按干支順序應在丁丑前。

〔七三〕總兩淮及東方之師以待敵　「師」原作「帥」，據繫年要録卷一八改。

〔七四〕今以降虜爲見兵　「虜」原作「人」，據皇朝中興紀事本末卷七改。

〔七五〕二者無一可恃　「一可恃」原作「不可特」，據皇朝中興紀事本末卷七、繫年要録卷一八及廣雅本改。

〔七六〕又轉而之江西　案：范瓊轉入江西事，繫年要録卷二〇繫於「建炎三年二月甲寅」，并認爲小曆載瓊去年十二月引兵至江西，恐誤。

〔七七〕時金虜横行山東　「虜」原作「人」，據皇朝中興紀事本末卷七改。

〔七八〕虜左元帥粘罕將由東平歷徐泗以逼行在　「虜」原作「金」，據皇朝中興紀事本末卷七改。下同。

〔七九〕虜覘知朝廷不戒　「虜」原作「金人」，據皇朝中興紀事本末卷七改。

〔八〇〕金虜怙强　「虜」原作「人」，據皇朝中興紀事本末卷七改。

〔八一〕時折可求已降於虜　「虜」原作「金」，據皇朝中興紀事本末卷七改。

中興小紀卷五

建炎三年歲在己酉春正月，中丞張澂言：「邊事未寧，請詢於衆，爲禦敵之策。」從之〔一〕。於是，吏部尚書吕頤浩奏曰：「天下多事，聖哲馳騖而不足。金虜已破河北、山東與陝西諸郡〔二〕，近復引兵渡河，駐于澶、濮之境。祈請之使雖行，而未有報。韓世忠、范瓊統兵北去〔三〕，亦未有戰期，致宸慮焦勞，下詢羣策。今虜騎漸逼京東〔四〕，若民心一摇，淮南望風而下，則不能枝梧。望降哀痛之詔，曲赦河北、京東兩路，蠲其二税與公私積欠。及人户避虜而南者，令州縣優恤。又虜長於攻城，若難以堅守，許官吏與民入山避賊〔五〕，庶免全郡皆爲魚肉。凡此皆以收民心也。【新輯】今百辟皆言强弱不敵，臣願廟筭先定，陰爲過江之備，而大爲禦寇之資。申飭諸將，訓習强弩，以俟夾淮一戰，此不易之策。夫彼之所長者騎，而我以步兵抗之，故不宜於平原曠野，惟扼險用奇，乃可掩擊。又水戰之具，在今宜講。然防淮難，防江易，近雖於鎮江之岸擺泊海舡，而上流諸郡，自荆南抵儀真，可渡處甚多，豈不可預爲計？望置使兩員，一自鎮江至池陽，一自池陽至荆南，專提舉造舡，且詢水戰利害。又駐蹕維楊，當以一軍屯盱眙，一軍屯壽春，以備衝突。（輯自皇朝中興紀事本末卷八上）夫虜兵雖勇，而素無陣法，若遇節制之兵，一敗必至顛沛。但令王師倣古陣法常山蛇勢，雖茫昧不傳，而陣圖别有可考，願早圖之。」

【新輯】時已差中書舍人周望等爲祈請使，（輯自皇朝中興紀事本末卷八上）己丑，上諭宰執，令擇日進發。朱勝非曰：「須支金帛，方能辦私覿物，彼方辭所進官職，恥於自乞。」上命依格支，仍優加其數。且曰：「國家惜財，正所謂積以待用，若二聖得歸，朕豈吝金帛之數？」

時羣臣准詔論防邊事，皆送御史臺。辛丑〔六〕，詔：「有警見任官輒般家者，徒二年；因而動摇人情者，流二千里。」故一時間皆未敢動。此據張澂論黄潛善等疏修入〔七〕。

户部尚書葉夢得請以行在所藏金帛五十萬，分其半，併歸姑蘇、金陵二處。從之。夢得即具舟檝，從大將假二千人津發，一日而畢。然公私舟交河中，跬步不通矣。夢得復請以户部所餘物，前期支六軍春衣及官吏俸一月。亦從之。

時禮部尚書王綯以爲金虜必侵行在〔八〕，率從官二三人同對便殿。上令詣都堂議，綯等見黄潛善、汪伯彦，二人乃曰：「諸公所言，三尺童子皆能及之。」於是，宰執相約曰：「六宫已先渡江，百官家屬亦聽其便，惟吾黨骨肉不可動，動則軍情不安。」至是，虜左副元帥粘罕以輕騎五千〔九〕，自山東徑趍淮甸。己酉，泗州將官閻瑾失守〔一〇〕，中夕奏至，朝廷震驚。二月庚戌朔，上即欲南幸。潛善、伯彦力止上，姑候實報，渡江未晚。上然之。少頃，又傳瑾懼而自反，虜見瑾已敗〔一一〕，謂朝廷無備，遂徑至天長軍。時統制官俱重、成喜兩軍共萬人，望見虜先鋒百餘騎即遁，亟遣江淮制置使劉光世領兵拒之。行都人謂光世必能禦賊〔一二〕，而士無鬬志，未至淮，亦潰。遂遣統制官劉正彦，以所部兵從皇子、六宮往杭州。是晚，出門。皇子、六宮往杭州，據趙鼎扈從録，疑不是今日。壬子，得天長報，虜已至，上乃躬介胄，乘馬南巡，惟内侍及護聖軍從之者數人而已。二相方會食堂中，有審其事者，猶以前言爲對。堂吏呼曰：「駕行矣。」於是，宰相以戎服從，户部尚書葉夢得隨其後，百司諸軍並護駕行。上天性仁慈，與路人相先後，不令訶止。時事出倉卒，朝廷儀物皆委棄之。太常少卿龍泉季陵亟取九廟神主奉之，及出門，甲騎已塞道路，行數里，回望揚州，城中烟焰燭天，臣寮士庶及帑藏所儲爲金虜殺掠殆盡。給事中黄哲、左諫議大夫李處遯、太府少卿朱端友皆死。揚州守臣黄願遁去。時公私所載之物，舳艫相銜，而潮不應閘，膠泥淖中，虜悉取之。大理卿黄鍔至江口〔一三〕，軍人以爲潛善，罵之曰：「誤國誤民，皆汝之罪。」鍔方辨其非是，而首已斷矣。少卿史徽、丞范浩繼至，亦死。鍔，南城人也。吏部尚書吕頤浩、禮部侍郎張浚聯馬追及，上渡揚子江，至鎮江府。初，右諫議大夫建安鄭瑴累章請移蹕建康，宰執沮之，至是瑴扈從，上曰：「不用卿言及此。」此據瑴傳。

癸丑，【新輯】虜騎至瓜洲，詔以吕頤浩爲資政殿學士、充江浙制置使，又（輯自皇朝中興紀事本末卷八上）命奉國軍節度使劉光世守鎮江府。

甲寅，宰執從臣入對，議幸杭州，未決。吕頤浩、葉夢得以首扣地，願且留此，爲江北聲援；不然，虜乘勢渡江〔一四〕，愈狼狽矣。宰執以爲是。上曰：「如此，則須宰執同往江上，令江北諸軍結陣防江。」於是，宰執馳詣江干，有統領官安義自江北遣人至，言今早虜騎數百來犯〔一五〕，已射退矣。遂以義爲江北統制官〔一六〕，收兵以捍瓜洲。既而，都統制王淵言：「暫駐鎮江，止捍得一處，若虜自通州而渡，先據蘇臺，將若之何？不如錢塘，有重江之阻。」上以語宰執，於是黄潛善曰：「淵言如此，臣何敢留陛下？」俄有内臣奏城中火起，又聞衛士涕泣且藉藉，上驚，命中書侍郎朱勝非與管軍左言，傳旨問所以。勝非呼之前使言，皆以未見家屬對。勝非即論之曰：「已有旨，分遣舟專渡衛士妻孥矣。」衆帖然。因問駕去留利害，則曰：「一聽聖旨。」無敢譁者。乃許以俟駐蹕定，當録扈從之勞，優加賞給。三軍欣諾。方指揮之際，上於屏後皆聞之，勝非復命，上曰：「適已聽得。」上即時乘馬南幸。自駕起，而鎮江城中無賴輩與軍人縱意抄掠，民悉奔竄矣。

乙卯〔一七〕，上至常州。

羣盜丁進等雖已受招，而縱兵掠民。至是，欲走山東。朱勝非至丹陽，都統制王淵遣使臣張青領五十騎馳護勝非，因令青圖進，青以白勝非，勝非曰：「丁進不除，必爲巨盜。

聞渠有數百人，爾五十騎，可敵否？」青曰：「不足畏。」於是，以檄誘進至勝非所，誅之〔一八〕，其衆惕息聽命。

丙辰〔一九〕，上至無錫縣。

【新輯】丁巳，上至平江府，始去介胄，易黄袍，儀衛稍備，隨駕至者皆有生意。（輯自皇朝中興紀事本末卷八上）

資政殿學士吕頤浩從行，遂除僉書樞密院事，仍充江浙制置使。〔二〇〕

詔張邦昌親屬張邦榮、張元亨等，並令録用。又命朱勝非同禮部侍郎、御營司參贊軍事張浚守平江府，節制平江、常、秀兵馬，控扼通、泰之衝。

時潰軍在江北，多乘時作過，統制官王德以衆攻和州，靳賽以衆攻通州，二城垂破。於是，勝非與浚作蠟書招之，德、賽皆聽命，訴以無食，乃漕米給之。劉光世又遺以戰袍器甲，於是相繼渡江。時德招張育之兵萬人，光世得之，其軍復振。德，翬縣人，號「王夜叉」者是也。頤浩遂以精兵二千回鎮江，節制劉光世以下捍瓜洲渡。

庚申，上次秀州。

壬戌，上次崇德縣。

初，户部尚書葉夢得以本省所藏皆棄江北，欲亟趨杭州爲備，乃由宜興間道先往。壬戌，上至，夢得迎于臨平〔二一〕，上入州治駐蹕。

詔遣御營軍中統制張俊往吳江控扼。汪伯彦時政記曰：「時黄潛善等言：『陛下已留朱勝非、張浚、王淵在平江，居吳江之北，若更差張俊去，臣等慮行在只有苗傅一軍，不惟緩急有警，傅不可倚仗，兼恐無以相制，可虞非常。乞留俊，庶幾行在不至誤事。』」

葉夢得言：「臣昨至杭，見以轉運司爲升暘宫，小人遂傳以爲復開應奉之端。」上即詔罷之。夢得見宰執言：「百官六軍，券曆不存，請别給新者。又姑蘇、金陵兩處所留上供，約可支半歲，欲刷杭州諸司所有借支，候取兩處物至償之。又户部、司農、太府及倉庫官吏無一至者，願差官攝事。」皆從之。

御史中丞張澂論左、右僕射黄潛善、汪伯彦輔政無狀，有大罪二十，致陛下蒙塵于外，天下人切齒唾駡。望重賜竄黜。己巳，罷潛善、伯彦，並爲觀文殿大學士，潛善知平江，伯彦知洪州。又以户部尚書葉夢得爲左丞，而澂爲右丞。言者再論潛善、伯彦，遂降充觀文殿學士、提舉外祠，尋皆落職。

庚午，右諫議大夫鄭瑴言：「今宜用兩浙人材，如晉元帝渡江，擢用吳中之秀，庶衆情翕然歸附。」從之。

湖州民王永錫獻錢五萬緡〔二二〕，執政言：「版計無闕。」上曰：「如此安用？」即詔却之。

辛未，虜退。江浙制置呂頤浩帥兵渡江，至真州，收榷貨務錢物。

初，婺州歲貢羅萬匹，崇寧以後，希進者增其數至五萬八千匹〔三〕。至是，守臣蘇遲乞減其半。上問執政：「祖宗額幾何？」葉夢得曰：「皇祐編敕一萬匹。」上歎曰：「民將何堪？可依皇祐法。」執政奏今用度與祖宗時不同，乃詔減二萬八千，著爲定制，仍給見緡。遲，轍子也。

丙子，下詔責躬，略曰：「朕已放宮嬪，損服御，黜宰輔，召忠良。尚慮多方未知朕志，自今事有關於國體，益於邊防，許士民直言。朕採擇行之，仍旌以示勸，言之或失，亦不汝尤。」

初，臺諫官馬伸嘗論黄潛善、汪伯彦之過，而太學生陳東、進士歐陽澈於二人秉政日以言被刑。上曰：「以言責人，朕甚悔之。」乃詔以衛尉少卿召伸，而東、澈並贈京秩。

上初至杭州，霖雨不止。至是，執政奏事，葉夢得曰：「東南春夏地濕。」上曰：「自渡江，百官六軍皆失所，朕何獨求安？今尚寢堂外，俟稍定，方入正寢。」執政曰：「如此，人心孰不感動！」

故事，惟侍從乃許薦士，不及郎官。是日，詔郎官以上各薦二人，仍不俟都堂審察，便令登對。執政曰：「陛下搜賢不倦，如此天下幸甚。」

三月己卯朔〔二四〕，詔金人已退，當移駐江寧府，經理中原。仍命僉書樞密院呂頤浩兼領府事，召中書侍郎朱勝非至行在，禮部侍郎張浚獨留平江，節制如故。

【新輯】庚辰，除勝非右僕射、中書侍郎兼御營使。（輯自皇朝中興紀事本末卷八下，參考繫年要録卷二一）

辛巳，張浚乞於沿江置强弩營，選州禁兵、縣弓手爲之。

言者乞：「依唐及祖宗舊制，應章奏委學士、給、舍輪日閲於禁中，不令内臣傳送，只實封往復，庶免交結之弊。」從之。

上嘗謂左丞葉夢得曰：「今日兵、食二事最大，當擇大臣分掌。朕自募十萬人將之，須與虜力戰。先欲得鐵甲五千，卿爲朕辦之。」葉夢得行述曰：「時顔岐等見夢得數論事，心忌之。及上委以鐵甲，愈不樂。乃給杭守康允之云：『上欲除君待制，而左丞沮之。』允之即與其將曹世英謀，謂頃者本州兵變〔二五〕，但誅其首，餘三千人尚在，聞夢得秉政，反側不自安，皆謀爲亂。岐等證之。」行述，莫濟所作。〔二六〕是日，詔：「夢得深曉財賦，可除資政殿學士、提領財賦、充巡幸頓遞使。」乃分任之意也。於是，同知樞密院事盧益遷左丞，又以嚮德軍節度、御營使司都統制王淵爲僉書樞密院事，仍兼都統制。舊制，僉書必帶檢校官，故治平中，郭逵以檢校太保爲之。至是，淵以節度直除，非制也。命下，諸將有不樂者。壬午，右僕射朱勝非言：「王淵除命，諸將有語臣，記武臣作樞，有免進呈書押故事。今淵又兼都統制，於諸將尤有利害。臣欲用故事免之，仍罷其兼管，庶彌衆論。」上然之。勝非又曰：「葉夢得執政旬日即罷。何也？」上曰：「提領財用亦有例。」勝非曰：「張慤兼此，至於自作酒肆，人以爲非。」於是，夢得力辭，不就職。旋益亦罷爲資政殿學士、提舉崇福宫〔二七〕。益行述云：「時政府欲損禮求於虜〔二八〕，盧益奏：『如封册正朔之文，割地稱臣之禮，犒軍歲幣之數，建都屯兵之所，事大難悉從。願據形勝，嚴戰守，爲自治計，庶中興之業日隆，而將士之體不解。』執議不回，因責授梅州安置。翼日，上省察，復其官。」

以吏部侍郎孫覿爲户部尚書。

時御營前軍統制官苗傅與副統制劉正彦見王淵擢用，且乘有狄難〔二九〕，遂圖不軌。正彦，法子也。淵故爲法部曲。先是，正彦以舊恩從淵求官，淵薦於朝，以文换武，得威州刺史。又以所領精兵三千付之，正彦因招到賊丁進等，久之，除團練使。正彦意不滿，而淵檄取其兵，正彦固執不遣，以此怨之。又傅以淵素出其下，尤怏怏不平。【新輯】上之在維楊也，内侍康履頗切威福，諸將皆嫉之，未有以發。洎至杭州江下觀潮，中官供帳，赫然遮道，傅等切齒曰：「汝輩使天子顛沛至此，猶敢爾邪！」（輯自皇朝中興紀事本末卷八下）癸未，除奉國軍節度劉光世爲殿前都指揮使，百官入聽宣制。傅等脅所部兵以叛，執淵殺之，併殺内侍數十人。傅等與中軍統制官吳湛通爲囊橐，湛亟閉宮門。宰執入奏事，朱勝非、顏岐、張澂、路允迪急趨樓上。傅、正彥與其屬張逵、王鈞甫、馬柔吉、王世修輩列樓下，皆被甲露刃，以竿梟淵首。知杭州康允之扣內東門求見，請上御樓，不然，無以止變。上從之。管軍王元大呼曰：「聖駕來。」傅等望見黃蓋，即山呼而拜。時百官咸在，三軍恟恟未定。傅乞誅康履，上未允。軍器監泰寧葉宗諤曰：「陛下何惜一康履？姑以慰三軍。」上命吳湛執履付傅等，即殺之。衆猶未退，乃請遣使金人，且乞隆祐太后垂簾同聽政。上顧羣臣曰：「今日之事如何？」有浙西機宜時希孟者輒曰：「乞問三軍。」於是，通判杭州章誼越班出，斥希孟曰：「問三軍何義？若將鼓亂耶？」誼，浦城人也。上曰：「太后意如何？」勝非曰：「無此理。」上乃命顏岐奏請太后出宮〔三〇〕。太后不登樓，徑往諭諸軍。勝非從太后至樓前，太后鐫諭久之。傅等以垂簾請，樓上傳旨，可之。太后乃還。傅等不退，復請上爲太上皇帝，魏國公攝政，庶便和議。勝非泣曰：「逆謀一至於此，臣位宰臣，義當死國。」乃趨出，呼其幕屬將佐至前曰〔三一〕：「諸君言二將此事〔三二〕，出於忠義爲國耶？或更有他圖？」皆曰：「忠義爲國。」勝非曰：「若果忠義，則當上下一心，並聽朝廷處分，有異志者誅之。」皆曰：「諾。」時兵部侍郎、直學士院鉅野李邴，亦以逆順之理曉之，由是兇焰稍挫。既退，勝非奏：「來日當降赦。蓋羣兇殺王淵，又刼掠，意必望赦。然不知逆惡自不容赦〔三三〕。」上可之。上曰：「康履忽諸將，有取死之道。」勝非曰：「諸將奉履，必有所求，求而不得，則怨矣。」上曰：「此事終如何？」勝非曰：「臣觀王鈞甫輩乃其腹心，適嘗語臣云：『二將忠有餘而學不足。』此語可爲後圖之緒。」上曰：「來早太后御殿。」勝非曰：「母后稱制，須二人同對，承平故事，於今難用。乞許獨對，仍自苗傅始，與其徒日引一人上殿，以弭其疑。且乞太后隨宜勉之，庶有動心者。」兩宮以爲然。太后語上曰：「賴相此人，若舊相未去，事已不可收拾矣。」時傅等揭榜通衢，有「天其以予救萬民」之語，見者憤之。甲申，上徽號於上曰睿聖仁孝皇帝，幸睿聖宮。以杭州顯寧寺爲之。太后臨朝，皇子魏國公攝政，大赦天下。自是日引傅等，太后勉之，皆有喜色。而臣寮獨對論機事，賊亦不疑矣。朱勝非閒居録曰：「元祐末，哲宗方擇后，京師里巷作打毬戲，以一擊入窠者爲勝。謂之『孟入』。紹聖間，宮掖造禁纈，有匠者姓孟，獻新樣兩大蝴蝶相對，繚以結帶，曰『孟家蟬』，民間競服之。未幾，后廢處瑶華道宮，議者皆以爲讖，蟬者，禪也，出家之兆也。靖康初，京城失守，二聖、皇族皆詣虜營中〔三四〕，議亦取后，淵聖意張邦昌必不能久僭，欲留孟后，以爲興復基本。因遣人入城取物，紙尾批虔辭，與府尹徐秉哲云：『趙氏注孟子，相度分付。』會虜人以后廢歲久，無預時事，不復取。至是，前讖乃驗，蓋孟入者，兩復入也。蟬者，禪也。兩御簾帷之應也〔三五〕。大統中絶而復續，天位暫傾而復正，皆后之力。可謂異人矣。」

【新輯】丙戌，赦書至平江府，張浚即走介入杭，伺賊狀。（輯自皇朝中興紀事本末卷八下）

丁亥，赦書至江寧府，僉書樞密院事呂頤浩亦走介入杭，仍寓書於浚及劉光世，約共起兵〔三六〕。孫覿作李謨墓誌曰〔三七〕：「明受赦書至建康，官吏讀赦，皆失色，獨頤浩怡然自若。謨時爲江東漕，白頤浩曰：『樞省大臣，盍詔天下兵以除君側之惡？』頤浩左右視，接以他語。謨曰：『王室在難，如救焚之急，公不應躊躇在衆人後。』方議行，而張浚檄書至。及二叛伏誅，頤浩第功進右丞相。謨歎曰：『羣兇稱亂，全軀保妻子之臣，握兵坐視，相顧不發。幸諸將謀，復王淵梟首之禍，而因人成事者，遂至宰相。』初，頤浩與謨同官河北，不相悦，至是，聞其言，益怒。」然當時勤王之舉，頤浩實爲之倡。今覩所志如是，恐未必然。姑附見于此。

朱勝非因王鈞甫來見，問之曰：「君前言二將學不足，何也？」對曰：「如殺王淵，軍中亦有以爲非者。」曰：「君必以爲非矣。」鈞甫唯唯。勝非察其意已諭，不復言之。

召張浚爲禮部尚書，令以所部兵付浙江提刑趙哲〔三八〕，復令御營前軍統制張俊留所部兵，付統制官俱重，仍赴秦鳳總管新任。浚與俊各不奉詔。浚召哲及守臣金壇湯東野，令各具奏，言：「虜未盡退〔三九〕，若浚朝就道，則夕敗事。」浚又慮苗傅等兵上抵平江，則失枝梧。乃令俊先遣精兵二千扼吴江。於是，浚上表，大略言：「國家多難，正人主馬上圖治之時，願請睿聖不憚勤勞，親總要務。」復與二兇咨目，且欲得辯士往説之，使無他圖。浚與蜀人馮轓有太學之舊，時轓在平江，浚乃遣之入杭，見二兇，爲陳逆順。上之御樓也，已除苗傅承宣使，劉正彦觀察使。至是，又以其屬王鈞甫爲右文殿修撰，張逵、馬柔吉、王世修並直龍圖閣。

庚寅，再除二兇並爲節度使，依前御營使司都統制。黃潛善責衡州，汪伯彥責永州，並居住。時，潛善之兄通議大夫潛厚，亦責分司南京，道州居住。

提領行在茶鹽葉份言：「榷貨務、都茶場乞就行在一處置司，人吏雖分，而提轄監官並令通管。」份，劍浦人也。

時二兇日以殺人爲事，且頻入都堂。右諫議大夫鄭瑴嘗面折之。壬辰，擢瑴爲御史中丞，瑴遂遣所親承議郎建安謝嚮微服至平江，見張浚等，令嚴備緩進。又作杜鵑詩諭百官，當迎乘輿反正之意。瑴言：「傅等便宜軍法，止可行於所部士卒。又都堂國論所出，非庶臣得與，請頒其章示之。」傅等雖怒，然由此少戢。

僉書樞密院事呂頤浩自江寧上表：「請睿聖復辟，親總萬機。仍幸金陵，以圖復舊疆。不然，恐天下之必亂也。」

壬辰〔四〇〕，馮轓至行在，遂見二兇，爲陳成敗甚悉。右僕射朱勝非奏授轓朝官，除兵部員外郎。

朱勝非召二兇及其屬與之語，知王世修可以利動，因勉之立事，許以從官。於是世修爲之往來傳道。時二兇請移蹕建康，勝非曰：「勤王兵在平江，君等難與相遇。」又趣遣使，勝非曰：「未知酋長所在〔四一〕，宜先遣小使訪之。」又言「炎」爲兩火，故多盜，宜改元以厭勝焉。勝非以三事奏太后曰：「年號似可從。」乃詔改元明受。勝非曰：「反正事已有緒，惟二兇謂元請本爲和戎，須待遺使，然虜兵近在江北，若遣使虜，知朝廷有變，必挾此而來以持其事，即害反正。臣俟所召兩使來，諭之力辭，先遣小使，〔四二〕亦密令留於勤王所。以此必破其謀，可無憂也。」后曰：「天生相公，救此患難。」既而，小使止平江。而新除尚書右丞盧益辭行，遂以本職提舉崇福宫，二兇之議遂息。

兩浙轉運副使王琮言：「本路夏稅及和買絹一百一十七萬餘匹，欲令民間每匹折價錢二緡足，計三百五萬餘貫省〔四三〕，以仰助國用。」從之。

時兩浙轉運副使劉寧止行部至鎮江府，聞難，乃越境赴江寧，見僉書樞密院呂頤浩，獻以計謀。寧止，歸安人也。

兵部侍郎、直學士院李邴嘗見管軍王元，密令出禁旅擊賊，元怯懦不能從。於是，朱勝非言：「浹日以來，從官中能助朝廷者，惟邴與鄭瑴。如中書舍人林遹，刑部侍郎衛膚敏，皆杜門不出，此何意也？乞遷邴、瑴，以厲其餘。」遂以邴爲翰林學士。

甲午，僉書樞密院事呂頤浩自江寧起兵，乙未，次丹陽縣，殿前都指揮使劉光世由鎮江以兵來會。

丙申，御營平寇將軍韓世忠以兵由海道至平江，見張浚泣曰：「我便去救官家。」浚曰：「投鼠忌器，事不可急，已遣馮轓甘言誘賊矣。」初，王淵識世忠於微時，待之絶等，故至是世忠奮發討賊尤力。〔四四〕

【新輯】迪功郎、前太學正晉陵吴若言：「今中原未可遽復，惟當阻江拒守。其術莫如木栅，宜侵水際一二丈，以大木爲之而鋭其上，仍用小木枝撑，交格於其間，蓋鋭上則敵不能逾，支撑交格則我於内可施弓弩。又侵水際，則舟渡而將登者，無所措其手足。兼火不能焚，砲不能壞，更厚逾丈，則敵之長槍俱廢矣。但沿江可渡處，一一爲之。然此事必須浙西民力，願毋暴其説，恐有掣肘。俟得材，則官募工急造，横議不暇施矣。」庚子〔四五〕，詔沿江相度行之。（輯自皇朝中興紀事本末卷八下，參考繫年要録卷二一）

先是，二兇與禮部侍郎張浚書，言：「伊、周之事，非侍郎孰當之？朝廷見以右丞相待。」浚復書曰：「自古言涉不順，謂之指斥乘輿；事涉不順，謂之震驚宫闕。是以見君路馬必加禮。至於遜位之説，必其子長而賢，因托以政，使利天下。不然，謂之廢立。若握兵在手，責其君以細故，而議廢立，古豈有是哉？上春秋鼎盛，一旦遜位，似非所宜。嗚呼！天祐我宋，所以保衛聖躬者，歷歷可數，出質則虜畏之而不留，奉使則民謳歌而有屬，天之所興，孰能廢之？」二兇得書，與其屬俱至都堂言：「浚見詆以爲逆賊，所不能堪，如吕樞密則曉事。」朱勝非曰：「罷張而以兵權付呂，無事矣。」辛丑，責浚散官，郴州安置。中書舍人季陵草制，有「輕脱寡謀」之語。時有小黄門急趨睿聖宫，傳太后之命曰：「張浚不得已貶郴州。」上方啜羹，不覺覆羹于手。朱勝非閒居録言〔四六〕：「平江檄書至，二兇怒。」此時檄書猶未草，蓋因浚答書爾。若檄書則呂頤浩自爲盟主，賊不應言「呂樞密曉事」矣。張浚復辟記曰：「二兇得臣手書，立具劄子，乞誅臣以令天下。朱勝非力沮之，見其狂悖已甚，恐生别變，遲之七日，始有郴州之命。」浚自記此事，蓋得其實也。

壬寅，頤浩至平江府，凡兵三萬人〔四七〕，張浚乘小舟迓之。於郵中得堂帖，乃貶郴州之命。浚恐將士觀望，即袖之，語書吏云：「有旨趣赴行在，令申速發之命。」是夜，共宿城外，頤浩呼其屬删定官李承造草檄文，浚爲潤澤之。時韓世忠兵寡，頤浩與張浚議，分俊兵濟之〔四八〕，俊乃以統領官劉寶一軍二千人借世忠。二兇矯制召世忠，世忠陽爲語以報曰：「殘兵不多，欲部至行在。」二兇許之。時張俊下將安義陰結二兇，欲代俊奪其兵，斷吴江橋以應賊，浚乃遣世忠屯秀以伐其謀。世忠至秀，稱疾不行，而造攻具。二兇始駭。諸將皆謂賊窮則邀駕泛海，浚又遣統制官陳思恭、辛道宗治舟師於海道，以遮賊南遁。於是，傳檄内外，以世忠爲前軍，俊以精兵翼之，頤浩、浚總中軍，劉光世親以選卒爲游擊，而分兵以殿。於是，知平江府湯東野悉倉儲以餉，軍用不乏。二兇聞之，甚恐。馮轓知可動，即白右僕射朱勝非曰：「張侍郎以國步艱難，正當馬上治之，主上傳位幼子，恐有不測之變。縱主上固執内禪，猶有一説，主上受淵聖詔，爲兵馬大元帥，今日當以淵聖爲主，睿聖稱皇太弟，依舊大元帥。嗣聖易稱皇太姪，太母垂簾聽政，大元帥治兵征伐于外，此最爲得策。」勝非令轓與二兇議，二兇有許意，遂拉同議都堂。甲辰，轓同二兇及王鈞甫等並引見，太后勞問曰：「卿等皆忠義之臣。」初，張浚誡轓，乞以鐵券賜二兇，用釋其疑。轓遂奏太后，許之，議遂定〔四九〕。癸卯，詔百官赴睿聖宮奏請，人皆歡呼，以謂復辟。至則宣詔，睿聖皇帝稱皇太弟，依舊康王、天下兵馬大元帥，皇帝宜稱太姪。於是，中丞鄭瑴極論不可。百官退詣睿聖宮，上御殿引見二兇，勞問有加，詞色粹然。二兇以手加額曰：「聖天子度量如此！」二兇歸營，逆黨張逵曰：「趙氏安矣，苗氏危矣！」王世修大愠，夜入勝非府，欲變其事〔五〇〕，復欲改正，嗣皇依舊而睿聖之名，止稱處分天下兵馬重事。勝非不能奪，轓力爭，勝非曰：「勿與較，其實一也。」

乙巳，勤王之師五萬發平江，時久陰乍晴，識者知必破賊。先是，二兇懼外師之至，檄杭州集保甲，選器械，扃城門，塞河道。守臣康允之悉不爲行。是日〔五一〕，將下詔率百官請上復辟，朱勝非召傅等六人至，語之，令軍中自爲一奏，傅無語，劉正彦尚以爲疑。勝非曰：「勤王之師未來者，使是間自反正爾。所以招君等議，蓋欲上下和同。不然，下詔率百官六軍，請上還宮，君等置身何地？」正彦退立，傅長吁曰：「獨有死爾。」勝非以責世修，於是世修以言逼傳，傳不能答〔五二〕。勝非乃使世修草奏，持歸軍中諸將書名。丙午，除世修工部侍郎，將賜金帶，而内帑適無，乃用七百緡市于户部尚書孫覿家以寵之。勝非即召學士李邴、直院張守，分作百官章，三奏三答，及太后手詔與赦文皆具。

詔移蹕江寧府。

以禮部侍郎、御營使司參贊軍事張浚爲同知樞密院事。浚不受。

翰林學士李邴、御史中丞鄭瑴並爲端明殿學士、同僉書樞密院事。

二兇並賜鐵券。

丁未〔五三〕，文武百官赴睿聖宫，迎請復辟。是日，駕還行宫，都人夾道焚香，衆情大悦。

勤王之師次秀州，吕頤浩問韓世忠曰：「賊計有他虞乎？」對曰：「彼怙勢憑衆，脅取鐵券，自謂不死，安有他慮？」是夜〔五四〕，有刺客至張浚帳前，浚顧左右已睡，問爾何如？對曰：「某粗讀書〔五五〕，知逆順，豈爲賊用？況侍郎忠節〔五六〕，安忍相害？但見爲備不嚴，恐有後來者。」浚下執其手，問姓名，曰：「言之，是邀後利，某河北人，有母在，今徑歸矣。」浚翌日取郡獄死囚，斬以徇，曰：「此刺客也。」後亦無他。

是春，山東河決，歲復大饑。自上渡江之後，羣盜紛起，閻皋衆二萬，據維州；張城衆五萬，據萊州；有葛進者來攻青州，帥臣劉洪道擊走之。時粘罕自揚州歸東平府，遣衆攻青州，洪道棄城而去。乃密約安邱縣巨寇宫儀同復青州，不克。又約閻皋併兵刼虜寨〔五七〕，復值大雨，火滅而止。副總管王涣、領將崔邦弼復青州，聞洪道退軍，尋亦棄去。洪道又同儀、皋攻密州杜彦，值虜騎亦來，儀、皋戰敗，於是濰、萊、密三州皆降于虜騎。儀等野無所掠，至以車載乾尸充糧。洪道領兵二千赴行在，於是，諸重鎮相繼爲虜所陷。

〔校勘記〕

〔一〕案：張澂言云云，繫年要録卷一九繫於「戊戌」。

〔二〕金虜已破河北山東與陝西諸郡　「虜」原作「人」，據皇朝中興紀事本末卷八上改。

〔三〕韓世忠范瓊統兵北去　「北」原作「比」，據皇朝中興紀事本末卷八上改。

〔四〕今虜騎漸逼京東　「虜」原作「敵」，據皇朝中興紀事本末卷八上改。下同。

〔五〕許官吏與民入山避賊　「賊」原作「敵」，據皇朝中興紀事本末卷八上改。

〔六〕辛丑　繫年要録卷一九繫於「庚子」。

〔七〕此據張澂論黄潛善等疏修入　「論」原作「説」，據皇朝中興紀事本末卷八上改。

〔八〕時禮部尚書王綯以爲金虜必犯行在　「虜」原作「人」，據皇朝中興紀事本末卷八上改。

〔九〕虜左副元帥粘罕以輕騎五千　「虜」原作「金」，據皇朝中興紀事本末卷八上改。下同。

〔一〇〕泗州將官閻瑾失守　「瑾」，皇朝中興紀事本末卷八上作「僅」，下同。

〔一一〕虜見瑾已敗　「虜」原作「敵」，據皇朝中興紀事本末卷八上改。下同。

〔一二〕行都人謂光世必能禦賊　「賊」原作「敵」，據皇朝中興紀事本末卷八上改。

〔一三〕大理卿黄鍔至江口　「大理卿」，繫年要録卷一二〇據日曆作「司農卿」。

〔一四〕虜乘勢渡江　「虜」原作「敵」，據皇朝中興紀事本末卷八上改。下同。

〔一五〕言今早虜騎數百來犯　「犯」原作「攻」，據皇朝中興紀事本末卷八上改。

〔一六〕遂以義爲江北統制官　「義」原脱，據皇朝中興紀事本末卷八上及繫年要録卷一二〇補。

〔一七〕乙卯　繫年要録卷一二〇繫於「甲寅」。

〔一八〕誅之　案：誅殺丁進，繫年要録卷一二〇繫於「丁巳」。并考證説「閒居録在初九戊午」。

〔一九〕丙辰　繫年要録卷一二〇據日曆及巡幸記繫於「乙卯」。案：下文所繫高宗所次日期，繫年要録均晚一天，不再出校。

〔二〇〕案：吕頤浩之除，繫年要録卷一二〇據臧梓勤王記繫於「庚申」。

〔二一〕夢得迎于臨平　「臨平」原作「臨江」，據皇朝中興紀事本末卷八上及繫年要録卷一二〇。

〔二二〕湖州民王永錫獻錢五萬緡　案：繫年要録卷一二〇繫於「辛未」。

〔二三〕希進者增其數至五萬八千四　「八千」原作「八十」，據皇朝中興紀事本末卷八上、繫年要録卷一二〇及廣雅本改。

〔二四〕三月己卯朔　「三月」原作「二月」，據皇朝中興紀事本末卷八下及繫年要録卷一二一改。

〔二五〕謂頃者本州兵變　「謂」原作「爲」，據皇朝中興紀事本末卷八下改。

〔二六〕案：葉夢得行述曰云云，原作正文，據皇朝中興紀事本末卷八下改爲注文。

〔二七〕旋益亦罷爲資政殿學士提舉崇福宫　繫年要録卷一二一繫於「壬寅」；「益」原脱，據皇朝中興紀事本末卷八下及繫年要録卷一二一補。

〔二八〕時政府欲損禮求於虜　「虜」原作「金」，據皇朝中興紀事本末卷八下改。

〔二九〕且乘有狄難　「狄」原作「敵」，據皇朝中興紀事本末卷八下改。

〔三〇〕上乃命顏岐奏請太后出宮　「太后出宮」原脱，據皇朝中興紀事本末卷八下補。

〔三一〕呼其幕屬將佐至前曰　「幕」原作「募」，據皇朝中興紀事本末卷八下改。

〔三二〕諸君言二將此事　「諸」原作「請」，據皇朝中興紀事本末卷八下改。

〔三三〕然不知逆惡自不容赦　「容」原脱，據皇朝中興紀事本末卷八下補。

〔三四〕二聖皇族皆詣虜營中　「虜」原作「金」，據皇朝中興紀事本末卷八下改。下同。

〔三五〕兩御簾帷之應也　「帷」原作「惟」，據皇朝中興紀事本末卷八下改。

〔三六〕約共起兵　「約」原脱，據皇朝中興紀事本末卷八下補。

〔三七〕孫覿作李謨墓誌曰　案：此段原作正文，據皇朝中興紀事本末卷八下改爲注文。

〔三八〕令以所部兵付浙江提刑趙哲　「令」原作「今」，據皇朝中興紀事本末卷八下及廣雅本改。

〔三九〕虜未盡退　「虜」原作「敵」，據皇朝中興紀事本末卷八下改。下同。

〔四〇〕壬辰　繫年要録卷二一繫於「癸巳」。案：馮轓除兵部員外郎，繫年要録卷二一繫於「癸卯」，并認爲壬辰誤。

〔四一〕未知酋長所在　「酋長」原作「金將」，據皇朝中興紀事本末卷八下改。

〔四二〕「訪之又言」至「先遣小使」　此一〇五字原脱，據皇朝中興紀事本末卷八下補。

〔四三〕計三百五萬餘貫省　「省」原脱，據廣雅本及皇朝中興紀事本末卷八下補。

〔四四〕初王淵識世忠於微時待之絶等故至是世忠奮發討賊尤力　案：繫年要録卷二一丙申條注文考證云：「按：世忠雖王淵舊將，然其人忠誠最著，故首有便去救官家之語。及臨平之戰，身在前行，皆緣國事。非但感王淵疇昔之恩而爲之復讎也。今不取。」

〔四五〕庚子　繫年要録卷二一繫於「壬寅」。

〔四六〕朱勝非閒居録言　案：此引文字原作正文，據皇朝中興紀事本末卷八下及廣雅本改爲注文。

〔四七〕凡兵三萬人　「三萬」，繫年要録卷二一據臧梓勤王記作「三千」，并認爲三萬爲誤。

〔四八〕分俊兵濟之　「俊」原作「浚」，據皇朝中興紀事本末卷八下改。下同。

〔四九〕議遂定　「遂」原脱，據皇朝中興紀事本末卷八下補。

〔五〇〕欲變其事　「欲」原脱，據皇朝中興紀事本末卷八下補。

〔五一〕是日　繫年要録卷二一繫於「丁未」。

〔五二〕傅不能答　「傅」原脱，據繫年要録卷二一補。

〔五三〕丁未　繫年要録卷二二繫於「四月戊申」，并認爲三月丁未爲誤。

〔五四〕是夜　繫年要録卷二二繫於「四月戊申」。

〔五五〕某粗讀書　「粗」原作「初」，據皇朝中興紀事本末卷八下及繫年要録卷二二改。

〔五六〕況侍郎忠節　「忠」原作「志」，據皇朝中興紀事本末卷八下改。

〔五七〕又約閻皋併兵刧虜寨　「虜」原作「敵」，據皇朝中興紀事本末卷八下改。下同。

中興小紀卷六

建炎三年夏四月戊申朔，上御朝，太后便欲還政。上以問朱勝非，對曰：「捲簾當先降詔。」乃乞太后暫出，仍下詔，明日捲簾，并復建炎年號〔一〕。勝非又奏二兇未有以處〔二〕，乃並除淮南兩路制置使〔三〕，許以所部兵行，仍以其屬張逵爲本路轉運判官。二兇請鐵券，乃令有司檢故事，如法製焉。二兇又言：「王世修尚可從軍否？」勝非曰：「渠爲從官，難復預軍謀矣。」時傅遣其弟翊伏赤心軍于臨平，伺擊勤王之師。御營前將軍韓世忠曰：「乳臭兒敢爾耶？」是日〔四〕，翊戰敗，二兇遣兵救之。朝廷諸將皆集兵皇城門外〔五〕，守臣康允之以爲不可，不若遣人諭二兇速引兵去。是夕，二兇乃開湧金門以出，遇大雨，倉皇而遁。世忠勤王之師至北關。辛亥〔六〕，入城，擒工部侍郎王世修及中軍統制官吴湛，皆戮之。

壬子〔七〕，以禮部侍郎、御營使司參贊軍事張浚爲知樞密院事。

時中司闕官，右僕射兼中書侍郎朱勝非因薦中書舍人張守，以爲守預聞反正謀議。詔以守爲中丞。勝非因力請解政，癸丑，出爲觀文殿大學士、知洪州。以資政殿學士、同僉書樞密院事吕頤浩爲右僕射兼中書侍郎，一時執政俱罷。於是，門下侍郎顔岐爲資政殿學士，提舉鴻慶宮，中書侍郎王孝迪爲端明殿學士、提舉崇福宮，尚書右丞張澂爲資政殿學士，知江州，資政殿學士、僉書樞密院事路允迪以本職提舉醴泉觀兼侍讀。惟同僉書樞密院事李邴遷尚書左丞〔八〕，同僉書院事鄭瑴進僉書院事。詔管軍王元、左言各責散官，并浙西機宜時希孟並安置：元，英州；言，賀州；希孟，吉陽軍。初議反正，樞密都承旨馬擴亦往來其間，至是，以擴爲觀望，停其官，責永州居住。

初，倉部郎中張虞卿等一十九人〔九〕，皆乞建藩鎮。朱勝非嘗奏其事，謂當倣藝祖之初，權時制宜，以行在爲京師，淮北爲鎮，淮南爲郡。至是，勝非去，未果行之。虞卿，建安人也〔一〇〕。

甲寅，以奉國軍節度使、殿前都指揮使劉光世爲太尉、御營副使，劉光世行述曰：「時上面授光世僉書樞密院，光世力辭。」定國軍承宣使〔一一〕、帶御器械韓世忠爲武勝軍節度、左軍都統制，寧武軍承宣使、帶御器械張俊爲鎮西軍節度、右軍都統制。餘皆進秩一級〔一二〕。

乙卯，大赦天下。

知樞密院事張浚薦朝奉大夫趙鼎。趙鼎事實曰〔一三〕：「上初渡江，詔郎官以上薦士，時都司黃槩以鼎應詔，鼎至杭〔一四〕，聞復辟，始入城。而張浚又薦之。」鼎見浚，首曰：「隆祐復辟，其功甚大，當檢累朝捲簾故事，推恩其家。」丁巳，常德軍承宣使孟忠厚除寧遠軍節度、醴泉觀使。遂以鼎爲司勳郎官。鼎，聞喜人也。

詔：「崇寧以來，内侍用事，自今不得與主兵官交通，及干預朝政。如違，並從軍法。」

初，虜犯淮甸〔一五〕，發運副使呂源以兵三千自衛而遁，爲中丞鄭瑴所論，已詔停其官，送邵武軍編管。至是，軍器監葉宗諤除直龍圖閣，與右文殿修撰葉焕並爲發運副使。除葉焕在是月辛酉，今聯書之。

戊午，户部尚書孫覿除龍圖閣直學士〔一六〕、知温州，既而，改知平江府。

苗傅攻衢州城，守臣晉陵胡唐老禦之，會大雨，賊引兵去。

時言者引元祐宰臣司馬光併三省狀，乞舉行之。詔侍從、臺諫集議。中丞張守以謂：「光之所奏，較然可行，若更集衆，徒爲紛紛。」庚申，右僕射呂頤浩等乃言：「欲左、右僕射不兼門下、中書侍郎，並帶平章事。舊門下、中書侍郎改爲參知政事，其左、右丞並罷。」從之。於是，左丞李邴改參知政事〔一七〕。

詔都亭驛、同文館並罷〔一八〕，都水監仍置使者一員。

癸亥，以給事中周望爲江浙制置使。乙丑，望言：「乞降賞，以徠賊之降者。」從之。

丁卯，上發杭州，幸江寧府。

命御營左軍都統制韓世忠亦爲江浙制置使，統一軍追捕苗傅。

初，賜門下詔，略曰：「東朝有垂簾保佑之勞，元子有踐祚纂承之托。宜上徽稱於長樂，正家嗣於青宮。太后上尊號曰隆祐皇太后，嗣君立爲皇太子。皆令有司擇日。」壬申，乃克行禮。於是，工部尚書王綯除資政殿學士〔一九〕、權太子太傅。

時殿帥劉光世遣其將王德、喬仲福追賊至信州，皆令受周望節制。初，朝廷遣統制官巨師古將兵討江東賊趙不忙〔二〇〕，至是回信上，與德等遇，而韓世忠下裨將陳彥章亦至。德與之同見郡守，語不協，彥章欲刺德，德手刃殺之。

苗傅等聞信城有兵，不敢進。乃屯於衢、信之間，且黥居民爲兵，其衆方盛，勢未可擒〔二一〕。言者謂：「王鈞甫、馬柔吉初不預謀，見將赤心隊爲先鋒，以拒王師，宜下詔寬二人之罪，以誘致其降。」從之。

時州縣添差官猥衆，如平江府監酒四五員，湖州監税五六員，安吉縣監酒六七員。是月，詔官冗蠹財，理當澄汰，除宗室、歸朝官外，餘悉罷之。監司屬官亦依此行。

初，勤王所檄至湖州，守臣梁端會寄居葉夢得、賈安宅、曾懋等謀之，衆未及言，主管鴻慶宮曾紆曰：「此逆順甚明，出師無可疑者。」趣端張榜，用建炎年號。時賊使來取兵器，紆又請繫之〔二二〕，毋令還。既而，端被賞。至是，中丞張守言紆首明大義，詔除直顯謨閣〔二三〕。而殿中侍御史楊庭秀亦言：「杭州通判章誼首叱時希孟，使人知逆順。」詔擢誼爲倉部郎官。安宅，歸安人；懋，贛縣人；紆，南豐人，布子也。

初，叛臣劉豫據濟南以降虜〔二四〕，至是，虜徙豫知東平府兼節制河南。於是，右副元帥窩里嗢與監軍撻辣分占山東諸郡，惟濟、單、興仁、廣濟，以水阻，尚存焉。

五月戊寅朔，以知樞密院、御營副使張浚爲川陝宣撫處置使。初，命浚爲招討使。左司郎官、權中書舍人江都李正民言：「川、陝吾境，難名招討，請用唐裴度故事。」從之。仍詔浚便宜黜陟。正民未幾真除中書舍人〔二五〕。時秘書省權罷，而日曆之局亦廢，正民謂：「宜置著作一二員，選文學之士兼領，仍以日曆案隸門下省。」亦從之。

辛巳，上次鎮江府，諭宰執曰：「張慤，古之遺直；陳東誅死，可念。二人皆葬郡境，已親劄令有司致祭，可更議賉其家。」

先是，右僕射呂頤浩建議幸武昌，爲趨陝之計；既又欲徙中原之民於東南。御史中丞張守、右諫議大夫滕康皆不可。守曰：「東南，今日根本也。」康語守曰：「吾曹當以死爭之。」於是，上擢康爲翰林學士〔二六〕。癸未，又以康爲端明殿學士、僉書樞密院事。康既執政，再懇言之，上悟而止。頤浩語康曰：「公真執政也，執有受命二日，而能決此大計者乎？」

乙酉，上至江寧府駐蹕，仍改爲建康府，時以保寧寺充行宮。

時統制官王德欲與江浙制置使韓世忠戰，世忠曰：「苗、劉未平，若與之戰，乃是更生一敵，不如避之。」

丙戌，苗傅等寇浦城縣，韓世忠將兵夜至縣北十里，賊跨溪據險，設伏於路。世忠使統制官馬彥輔擊賊，伏發，死之。賊乘勝至中軍，世忠率親兵力戰，傅大敗，遂擒劉正彥。有舉子程妥者，崇安人。時虜在傅軍〔二七〕，乃爲傅畫策，領餘衆由小路入崇安縣境，既又夜棄其軍，變姓名，作賈人，偕妥及其愛將張政西走至歙鋒村〔二八〕，爲土豪承節郎詹標所邀，苟留數日，妥覺不免〔二九〕，密告標曰：「此苗傅也。」標即報福建提刑林杞，遂聞於朝。杞，永嘉人。既而，告者謂政本誘傅出降，杞等惡分其功而殺之，故杞、標皆就逮，杞除名，連州安置，而標死于獄。林杞遺事曰〔三〇〕：「苗傅、劉正彥既敗，擁衆南走，大將韓世忠尾賊而追之。時杞爲閩憲，恐賊至得脱，預檄諸郡，扼其奔衝。既而，正彥先爲大軍所擒；傅與其徒數人，變姓名竄伏，人莫能蹤跡。杞立重賞捕之。俄而，募士詹標擒傅與其徒張政以至〔三一〕。是時，世忠已班師，由太末以歸。杞冒暑親部送傅、政，欲追赴世忠，至富沙境上，會日暮，大雨，政乘此謀竄去，爲護兵所殺。杞獨以傅追及世忠授之，世忠得傅，喜曰：『今當還朝，首爲公論功。』杞曰：『此非某之本心，况太尉自浙右提師破賊而追至此〔三二〕，某借大軍餘威獲之，匹夫力爾，何功可論？』初，知建州某人者，與當軸爲姻，恃勢貪婪，用官錢至累鉅萬，而監司忌於投鼠，皆不敢發。杞曰：『吾爲憲官，豈可開眼放贓吏？』亟以其罪聞。某人讒於當軸，遂以張政爲告苗傅反者，宜得重賞，而杞殺之。遂下杞於獄，幾欲寘之死，不得已，猶削籍，連州安置。然傅事有本末，傅天資狠暗，正彥直狂者爾，而政實爲之腹心。既敗，猶與傅同竄，其不告之明矣。臺諫知杞寃，相繼論列，不數月，有旨許自便。」遺事所記小異，蓋其辭不無緣飾也。

壬辰〔三三〕，龍圖閣直學士、提舉萬壽觀詹乂兼權直學士院〔三四〕。乂，縉雲人。未幾，乞祠。詔升徽猷閣學士、提舉洞霄宫，以示優禮。

癸巳，詔諸路預和買絹綿，即支其直，違置之法。

丁酉〔三五〕，尚書省言：「欲將江、池、饒、信爲江州路，知州帶安撫使；建康、太平、宣、徽、廣德爲建康路，知州帶安撫制置使，庶幾責任稍專。」從之。

己亥，辛執請：「依祖宗官制，置中書門下檢正官、樞密院檢詳官各二員，仍減左、右司郎官兩員。」從之。

初，羣盜薛慶、靳賽皆嘯聚淮上，慶據高郵軍，衆至數萬。知樞密院事張浚聞其欲歸麾下，請自往招撫之，纔渡江而賽率兵降于浚。浚徑至高郵，入慶壘，從行者不及百人，出黄榜諭之。慶感服再拜，慶欲求厚賞，留浚三日，而外間不知，浮言胥動，真州守臣以聞。辛執議遽罷浚，除資政殿學士、奉祠，仍遣統制官王瓔提兵往平其事。瓔渡江，慶先以兵衛浚而出。乃召浚赴行在，浚辭曰：「高郵之行，徒恃忠信，雖不至如所傳聞，然身爲大臣，輕動損威，其罪莫大。」詔不允。辛丑，浚還，上歎息。即日，趣就職。既又改高郵軍爲承州，仍命慶守之。

先是，上方擇人使虜〔三六〕，宰執薦持服人朝散郎鄱陽洪皓，乃擢爲徽猷閣待制、借禮部尚書，奉使大金軍前，以明州觀察使龔璹副之。時淮上賊蜂起，李成甫就招安，詔皓兼淮南京東撫諭使〔三七〕，命成以兵護至南京。皓至淮南，成方引兵與耿堅共圍楚州，責守臣趙立〔三八〕，謂其降敵而城棄，因持叛心。立，彭城人也。成以汴、泗及虹有紅巾爲辭，且言：「非五千騎不可往，軍絶食，不克惟命。」皓知堅可撼，遣人説之曰：「山陽縱有罪，當禀命于朝。今擅兵攻圍，名勤王，實作賊爾。」堅遂强成斂兵。皓即疏言：「李成以朝廷不卹之，而稽饋餉，有『引衆納命建康』之語。今靳賽據維揚，薛慶據高郵，若三叛連衡，何以待之？此含垢之時，宜遣辯士諭意，優進其秩，畀以京口綱運，如晉待王敦可也。」上遂遣宣贊舍人賀子儀撫諭成，給米五萬石。而皓轉由滁陽以至太原。

六月己酉，【新輯】上以陰雨不止，慮下有陰謀，或人怨所致，以諭宰執。於是，吕頤浩、張浚皆謝罪求去。上曰：「宰執豈可容易去位。」遂詔郎官以上各實封言事。時御史中丞張守讀詔泣下，初，守爲殿院，嘗言：「陛下處宫室，享膳脩，服輕暖，親嬪御，及夫視朝之際，其亦思夫二聖與吾母后居穹廬毳幕，羶肉酪飲，起居動作受制於人者乎？」至是，復申前説，且曰：「陛下罪己之詔數下，而災變未息，意者實有所未至歟！漢制，災異策免三公，今位宰相者雖有勳勞，然其才可以辦一職，而識不足以斡萬機，願更擇全才，海内所共推者，擢而任之。」吏部侍郎劉珏言：「北戎强大，陰盛陽微，故陰雨爲災，此群臣所共知也。若乃孝悌通神明，至誠動天地，此陛下所宜知，群臣未嘗言也。今二聖遠在龍荒，陛下居九重之尊，享四海之奉，亦嘗思其燕處之不安，飲食之不時乎？願陛下精禱於天，詳見於事，揭爲臺觀，以表望思。時遣使人，以伸祈請，則孝悌之道至矣。陛下有上聖之資，而二三執政專爲蔽塞，使不外見。夷狄已和而背之，盜賊已降而殺之，詔令徒文具而無其實，實之不至，何以能格？願取建炎以來所下詔令，參稽而行，則至誠之道著矣。此感人心，銷天變，召和氣之大者也。」上嘉納之。又司勳郎中趙鼎以謂：「今日之事，衆所共知者，人人能言之。」乃言：「自熙寧間，王安石用事，肆爲紛更，祖宗之法掃地，而生民始病。至崇寧初，蔡京托名紹述，盡祖安石之政，以致大患。今安石猶配饗廟庭，而京之黨未族。臣謂時政之闕，無大於此，何以收人心而召和氣哉？」（輯自皇朝中興紀事本末卷九）詔初下，劉珏忽謁告，一日之蔣山，明日同舍問：「獨登山樂乎？」珏曰：「非登山也，特往拜舒王墓爾。」

誅苗傅、劉正彦及張逵等于建康市。按：建炎復辟記以是日誅苗傅等，而吕頤浩勤王記乃十五日壬戌。

三省、樞密院置賞功司〔三九〕。自興軍以來，立功將士，許之持文自陳，各以輕重推恩。

甲寅〔四〇〕，吏部侍郎劉珏遷尚書。

時舊相黃潛善、汪伯彦、袁植皆已遠貶。【新輯】丁卯，左司諫袁植請誅潛善、伯彦等九人。上謂宰執曰：「渡江之後，方責己，思爲後圖，豈可盡歸罪宰執？植乃朕親擢，雖敢言，至導朕以殺人，此非美事。」吕頤浩曰：「聖朝弼臣罪雖大，止貶嶺外，故盛德可以祈天永命，植發此念，已傷和氣。」滕康曰：「如植言，傷陛下好生之德矣！」即出植知池州。（輯自皇朝中興紀事本末卷九）戊辰，康見上曰〔四一〕：「昨見罷植之命，有曰：『忠厚之言不聞，殺戮之事可戒。』大哉，王言也！太祖以來，未嘗戮大臣，國祚久長，過於兩漢者此也。」未幾，潛善卒于貶所。

是日，詔將親閱諸軍，庶知諸將能否，仍令宰執預觀。

辛未，【新輯】上謂宰執曰：「朕與皇太后異宫，豈有此理？朕事皇太后如母，帷帳皆親視，或得時果，必躬進然後敢嘗。」吕頤浩曰：「陛下聖孝出於天性，外人不知爾。」張浚曰：「此氣象甚好，蓋陛下容納直言，故有此也。」

先是，（輯自皇朝中興紀事本末卷九）御史中丞張守再論吕頤浩難以專任，而張浚不宜西去。甲戌，除守禮部侍郎，以中書舍人范宗尹爲中丞。時殿中侍御史王庭秀亦難頤浩除擬不公，詔庭秀罷職與郡。於是，右正言吕祉言：「今日緣論大臣移一言官，明日緣論大臣罷一言官，則後日大臣行事有失，誰復敢言？願陛下以言章示大臣，使之自省，置身無過之地，庶兩全之。如或不悛，黜之何惜？」祉，建陽人也。

時以華藏寺爲建康府治，而江浙制置使韓世忠權住蔣山。詔世忠候建康府移保寧宫，即聽居華藏。緣保寧有先朝房院尚在，守臣顯謨閣直學士安陸連南夫未及遷入，而世忠逼其骨肉狼狽出寺。於是，殿中侍御史趙鼎言：「世忠躬率使臣，排闥而入，逐天子之京尹，此而可爲，則無不可爲者矣！南夫治郡緩不及事〔四二〕，願先罷之。然後降詔切責世忠，仍治其使臣之先入者，此爲兩得。」上深嘉納。且曰：「唐肅宗興靈武，諸事草創，得一李勉，然後知朝廷尊。今朕得卿，無愧昔人矣。」於是，諸將帖然畏服，亦罷南夫，而以兵部侍郎湯東野兼知建康府。〔四三〕

秋七月，秘閣修撰、知廬州胡舜陟言〔四四〕：「虜人見侵〔四五〕，鑾輿順動，使之深入中原，往來自如。我莫敢抗，惟務逃遁，何時而已？臣願身當江北之地，以護行在，儻仗天威，稍摧犬羊〔四六〕，則生靈休息，庶幾有期。今淮南羣盗，多者數萬，少者數千，臣欲以本州將兵、鄉兵及所降劉文舜之衆共二萬餘人，仍更招羣盗，須得數萬，結之以信，輔之以威，足以捍虜〔四七〕。今日侍從近臣，多擇閩、浙大郡以往，而臣乃欲當江北地，非狂則愚，第以忠義所激，不敢愛生。若其養兵之物，與夫屯泊、訓鍊、戰陣之方，乞容臣赴闕面奏」。甲申，詔舜陟議論慷慨，除徽猷閣待制、淮西制置使。

時江浙制置使韓世忠已除兩鎮節度使，於是，周望自給事中爲兵部尚書，立功將佐，皆第賞之。世忠訟王德擅殺陳彦章，詔鞫于御史臺。殿中侍御史趙鼎攝德下獄，案成，以死刑定斷。朝廷以德有戰功，貸其命。於是，鼎言：「德緣兵敗自慚，而忌世忠之功，彦章乃世忠將，故特加害。且〔四八〕德總兵在外，而擅殺不顧，此風一長，其禍有不可勝言者。」乃編置德於江州〔四九〕。

丁亥，皇太子旉薨，謚曰元懿。

僉書樞密院事鄭瑴卒〔五〇〕。己丑，詔恩數依郭三益。上慘然語宰執曰：「瑴論事豈易得？昨元子薨，朕雖動懷，然聞瑴亡，尤悼之。」

初，金虜寇京東〔五一〕，命平寇前將軍范瓊禦之〔五二〕，瓊領兵轉入江西〔五三〕。至是，右正言呂祉論其罪，且進取瓊之策。乃詔瓊赴行在。時瓊駐軍南昌，徘徊觀釁。詔監察御史松溪陳戩趣其入覲，戩至，瓊整兵而後見，且剥人以懼之。戩諭瓊曰：「聖上勇智天錫，宵旰圖治，將軍宜戮力濟難，以遺澤於子孫。效郭汾陽朝聞命，夕引道可也〔五四〕。」瓊尚未決。戩曰：「將軍不見苗、劉之事乎？願熟計之。」瓊黻然北嚮謝恩，遂引兵赴闕。既至，未肯釋兵〔五五〕，自陳祖宗以來，三衙不任河東、北及陝西人，且乞除殿前司之職。又言：「自鄂、岳以來，凡招盜一十九萬。」上謂宰執曰：「瓊罪甚大，靖康圍城日，與金人交通，逼宗室出城。且爲張邦昌之衛，都人恨不食其肉，貸而不誅，以安反側。今復無禮如此，且盜雖多，安有十九萬人？瓊言此，欲以恐動朝廷爾。」張浚曰：「臣自平江勤王，凡三遣人致書，約令進兵，瓊皆不答。今呼吸羣兇，布在列郡，以待竊發。若不乘時顯戮，他日必有王敦、蘇峻之患。」上深以爲然。命浚召瓊赴都堂議事，密謀誅之。浚與樞密院檢詳文字劉子羽，選院吏數輩，作文字劄榜皆備，鎖吏於府中。子羽，崇安人，韐子也。壬辰〔五六〕，遣御營前將軍張俊以千人渡江，若捕他盜者，使皆甲而來。因召瓊、俊及殿前都指揮使劉光世詣都堂計事，爲之設食〔五七〕，食已，相顧未發。子羽坐廡下，恐瓊覺事變，遽取寫敕黄紙趨前，舉以麾瓊曰：「有敕，將軍可詣大理置對。」瓊愕不知所爲，遂擁置輿中，衛以俊兵送獄。仍使光世出撫其衆，數瓊罪狀，且曰：「所誅止瓊爾，若等固天子自將之兵也。」衆皆投刃曰：「諾。」

初，河北制置使王彦在太行山聚兵，皆刺其面曰「誓殺金賊〔五八〕，不負趙王」，號八字軍，金虜頗畏之〔五九〕。瓊之往山東也，彦與偕行，彦以疾留真州〔六〇〕，瓊併領其兵而去。時浚薦彦爲御營使司統制，遂以瓊衆分隸神武諸軍，而八字兵復隸于彦，皆頃刻而定。瓊至獄，猶不伏。大理少卿王衣鞫治之，瓊稱無罪。衣徐以圍城鼓衆不順語折之，遽曰：「瓊死罪。」衣顧吏曰：「囚辭伏矣。」遂賜瓊死。衣，歷城人也。

詔朝奉郎、監諸司審計司崔縱除右文殿修撰〔六一〕，借工部尚書，充奉使大金軍前使〔六二〕，武節郎、閤門宣贊舍人郭元明借遥郡刺史，副之。縱，臨川人也。

初，上問大計於張浚，浚請身任西事，置司秦州。乞別委大臣與韓世忠鎮淮東，令呂頤浩扈駕來武昌。張俊、劉光世等從行，庶與秦州首尾相應，議已定。庚子，浚發行在，王彦統八字軍隨之。時浚之屬官馮康國等往別臺諫，殿中侍御史趙鼎謂之曰：「元樞新立大功，出當川、陝，半天下之責，邊事外，悉當奏稟。蓋大臣在外，忌權太重也。」

時金虜左副元帥粘罕自東平府歸雲中〔六三〕，右副元帥窩里嗢自濱州歸燕山，右監軍兀朮請提兵窺江、浙，二酋不許〔六四〕，大酋許之〔六五〕。仍留左監軍撻辣屯濱州〔六六〕，以守山東。乃遣女真、渤海漢軍諸萬户，并大起燕雲、河朔民兵，付兀朮將之入寇〔六七〕。上以金虜將入寇，方遣兵守淮及控扼江上，未有順動之意。壬寅，下詔奉隆祐皇太后率六宮先往南昌，詔略曰〔六八〕：「朕念邊隅震擾，國制搶攘〔六九〕，因時變通，隨事參酌。合三省、樞廷之任，總百司庶府之繁，爰命近臣，俾司厥職。若征伐、財用、賞罰、選任等事，悉屬行營〔七〇〕，具關朕聽。其常程有格法事，如四方刑獄奏案、吏部注受，並隸洪州。」三省、樞密院遂以參知政事李邴、同僉書樞密院事滕康，並爲資政殿學士。邴權知三省樞密院事，康權同知，扈從以行。監察御史陳戩一員，而從官郎吏，皆分其半。又詔東京留守杜充已至，是日，除充同知樞密院事。陳戩行狀據趙鼎奏議，本用二員，而沈與求改除。

金虜試舉人于蔚州〔七一〕。初，太原帥張孝純因城陷降虜〔七二〕，見粘罕不肯拜，虜莫能强〔七三〕。執歸雲中。至是，以孝純主文柄。使孝純能守初志，寧死不污於僞〔七四〕，後世必以爲忠臣。今乃爲虜用。是時，遼人皆用詞賦，兩河人皆用經義，而孫九鼎者爲第一，忻州人也。【新輯】九鼎，政和間遊太學，與洪皓同舍，陷虜十年〔七五〕，始登第。皓在北方，屢見之。

【新輯】八月戊申，宰執奏環慶帥王似言「今方用兵，陝西六路帥乞用武臣」。吕頤浩曰：「今之武臣皆戰將，罕有智略，如向之种諤者。」杜充曰：「方艱難時帥臣不得坐籌，當以冒矢石爲事。」上曰：「王似未知此，若有練達邊事如范仲淹，何用武帥哉？」周望曰：「如趙卨亦不易得。」上曰：「然似安陽人也。」（輯自皇朝中興紀事本末卷十）

己酉，【新輯】翰林學士曾楙改除禮部尚書。召龍圖閣待制、知台州謝克家爲兵部尚書。下（輯自皇朝中興紀事本末卷十）詔添發運副使，從太后往江西，以直秘閣劉寧止爲之。仍命龍神衛四廂都指揮使楊惟忠領兵萬人以從。初，有司月供太后錢一千緡，后聖性儉約，至是斥賣本殿絹二十匹充費〔七六〕，上方知尋常用度不足，因謂宰執曰：「朕事太后，與所生母同，近買得衣絹千匹〔七七〕，即先分獻，飲食亦然。今往洪州，未有回期，除禁中自分納外，令户部供錢、絹各二萬，銀一萬，可趣令辦之。」

資政殿學士、權知三省樞密院事李邴，與左僕射呂頤浩議不合，力丐罷。詔以本職提舉洞霄宮。〔七八〕

壬子，更命資政殿學士滕康權知三省樞密院，而擢吏部尚書劉玨爲端明殿學士，以貳之。賜康等手詔，許綴宰執班奏事〔七九〕，寓治都堂。於是，頤浩言：「人謂陛下雖下詔固守建康，而陰爲避寇之計〔八〇〕，如曾楙尚疑之，況小民乎？宜量留嬪御，掌批奏牘，以固人心，且免令内臣權管，恐其不密，或緣此開端。」上納之。

壬戌，隆祐太后登舟以行。

東京副留守、殿帥郭仲荀以虜逼京城〔八一〕，軍儲告竭，乃領兵赴行在。都人從之南來者以萬數，遂以京畿轉運使上官悟爲東京留守。〔八二〕悟，邵武人，均子也。

詔浙西安撫司移於鎮江府，仍改杭州爲臨安府，帶管内安撫使。丙寅，【新輯】上謂宰執曰：「國用匱乏，政以所費處多。」呂頤浩曰：「用兵費財，最號不貲。故漢文帝不言兵而天下富。」上曰：「用兵與營造，最費國用，深可戒也。」（輯自皇朝中興紀事本末卷十）

上聞道君遣二内臣、二宫女，將與高麗人使同至。壬申，謂宰執曰：「朕聞之，一則以喜，一則以悲。朕別二聖已三年，忽得安信，豈不喜？但道君當承平之久，以天下奉一人，今彼中凡百纛陋。而朕居深宮廣殿，極不遑安。且朕父母兄弟及妻皆在異域，唯一子又薨，孑然一身，當此艱難，所以悲也。」玉音未已，潸然淚下。呂頤浩曰：「願陛下少寬聖抱，力恢中興之業。」周望曰：「此必金人之意，若非彼意，數人者雖至高麗，高麗亦不肯令來。」上曰：「然。」

甲戌，兵部尚書謝克家言：「今之官冗，外方尤甚，如添招弓手，董以舊尉足矣，乃更置新尉。又諸州不分大小，例置訓練官三員，請悉罷之，以紓民力。」又言：「官軍單寡，而郡縣皆有土豪，宜令自相推擇有智勇者，各守一方。」又言：「有闕官處，乞許郡守自辟，吏銓無礙，則付以告身。若其徇私，則監司、御史得以糾之。」又言：「京東西及江、淮悉爲榛莽，難用常法，宜建藩鎮，文武並授，令便宜從事，財賦亦聽自用。如捍虜有功〔八三〕，則許世襲。」又言：「國典不存，宜詔諸郡訪求傳録，俟駐蹕既定，悉上送官。凡此皆急務也。」

〔校勘記〕

〔一〕并復建炎年號　案：復建炎年號，繫年要録卷二三繫於「庚戌」，并以戊申爲誤。

〔二〕勝非又奏二兇未有以處　「以」原作「一」，據皇朝中興紀事本末卷九改。

〔三〕乃並除淮南兩路制置使　案：繫年要録卷二二載「苗傅爲淮西制置使，劉正彦副之」。

〔四〕是日　案：繫年要録卷二二繫於「庚戌」。

〔五〕朝廷諸將皆集兵皇城門外　「兵」原脱，據皇朝中興紀事本末卷九及繫年要録卷二二補。

〔六〕辛亥　案：繫年要録卷二二繫於「庚戌」。

〔七〕壬子　案：繫年要録卷二二繫於「庚戌」。

〔八〕惟同僉書樞密院事李邴遷尚書左丞　「同」原脱，據皇朝中興紀事本末卷九及繫年要録卷二二補。「尚書左丞」，三朝北盟會編卷一二七及繫年要録卷二二作「尚書右丞」，疑是。

〔九〕倉部郎中張虞卿等一十九人　「倉部郎中」，繫年要録卷二一辛巳條注文考證云：「按：日曆，虞卿以今年四月戊午除虞部員外郎，此時勝非已去矣，當建言時，未爲倉部。克誤也。勝非閑居録亦不云虞卿爲何官，今闕之。」

〔一〇〕虞卿建安人也　案：繫年要録卷二一辛巳條據洪邁夷堅甲志載「卿，齊賢裔孫，居伊陽」。

〔一一〕定國軍承宣使　「宣」原脱，據皇朝中興紀事本末卷九及繫年要録卷二二補。

〔一二〕餘皆進秩二級　「二」原作「一」，據皇朝中興紀事本末卷九及繫年要録卷二二改。

〔一三〕趙鼎事實曰　案：此段記事原作正文，據皇朝中興紀事本末卷九及廣雅本改爲注文。

〔一四〕鼎至杭　「鼎」原脱，據皇朝中興紀事本末卷九補。

〔一五〕虜犯淮甸　「虜犯」原作「敵攻」，據皇朝中興紀事本末卷九改。

〔一六〕戊午户部尚書孫覿除龍圖閣直學士　「戊午」，繫年要録卷二二據日曆繫於「庚申」；「直」原脱，據皇朝中興紀事本末卷九及繫年要録卷二二補。

〔一七〕左丞李邴改參知政事　「左丞」，繫年要録卷二二作「右丞」。

〔一八〕詔都亭驛同文館並罷　「亭」原作「停」，據皇朝中興紀事本末卷九改。

〔一九〕工部尚書王綯除資政殿學士　「工部」原作「禮部」，據毘陵集卷一三王公墓誌銘及繫年要録卷二二改。

〔二〇〕朝廷遣統制官巨師古將兵討江東賊趙不忙　「江東」原作「山東」，據皇朝中興紀事本末卷九及繫年要録卷二一二改。

〔二一〕勢未可擒　「勢」原作「時」，據皇朝中興紀事本末卷九及繫年要録卷二二改。

〔二二〕紓又請繫之　「繫」原作「擊」，據皇朝中興紀事本末卷九改。

〔二三〕詔除直顯謨閣　「直」原脱，據皇朝中興紀事本末卷九及輿地紀勝卷三五人物補。

〔二四〕叛臣劉豫據濟南以降虜　「虜」原作「金」，據皇朝中興紀事本末卷九改。下同。

〔二五〕正民未幾真除中書舍人　「真」原脱，據皇朝中興紀事本末卷九補。

〔二六〕上擢康爲翰林學士　「康」原脱，據皇朝中興紀事本末卷九補。

〔二七〕時虜在傅軍　「虜」原作「擄」，據皇朝中興紀事本末卷九改。

〔二八〕偕妥及其愛將張政西走至歙鋒村　「歙」，皇朝中興紀事本末卷九作「劒」。

〔二九〕妥覺不免　「妥」，皇朝中興紀事本末卷九作「政」。

〔三〇〕林杞遺事曰　案：此段記事原作正文，據廣雅本及皇朝中興紀事本末卷九改爲注文。

〔三一〕募士詹標擒傅與其徒張政以至　「募」，廣雅本作「幕」。

〔三二〕况太尉自浙右提師破賊而追至此　「此」原脱，據皇朝中興紀事本末卷九補。

〔三三〕壬辰　原作「甲辰」，據繫年要録卷二三改。

〔三四〕龍圖閣直學士提舉萬壽觀詹乂兼權直學士院　「乂」原作「義」，據皇朝中興紀事本末卷九及繫年要録卷二三改。下同。

〔三五〕丁酉　繫年要録卷二三據日曆繫於「丁未」。

〔三六〕上方擇人使虜　「虜」原作「金」，據皇朝中興紀事本末卷九改。

〔三七〕詔皓兼淮南京東撫諭使　「京東」原作「京南」，據皇朝中興紀事本末卷九改。

〔三八〕責守臣趙立　「守臣」原作「守城」，據皇朝中興紀事本末卷九及廣雅本改。「趙立」，繫年要録卷二三作「賈敦詩」，并考證「趙立」爲誤。

〔三九〕三省樞密院置賞功司　案：據繫年要録卷二四甲寅條考證：「賞功司乃建炎元年六月乙卯李綱所置，至此始罷之。」

〔四〇〕甲寅　案：繫年要録卷二四繫於「乙卯」。

〔四一〕康見上曰　「康」原作「秀王」，據皇朝中興紀事本末卷九及繫年要録卷二四改。

〔四二〕南夫治郡緩不及事　「及」原作「急」，據皇朝中興紀事本末卷九及繫年要録卷二五改。

〔四三〕亦罷南夫而以兵部侍郎湯東野兼知建康府　案：此記事，繫年要録卷二五據日曆繫於「七月庚子」，并考證認爲湯東野爲「工部侍郎」，而非「兵部侍郎」。

〔四四〕秘閣修撰知廬州胡舜陟言　「秘閣修撰」，繫年要録卷二五作「集英殿修撰」。并據日曆考證胡舜陟於五月戊子已除集英殿修撰。「秘閣修撰」誤。

〔四五〕虜人見侵　「虜」原作「金」，據皇朝中興紀事本末卷一〇改。

〔四六〕稍摧犬羊　「犬羊」原作「敵鋒」，據皇朝中興紀事本末卷一〇改。

〔四七〕足以捍虜　「虜」原作「敵」，據皇朝中興紀事本末卷一〇改。

〔四八〕「德緣兵敗自慚」至「故特加害且」　此二十三字原脱，據皇朝中興紀事本末卷一〇補。

〔四九〕乃編置德於江州　「江州」，繫年要録卷二五作「郴州」，并考證江州爲誤。

〔五〇〕案：鄭轂卒，繫年要録卷二五繫於「戊子」。

〔五一〕金虜寇京東　「虜寇」原作「人入」，據皇朝中興紀事本末卷一〇改。

〔五二〕命平寇前將軍范瓊禦之　「禦之」原脱，據皇朝中興紀事本末卷一〇補。

〔五三〕瓊領兵轉入江西　「瓊」原脱，據皇朝中興紀事本末卷一〇補。

〔五四〕夕引道可也　「道」原作「退」，據皇朝中興紀事本末卷一〇改。

〔五五〕未肯釋兵　「未」下原衍「嘗」，據皇朝中興紀事本末卷一〇及繫年要録卷二五删。

〔五六〕壬辰　案：繫年要録卷二五將范瓊下大理獄繫於「丁亥」，壬辰處死范瓊。

〔五七〕爲之設食　「設」原作「計」，據皇朝中興紀事本末卷一〇及廣雅本改。

〔五八〕誓殺金賊　「賊」原作「人」，據皇朝中興紀事本末卷一〇改。

〔五九〕金虜頗畏之　「虜」原作「人」，據皇朝中興紀事本末卷一〇改。

〔六〇〕彦以疾留真州　「真」原作「其」，據皇朝中興紀事本末卷一〇改。

〔六一〕詔朝奉郎監諸司審計司崔縱除右文殿修撰　「審計司」原作「審計院」，據繫年要録卷二五及宋史卷四四九崔縱傳改。

〔六二〕充奉使大金軍前使　後一「使」原脱，據繫年要録卷二五補。案：出使事，繫年要録卷二五繫於「丁酉」。

〔六三〕時金虜左副元帥粘罕自東平府歸雲中　「虜」原作「人」，據皇朝中興紀事本末卷一〇改。下同。

〔六四〕二酋不許　「酋不許」原脱，據皇朝中興紀事本末卷一〇補。

〔六五〕大酋許之　「酋」原作「將」，據皇朝中興紀事本末卷一〇改。

〔六六〕仍留左監軍撻辣屯濱州　「撻辣」原作「達喇」，據原注及皇朝中興紀事本末卷一〇回改。下文遇此徑改，不出校。

〔六七〕付兀朮將之入寇　「寇」原作「攻」，據皇朝中興紀事本末卷一〇改。下同。

〔六八〕「上以金虜將入寇」至「詔略曰」　案：繫年要録卷二五建炎三年七月壬寅條注文考證云：「按：日曆六月乙亥，上已降御筆及此事。今但以臨行申諭諸路耳。今於六月乙亥、七月壬寅，各隨事書之，庶見本末。」

〔六九〕國制搶攘　「攘」原作「擾」，據皇朝中興紀事本末卷一〇改。

〔七〇〕悉屬行營　「行」原作「其」，據皇朝中興紀事本末卷一〇改。

〔七一〕金虜試舉人于蔚州　「虜」原作「人」，據皇朝中興紀事本末卷一〇改。

〔七二〕太原帥張孝純因城陷降虜　「虜」原作「金」，據皇朝中興紀事本末卷一〇改。

〔七三〕虜莫能强　「虜」原作「敵」，據皇朝中興紀事本末卷一〇改。下同。

〔七四〕寧死不汚於僞　「僞」原作「敵」，據皇朝中興紀事本末卷一〇改。

〔七五〕陷虜十年　「十年」，繫年要録卷二八作「五年」。案：靖康元年河東失陷，至建炎三年僅四年。

〔七六〕二十四充費　「二十四」，皇朝中興紀事本末卷一〇作「二千匹」。

〔七七〕近買得衣絹千匹　「千匹」，皇朝中興紀事本末卷一〇作「數千匹」。

〔七八〕案：權知三省樞密院事李邴以本職提舉洞霄宫，繫年要録卷二六繫於「壬子」。

〔七九〕許綴宰執班奏事　「班」原脱，據皇朝中興紀事本末卷一〇補。

〔八〇〕而陰爲避寇之計　「寇」原作「敵」，據皇朝中興紀事本末卷一〇改。

〔八一〕東京副留守殿帥郭仲荀以虜逼京城　「虜」原作「敵」，據皇朝中興紀事本末卷一〇改。

〔八二〕案：郭仲荀南去、上官悟爲東京留守事，繫年要録卷二六繫於「乙丑」。

〔八三〕如捍虜有功　「虜」原作「敵」，據皇朝中興紀事本末卷一〇改。

中興小紀卷七

建炎三年閏八月丁丑朔，詔百官議：「朕今定居建康，不復移蹕，與右趨岳鄂，左駐吴越，孰安孰危？其明以告朕。」於是，宰執召百官詣都堂，應詔條具者二十五封，皆以岳、鄂道遠，恐饋餉難繼。又慮聖駕一動，江北羣盜必乘虚以窺吴越，則二浙非我有矣。戊寅，上猶未觀，吕頤浩等曰：「祖宗時遇大事，亦召公卿集議。」上曰：「但恐封事中趣嚮不一，大凡公生明，偏生闇。人能至公，議論自有見處。昔真宗澶淵之役，陳堯叟蜀人，則欲幸蜀；王欽若南人，則欲幸金陵；唯寇準決策親征。人臣若不以家謀，專以國計，則無不利矣。」

初，宰執奏淮西制置使胡舜陟請專治軍旅，前迎大敵，仰護行在。王綯曰：「舜陟語甚壯，似可托以方面。」上曰：「言未可信，須在行事。」宰執奏在六月壬子，今聯書之。至是，改舜陟爲沿江制置使。知建康府湯東野令隨駕應辦，仍先往平江府。見知平江府孫覿落職罷，以資政殿學士李邴代之。

乙酉，上謂宰執曰：「士大夫間有言李綱可復用者，朕以其人心雖忠義，但志大才疏，用之必至誤國，故不復用。」呂頤浩曰：「志大才疏，誠如聖諭。」上曰：「如聽邢倞之計，遂結余堵〔一〕，虜人至今以爲釁端〔二〕。」周望曰：「如宣撫河東以救太原〔三〕，先於河陽置納級庫，虜聞而笑之，亦足見其疏也。」時倞知鼎州，未幾，以倞始禍，除名，送英州編管。貶倞在九月辛酉，今聯書之。

丁亥〔四〕，以右僕射呂頤浩爲左僕射，同知樞密院事杜充爲右僕射，並同平章事兼御營使。

是日，上詔諸將張俊、韓世忠、辛企宗等，問以移蹕之地，俊、企宗勸上徑之潭州。世忠後至，曰：「官家已失河北、山東，若又棄江淮，更有何地？」上乃令內侍官押三人就都堂商議。戊子，宰執入奏，上曰：「昨世忠欲往吳越，吳越則我可以戰，俊、企宗不敢戰，故欲避於湖南。朕遂令引去商議。朕自聞遠避之說，怫鬱不平，至晚不食。朕嘗思金人所恃者，騎衆爾。浙西水鄉，騎雖衆，不得騁也。」呂頤浩曰：「誠如聖訓。」上曰：「人心安定，吳越可居；人心動擾，雖至川廣，恐舟中皆敵國。」頤浩曰：「金人之謀，以陛下所至爲邊面，今當且戰且避，但奉陛下於萬全之地，臣願留常、潤死守。」上曰：「朕左右豈可無宰相？」周望曰：「臣觀翟興、李彦仙輩以潰卒羣盜，猶能與金賊對壘〔五〕，堅守陜、洛〔六〕。臣等爲宰執，若不能死守，異日何顏見興、彦仙輩也？」上曰：「張守請留杜充守建康。」頤浩曰：

「臣等與韓世忠議，亦如此。」上曰：「善。」遂決吴越之行，與張浚前所請武昌之議變矣。仍令世忠守鎮江，劉光世守太平及池州。自餘諸將分守沿江。詔杜充兼江淮宣撫使，領行營之衆十餘萬，以節制諸將。

戊子〔七〕，百官迎太廟神主於清涼寺以行。

先是，右正言吕祉言：「安遠軍節度副使范致虛才，在今日可當一面，雖有過，宜棄瑕用之。」召至行在。己丑，賜對，而右諫議大夫富直柔力詆致虛不當復用，遂除致虛知鼎州，祉亦隨罷言職。

癸巳，【新輯】隆××祐太后御舟至南康軍。乙未，過落星寺，六宫及後軍舟飄覆五六十隻，惟太后舟無虞。

壬寅，上發建康府，幸浙西。初，太白犯前星，次逼明堂只一舍，上心甚懼。至是，稍北，復歸黄道。上語宰執曰：「天之愛君，猶父之於子，見其過，告戒之，及懼而改，則益愛之。」王綯曰：「今夜必益遠。」既而果然，雖古人三言而熒惑退舍，殆不過此。（輯自皇朝中興紀事本末卷一〇）

時江東宣撫使劉光世、江浙制置使韓世忠各持重兵，畏杜充嚴峻，論説紛紛。光世見駐軍江州，乞不受充節制。上怒曰：「豈容如此跋扈？」遂詔：「充除相，出自朕意，令盡護諸將，光世如尚敢違，當寘之法。」光世乃即時渡江，而世忠移屯江陰軍、常州境上。於是，光世奏起流人王德，復爲統制官。

上自發建康，陸行之日，皆霽。癸卯〔八〕，次鎮江府，乃降微雨。

初，陳東以言事被誅。至是，參知政事王綯言：「此東之鄉里。」上命以金賜東家，且官其子。綯退，語人曰：「乃知東死非上意也。」

甲辰〔九〕，上次常州。

乙巳，御營前將軍張俊入見，陳所統兵事。上曰：「近來諸將要多兵，則朝廷難制，惟卿不然，自隨朕五年，備見赤心，亦欲卿知爾。」

叛臣劉豫在東平府，遣人説東京留守上官悟，令降於金虜〔一〇〕。悟斬其使，豫乃賂悟之左右喬思恭等，與之同説，悟復斬之。

時禮寺典籍散佚亡幾，太常博士張宗元白宰執，謂宜遣官往京城訪故府，取見存圖書，悉輦而來，以備掌故。此若緩而甚急者。宰執不能用。宗元，方城人也。

宣撫制置使張浚至襄陽，留幾二十日，召帥守、監司，令預儲蓄，以待聖駕西幸。王之望記西事曰：「浚之至襄陽也，留幾二十日，程千秋、王擇仁之軍咸在，及諸盜之未降者，凡數萬人。浚謂襄陽乃喉衿之地，因薦千秋爲京西制置使，假以便宜，許之久任〔一一〕，自屬郡守貳以下，皆得誅賞。」〔一二〕

浚方思攬豪傑爲用，時新除御營使司提舉事務曲端，前在陝西，屢嘗挫虜。浚欲仗其威聲，乃承制拜爲威武大將軍、本司都統制。於是有詔賜端，略曰：「卿久提貔貅之師，式遏犬羊之衆〔一三〕。覽行臺之近奏，知分閫之賢勞，已建隆名，俾護諸將，兼制五路，折衝二邊。庶展盡於猷爲〔一四〕，豈復憂於讒間。」學士張守詞也。

九月丙午，諜報金虜又陷登州，左監軍兀朮將自登入海道以窺江、浙，而右僕射杜充在建康，距錢塘、明、越道途繚繞，慮失事機。時江浙制置使韓世忠駐軍江陰，是日，宰執請以鎮江隸世忠，而常、蘇、圖山諸處控扼官軍，並隸御營使司。上曰：「善。」又請以世忠充兩浙沿江守禦使。上曰：「未可。此曹少能深識義理，若權勢稍盛，將來必與杜充争衡，只令兼圖山足矣〔一五〕。」

辛亥，上至平江府。

時金虜已破單州、曹州。壬子，侵南京。

先是，左僕射吕頤浩欲自留平江府，若胡騎侵軼〔一六〕，則督諸將力戰。乃命僉書樞密院事周望宣撫江湖，駐兵鄂渚，以控上流。既而，上以頤浩不可離行在，改除望爲兩浙宣撫使，提重兵留于平江。又以翰林學士張守爲端明殿學士、同僉書樞密院事。

户部侍郎李棁遷尚書〔一七〕。棁，臨沂人，靖康時爲執政。至是，再用之〔一八〕，使往建康，督饋餉以贍沿江諸軍。

高麗國王楷欲遣使入貢。丙辰，詔止之。略曰：「比年多故，强敵稱兵，如行使之果來，恐有司之不戒。俟休邊警〔一九〕，當問聘期。」直學士院汪藻詞也。

金虜陷沂州。

詔新改官人張邵特轉五官，除直龍圖閣、借禮部尚書，奉使大金軍前，武翼郎楊憲借忠州防禦使，副之。

宿泗等州都大捉殺使李成奏：「所統軍衆，天寒無衣，今艱難之際，府庫不充，欲望量賜支絹，以激戰士。」癸亥，詔户部輟二萬匹賜之。

己巳，詔：「朕累下寬恤之詔，而迫於經費，未能悉如所懷。今聞東南和預買絹，其弊尤甚，可下江、浙，減四之一，以寬民力。仍俵見錢，違寘之法。」

壬申夜，潭州卒亂於城南，殺一兵官。守臣向子諲遣人招安，畏其黨，不能盡誅。子諲，敏中五世孫也。

癸酉〔二〇〕，上謂宰執曰：「有爲朕言：『移蹕浙東，人情未孚，宜降詔具述，初非朕意，悉出宰執，庶幾軍民不怨。』朕既爲天子，當任天下之責，舉措未當，豈可歸過大臣？」王綯曰：「古之賢君，不肯移災股肱，無以過此。」

初，金虜既陷延安府，而帥臣郭浩寄治德順軍，浩，德順人也。虜遂趨慶州〔二一〕，環慶帥王似選勁兵要擊於險，虜不能進。詔加似徽猷閣直學士。至是，大酋婁室孛堇引衆渡渭河〔二二〕，侵永興軍。甲戌，帥臣郭琰棄城遁去〔二三〕。

是月，以兵部尚書謝克家爲徽猷閣學士、知泉州。

中丞范宗尹一日因奏事言：「趙鼎由司諫遷殿中，非故事。」上曰：「朕除言官，即置一簿，考其所言多寡，此祖宗舊制，外廷未必知也。」鼎所言四十事，已行三十六事，即除鼎侍御史。

金虜分河間、真定二府爲河北東、西兩路〔二四〕；平陽、太原二府爲河東南、北兩路；去中山、慶源、信德、隆德府號，皆復舊州名；自餘軍壘，亦多改焉。下令禁民漢服，及削髮不如式者皆死。

冬十月戊寅，上發平江府。

【新輯】癸未，上至臨安府。

庚寅，上御舟濟江，幸浙東。

辛卯，金虜陷滁州〔二五〕。（輯自皇朝中興紀事本末卷一〇）

山東賊首郭仲威至通州，受宣撫使周望招安，望以便宜補官，令屯平江府。

【新輯】壬辰，上至越州，因晚朝，謂宰執曰：「朕自建康至此，並無擾民〔二六〕，欲赦所經州縣。朕誠知數赦非良民之幸，但金人牓文，要動摇民心，使歸怨國家，强使從彼。因赦諭以朕意，謂巡幸非出得已，事定當議蠲除，令詞臣深知此意。」（輯自皇朝中興紀事本末卷一一）

戊戌，金虜犯壽春府〔二七〕，官吏以城降。

壬寅〔二八〕，宣撫處置使張浚抵興元。於是，浚言：「漢中，實形勢之地。已理財積穀，願陛下於來夏早爲西行。前控六路之師，後據兩蜀之粟；左通荆襄之財，右出秦隴之馬；天下大勢，斯可定矣。」浚知主管川陝茶馬趙開有心計，即承制以開兼本司隨軍轉運使，總領四川財賦。開言：「蜀民已困，獨榷率尚有贏餘，而貪猾認爲己私，惟不恤怨詈，斷而行之，庶救一時之急。」浚以爲然。開於是大變酒法，自成都始，先罷公帑賣酒，即舊坊場所置隔槽，設官主之，麴與釀具，官悉就買，聽釀户各以米赴官自釀。凡米一石輸錢三千，其釀之多寡，惟錢是視，不限數也。既遂行於四路，又依成都府法，於秦州置錢引務，興州鼓鑄銅錢，官賣銀絹，聽民以錢引或銅錢買之。凡民錢當入官，並聽用引折納，官支出亦如之。民私用引爲市於一千及五百上，許從便加擡〔二九〕，惟不得擅減錢引法。民頗便之。

十一月乙巳朔，金虜陷廬州。

戊申，犯和州〔三〇〕，守臣李儔以城降。

己酉，金虜陷無爲軍，守臣李知幾挈帑藏與民，渡江南歸。知建康府胡舜陟改除兩浙宣撫司參謀官，以刑部侍郎陳邦光代之。〔三一〕

時隆祐太后頓洪州，而金虜已自黄州渡江，御營副使劉光世復還江州，亟遣統制官王德拒之于興國軍，德敗績，光世馳輕騎以聞。壬子，太后退保虔州。〔三二〕戊午，虜騎至洪〔三三〕，而太后去已七日，守臣王子獻棄城走。吉州守臣楊淵亦棄城走。虜騎至撫州，執守臣王仲山。子獻，建陽人；仲山，珪子也。於是，福建諸州震恐。光世退屯南康軍，而四廂都指揮使楊惟忠所領衛兵亦潰，其將傅選、司全皆反爲盜，以掠諸州。後乃復歸。趙鼎扈從録曰：「洪州御史臺申太后移赴虔州，至吉之太和縣，楊惟忠前後軍連兩日作亂，內人被害者甚衆。方兵亂時，太后、賢妃用村夫荷轎，更無一人扈衛者。」

時虜又犯湖南之境〔三四〕，帥臣向子諲遣兵禦之，不敵，虜至潭州城下〔三五〕，攻圍八日，城破，子諲率衆死戰，奪門以出，駐于湘西。虜縱掠四日而去〔三六〕。子諲復入城，後以失城，罷之。

庚申，金虜陷真州〔三七〕，守臣向子忞棄城保沙上。子忞，子諲弟也。

右僕射杜充在建康，會諜言李成師老可擊，充遽遣兵而金賊大至〔三八〕，與成併力入寇烏江縣〔三九〕。充聞虜至〔四〇〕，以其軍六萬人列戍江南岸，而閉門不出，師無統一。壬戌，虜至馬家渡渡江，充急遣都統制陳淬同統制官岳飛等一十七員，領兵二萬與賊死戰。時御前前軍統制王璦受充節制，乃引軍先遁。岳飛等軍既敗，退屯蔣山，以俟再戰，然皆無鬭志。丙寅夜，皆引去。丁卯，充領親兵三千絕江而北。時上遣内侍任源至充軍前，道梗不達，以狀申充。充即附奏，以謂：「初乞御營諸將聽其節制，實無妄自尊大之意，但欲人情相諳，緩急可使。今者劉光世遠在九江不得使，韓世忠近在鎮江不能使，儻王璦有心報國，當陳淬等接戰之際，乘勢向前，番賊必敗〔四一〕，豈有今日？璦之不忠，萬死有餘。臣今在儀真，檄召滁、泗二州趙立、劉立等集兵，却回鎮江，以護天室，此區區困獸之志也。」於是，虜入建康〔四二〕，户部尚書李棁、知建康府陳邦光皆降，通判廬陵楊邦乂獨不降〔四三〕，見大酋兀朮詈之曰〔四四〕：「汝夷狄而圖中原〔四五〕，天寧久假，行誅汝矣。尚安能汙我。」遂爲所害。葉夢得避暑録曰〔四六〕：「兵興以來，未見以大節名世者。在建康得一人，曰通判楊邦乂，嘗表諸朝，爲請謚而立廟。」又夢得褒忠廟記曰：「虜入建康，李棁與陳邦光不能守，棁先降，邦光欲棄城去，後亦降。通判楊邦乂力拒不從，大書其衣裾曰：『寧作趙氏鬼，不爲他邦臣。』以授其僕，曰：『持此以見吾志，吾即死矣。』棁、邦光愧謝，猶强擁邦乂上馬，即郊次，與俱見僞四太子〔四七〕，命使拜。邦乂叱曰：『我不降，何拜？』亟遁歸，卧其家。虜雖暴，猶未敢辱邦乂也。明日，遣張太師好說邦乂，授以舊官，邦乂以首觸階陛曰：『我已志死，何多誘我爲？』虜大驚，捽止之，徐曰：『公所守固高，柰勢不可何？第歸審思之，吾明日復見公。』邦乂退，亟移書其酋曰〔四八〕：『世豈有不畏死而可利動者？幸速殺我，無久留我死。』明日，其酋燕〔四九〕，棁、邦光坐堂上。樂方作，召邦乂立庭下，邦乂瞠視棁、邦光，叱曰：『天子以若拒賊〔五〇〕，不能抗，俛首求活，犬豕已不若，復與共燕樂，尚有面目見我乎？』賊將有起取幅紙，書『死、活』二字，佯脅邦乂曰：『公無多言，即欲死，趣書死字下，我乃信。』邦乂視吏有簪筆，持文書側立，即躍起，奪其筆，引手掣紙，書字曰『死』，虜相顧色動，又使引去。明日，再以見僞四太子〔五一〕，邦乂不勝憤，遥望大罵曰：『若夷狄而圖中原邪，天寧久假汝，行磔汝萬段，尚安得汙我？』虜怒，使人疾擊之，梃交下，邦乂罵不絶口，遂殺之。」

乙丑〔五二〕，杭州守臣康允之奏：「金人數道並入，已自采石濟江。」朝廷以未得杜充、周望報，衆情大駭，集侍從官議。時給事中汪藻、中書舍人李正民議，欲上移蹕平江，親督諸將拒敵，緩急則登海舟以避之。辛臣吕頤浩又同從官對於便坐，或謂宜遣兵將，或謂宜募敢戰士前去，而頤浩請自行。議未决。是午，周望録到杜充書，謂虜騎至和州〔五三〕，充親督師詣采石防江，朝廷稍安。然不知建康已陷矣。

時又慮虜騎自江、黄間南渡，或徑趨衢、信，以逼行在。乃命中書檢正官傅崧卿爲浙東防遏使，令募土豪，集鄉兵，以守衢、信陸路。崧卿，山陰人，墨卿弟也。

丙寅，諜報金虜已渡江〔五四〕。從官入對，慮胡騎不測馳突〔五五〕，請以殿帥郭仲荀輕兵三千，從駕至平江，倚周望、韓世忠兵以爲重，且謂仲荀方自杭來，其兵之老幼未至，易作去計，乃令張俊兵以次進發。上以俊重兵不可留，遂决議皆行，退命直學士院汪藻草詔，「朕當移蹕浙西，爲迎敵之計」。

己巳，上發越州。庚午，至錢清鎮〔五六〕，得杜充奏，大戰江上，我師敗績。又康允之報，賊犯臨安府界〔五七〕，長驅而來。上亟詔回鑾，侍從官晚對于河次亭上，侍御史趙鼎以爲：「衆寡不敵，勢難與戰，且姑避之。」左僕射呂頤浩乃請上航海。時廷臣所論多不同，吏部侍郎、御營參贊軍事鄭望之尤以爲非便，惟户部侍郎葉份、中書舍人綦崈禮曰：「若别有策，甚善，不然，舍海道將安之？」望之，彭城人；崈禮，北海人也。頤浩請令侍從官以下各從便而去。上曰：「士大夫當知義理，豈可不扈從？」於是，郎官以下多留越，亦有徑歸者。

初，上之在建康也，御史中丞范宗尹言：「金人爲國大患，戰之不能勝，禦之不能却，國已敝矣。兩河陷没，陛下駐蹕維揚，虜騎遽至〔五八〕，僅能匹馬渡江。至錢塘未閱月，而苗、劉之變生於肘腋，此皆禍之大者。其小者不可悉數，大抵所爲皆不成，所向皆不利，豈徒人謀乖剌，實由天意之未回也。苟不能隱忍順受，以紓目前之急，深恐天意不測，别致非常之禍，此臣之所以日夜寒心也。設若虜騎深入，當以控扼之事責之將相，陛下姑引而避之。言至於此，可謂無策。然譬人之大病垂絶，投之善藥，但得不死，則徐議補治。陛下誠能側身修行，以享天心，發政施仁，以從民欲，選將練卒，繕甲儲糧，數年之後，以弱爲强，孰曰不可？則今日之無策，乃爲異時之長策也。」至是，以宗尹爲參知政事。

又以侍御史趙鼎爲中丞，殿前都指揮使郭仲荀爲兩浙宣撫副使，與御營都統領辛企宗並留越州。又以御營前軍統制張俊爲浙東制置使。

癸酉，上出門，時連雨泥淖，吏卒暴露，命兩浙漕臣莆田陳國瑞沿路犒設衛士〔五九〕，肉纔有六百斤，炭倍之而已。

先是，京西制置使程千秋在襄陽，而所降桑仲有衆數千，屯漢水之北。時商賈巨舟無數，載四方之貨，皆列于南岸，以傍府城。舟中多至百人，少亦數十，各有兵械自護，緩急亦能併力禦寇。千秋一日下令，欲盡拘之。商賈曰：「此利吾貨也。」中夕悉遁去。説者謂千秋自徹藩籬，已見失策。又城中統兵官有李忠及號徐大刀、曹火星者三人，仲遣人以二馬遺徐曰：「本欲取襄陽，而兄在焉，今且去勤王矣。」徐以良甲二報之。千秋怒其與賊通，因長至日，諸將列賀，執而誅之，一軍皆憤，奔以告仲。仲曰：「我以兄故不入襄陽，今千秋乃敢殺吾兄。」遂回軍攻城，千秋遣曹火星出戰，又使一將援之。曹曰：「徒撓我軍政，不須爾。」獨與仲戰一晝夜，殺傷相當。黎明，仲盡驅良人，各持竹一竿，第見城外青竹蔽野，仲軍繼之。曹再戰，遂大敗。仲入據襄陽。千秋遁去，仲追之不及。王之望記西事曰〔六〇〕：「張浚用程千秋，久之，又疑其跋扈，乃以郭永爲檢察軍馬，李允文爲京西憲，使左右掣其肘。二人傾險輕躁，欲得其處，更謀撓之，使不得有所爲。既又奪其便宜，諸將以故解體，遂至於敗。千秋之庸謬固足以敗襄陽，然觀浚所以用之，政使能者亦未能有功也。」

宣撫處置使張浚至秦州置司，節制五路諸帥，纔數日，即出行關陝，移環慶帥王似知成都府〔六一〕，而以武臣趙哲代之〔六二〕。於是，參議軍事劉子羽薦涇原都監吴玠，浚與語，大悦，拔爲統制官，又以其弟小使臣璘領帳前親兵。

十二月乙亥朔，金虜犯臨安府〔六三〕，守臣康允之退保赭山。錢塘縣令朱蹕白允之，自帶本縣及仁和縣弓手、土軍於前路款敵，使杭民無逃死計〔六四〕。行二十里，遇虜騎，蹕兩中流矢，左右掖至天竺，猶能率鄉兵以擊賊，後數日，遇害。蹕，安吉人也。

初，鎮江府無守兵〔六五〕，獨恃浙西制置使韓世忠之軍以爲固。時世忠引兵駐江陰，而建康潰卒戚方等迫城以萬計，守臣胡唐老度不能支，因撫定之。無何，方欲犯浙西，妄言赴行在，請唐老部衆以行。唐老不從，戊寅，爲方所害。

己卯，上次明州，召集海舟甚急。先自中春，遣監察御史莆田林之平往福建募船千隻。至是，相繼而至，朝廷甚喜。參知政事王綯曰：「豈非天助也？」上曰：「亦非偶然。」

辛巳，戚方等犯常州，守臣周杞守子城以拒賊，亟遣統領赤心隊官、朝請郎劉晏出戰，遂破之。

時杜充下諸將潰去，多行剽掠，獨統制官岳飛屯宜興縣，不擾居民，晉陵士大夫避寇者〔六六〕，皆賴飛以全，故時譽翕然稱之。

壬午，上將登海舟，只帶親兵三千餘人。呂頤浩逢辰記言精兵萬餘人，與此不同。

隨駕有衛士張寶、譚煥等不欲入海，謀作亂，因宰執入朝，百餘輩噪而前，呂頤浩怒詰之，范宗尹曰：「此豈可以口舌爭？」引其裾入殿門，門閉，衆不得入。上遣内侍宣諭，衆遂定，命中軍都統制辛永宗勒兵捕寶、煥輩十七人誅之，餘黨分隸諸軍。除衡門外，盡廢其直。趙鼎事實曰〔六七〕：駕之幸四明也，敵騎侵迫，乃議登舟，以一舟處班直六十人，人不得過兩口。諸班相語曰：『我有父母、有妻子，不知兩者如何去留？』訴於皇城司内侍陳宥，宥不能決，令自陳于朝。人衆語喧，有肆惡言者。蓋激於一時，非本謀也。後數日，擒之，斬其同謀二十餘人。

時金人已渡浙江，知越州李鄴奏聞。甲申，宰執早朝〔六八〕，上於御袍中出示之。乙酉，上登舟。

戊子，詔六曹、百司官吏，從便寓於明、越、温、台諸處。於是，左右司、御營使司參議官以次皆留〔六九〕，時留者有兵火之虞，去者有風濤之患，皆面無人色。此據趙鼎扈從録。

【新輯】辛卯，上次定海縣，聞有虜使至，不欲令朝行在，即命范宗尹、趙鼎、汪藻復回明州修報，且令宗尹盡護諸將。（輯自皇朝中興紀事本末卷一一）

壬辰，宗尹等至明，有昨隨崔縱奉使人盧仲自虜中歸，時虜破和州，得歸朝官程暉，令與伸偕來，所携國書，語極不遜，既非專使。宗尹遂不奏〔七〇〕。

癸巳，上次昌國縣，命户部郎官李承造往台州刷錢帛〔七一〕。杜充所遣屬官直徽猷閣陳起宗至，言充敗，欲引衆趍行在，而路不通。〔七二〕是晚，吕頤浩折簡與范宗尹言，充在儀真甚的。

浙東制置使張俊自越州領兵至明州，時已無船可載，俊因納隱士劉相如之策〔七三〕，遂留以抗虜。

丁酉，上謂宰執曰：「昨者朕將御舟楫，令從官聚議都堂，鄭望之不肯同衆，所論亦未爲通。」吕頤浩曰：「望之在假續到，不知衆人所對。」王綯曰：「崇寧以來〔七四〕，大臣專權，不容立異。比者會議都堂，更相詰難，臣不意復見此氣象，皆陛下優容忠讜所致。望之自守所見，乃朝廷之福也。」上嘗問望之曰：「苗、劉時，卿在甚處？」對曰：「臣竄在嶺表，得之道途。臣以爲陛下甚錯。」上曰：「何故？」曰：「二兇既就擒，陛下不送天獄，却付韓世忠軍中，今日在陛下左右者，得以面諂爾。」上又問：「卿見洪皓三番國書否？」望之曰：「臣無緣得見。」上命内侍取示之，蓋上以望之累使虜中，欲使之料敵情也。望之未幾奉祠而去。

戊戌，金虜犯越州〔七五〕，帥臣李鄴以城降，虜即渡其家屬，先往錢塘。鄴，邴兄也。既而，郦坐此亦落資政殿學士。

親事官唐寶袖石擊大酋兀术不克〔七六〕，死之。

金虜犯明州，張俊下令曰：「天子且巡海道，汝輩宜用命，進者重賞，不進者不貸。」癸卯，歲除，賊至城下〔七七〕，俊令統制官劉寶先與之戰，若不勝，則以兵橫衝之〔七八〕。既而寶兵少却，統制官楊沂中、田師中、統領官趙密與之戰，又不勝。寶率兵再進，沂中棄舟登岸，與師中、密等皆死戰，而守臣劉洪道率州兵以射其旁，遂大破之，殺數千人。密，太原人也。

金虜既破杭州〔七九〕，乃遣人檄秀州令降，守臣程俱言：「小邦不敢專。」遂解橐入赴平江宣撫司，又慮見襲，遂率官吏棄城，出保華亭縣。朝廷遂命俱押米綱赴行在。於是，同知樞密院、宣撫使周望追俱赴司，幾爲所斬，遂劾之云：「朝廷私此一人，遂失億兆之心。」士論是之。

先是，奉使洪皓自太原至雲中左副元帥粘罕軍前，而奉使王倫亦留在彼。有商人陳忠因倫從者楊永亨見倫，密告兩宫、太母起居狀。倫遂與浩共以金遺忠，令聞於兩宫，以爲倫輩皆本朝遣來通問。於是，兩宫始知建炎中興之實。既而，皓爲粘罕送於冷山，遂依左監軍悟室以居，爲之教子。〔八〇〕

〔校勘記〕

〔一〕遂結余堵　「余堵」原作「餘堵」，據皇朝中興紀事本末卷一〇及繫年要録卷二七改。「堵」，皇朝中興紀事本末卷一〇作「覩」，繫年要録卷二七作「睹」。

〔二〕虜人至今以爲釁端　「虜」原作「敵」，據皇朝中興紀事本末卷一〇改。下同。

〔三〕如宣撫河東以救太原　「撫」原脱，據皇朝中興紀事本末卷一〇及繫年要録卷二七補。

〔四〕丁亥　繫年要録卷二七據日曆繫於「己丑」。

〔五〕猶能與金賊對壘　「賊」原作「人」，據皇朝中興紀事本末卷一〇改。

〔六〕堅守陝洛　「洛」原作「路」，據皇朝中興紀事本末卷一〇及繫年要録卷二七改。

〔七〕戊子　繫年要録卷二六據日曆繫於「壬辰」。

〔八〕癸卯　繫年要録卷二七據日曆繫於「甲辰」。

〔九〕甲辰　繫年要録卷二八繫於「九月己酉」。

〔一〇〕令降於金虜　「虜」原作「人」，據皇朝中興紀事本末卷一〇改。下同。

〔一一〕許之久任　「久」原脱，據皇朝中興紀事本末卷一〇及繫年要録卷二七補。

〔一二〕案：此引王之望文原作正文，據皇朝中興紀事本末卷一〇及廣雅本改爲注文。

〔一三〕式遏犬羊之衆　「犬羊」原作「虎狼」，據皇朝中興紀事本末卷一〇改。

〔一四〕庶展盡於猷爲　「展」，皇朝中興紀事本末卷一〇作「覽」。

〔一五〕只令兼圖山足矣　「山」原作「上」，據皇朝中興紀事本末卷一〇及繫年要録卷二八改。

〔一六〕若胡騎侵軼　「胡」原作「敵」，據皇朝中興紀事本末卷一〇改。

〔一七〕户部侍郎李棁遷尚書　案：繫年要録卷二八作「李棁守户部尚書」，并認爲李棁在靖康中已是執政，此處誤。

〔一八〕再用之　「用」原作「見」，據皇朝中興紀事本末卷一〇改。

〔一九〕俟休邊警　「警」原作「境」，據皇朝中興紀事本末卷一〇改。

〔二〇〕癸酉　繫年要録卷二八據日曆繫於「壬申」。

〔二一〕虜遂趨慶州　「虜」原作「敵」，據皇朝中興紀事本末卷一〇改。下同。

〔二二〕大酋婁室孛堇引衆渡渭河　「大酋」原作「金將」，據皇朝中興紀事本末卷一〇改。

〔二三〕帥臣郭琰棄城遁去　「琰」原作「淡」，據皇朝中興紀事本末卷一〇及繫年要録卷二八改。

〔二四〕金虜分河間真定二府爲河北東西兩路　「虜」原作「人」，據皇朝中興紀事本末卷一〇改。下同。

〔二五〕金虜陷滁州　「金虜」，繫年要録卷二八作「李成」。

〔二六〕並無擾民　「並無」，繫年要録卷二八作「不無」，據文意當是。

〔二七〕金虜犯壽春府　「虜犯」原作「人攻」，據皇朝中興紀事本末卷一一改。

〔二八〕壬寅　繫年要録卷二八繫於「戊戌」。

〔二九〕許從便加擡　「擡」原作「臺」，據皇朝中興紀事本末卷一一及廣雅本改。

〔三〇〕犯和州　「犯」原作「攻」，據皇朝中興紀事本末卷一一改。

〔三一〕案：此條繫年要録卷二八繫於「九月己巳」。

〔三二〕壬子太后退保虔州　原無，據皇朝中興紀事本末卷一一補。

〔三三〕虜騎至洪　「虜」原作「敵」，據皇朝中興紀事本末卷一一改。下同。

〔三四〕時虜又犯湖南之境　「虜又犯」原作「金又侵」，據皇朝中興紀事本末卷一一改。

〔三五〕虜至潭州城下 「虜」原作「金人」，據皇朝中興紀事本末卷一一改。

〔三六〕虜縱掠四日而去 「虜」原作「金兵」，據皇朝中興紀事本末卷一一改。案：虜陷潭州，繫年要録卷三一繫於「建炎四年二月乙亥」，并根據轉運司所奏，敵騎初八日（庚辰）離去，其間在潭州六日。

〔三七〕金虜陷真州 「金虜陷」原脱，據皇朝中興紀事本末卷一一補。

〔三八〕金賊大至 「賊」原作「衆」，據皇朝中興紀事本末卷一一改。

〔三九〕與成併力入寇烏江縣 「入寇」原作「徑趨」，據皇朝中興紀事本末卷一一改。

〔四〇〕充聞虜至 「虜」原作「敵」，據皇朝中興紀事本末卷一一改。下同。

〔四一〕番賊必敗 「番賊」原作「敵人」，據皇朝中興紀事本末卷一一改。

〔四二〕案：此事繫年要録卷二九繫於「辛未」。

〔四三〕通判廬陵楊邦乂獨不降 「判」原作「叛」，據皇朝中興紀事本末卷一一改。「乂」原作「義」，據皇朝中興紀事本末卷一一及繫年要録卷二九改。下同。

〔四四〕見大酋兀朮詈之曰 「大酋」原作「金」，據皇朝中興紀事本末卷一一改。

〔四五〕汝夷狄而圖中原 「夷狄」原作「無厭」，據皇朝中興紀事本末卷一一改。下同。

〔四六〕案：此段引文原作正文，據皇朝中興紀事本末卷一一及廣雅本改爲注文。

〔四七〕與俱見僞四太子 「僞」原作「金」，據皇朝中興紀事本末卷一一改。

〔四八〕亟移書其酋曰 「其酋」原脱，據皇朝中興紀事本末卷一一補。

〔四九〕其酋燕 「其酋」原作「金人」，據皇朝中興紀事本末卷一一改。

〔五〇〕天子以若拒賊 「賊」原作「敵」，據皇朝中興紀事本末卷一一改。下同。

〔五一〕再以見僞四太子　「僞」原無，據皇朝中興紀事本末卷一一補。

〔五二〕乙丑　繫年要録卷二九繫於「甲子」。

〔五三〕謂虜騎至和州　「虜」原作「敵」，據皇朝中興紀事本末卷一一改。下同。

〔五四〕諜報金虜已渡江　「虜」原作「人」，據皇朝中興紀事本末卷一一改。

〔五五〕慮胡騎不測馳突　「胡」原作「敵」，據皇朝中興紀事本末卷一一改。

〔五六〕至錢清鎮　「鎮」，繫年要録卷二九作「堰」。

〔五七〕又康允之報賊犯臨安府界　「賊犯」原作「敵入」，據皇朝中興紀事本末卷一一改。案：繫年要録卷二九己巳條注文考證云：「案，敵以二十七日辛未入建康，十二月初始自廣德軍、湖州界趨臨安府，恐此時允之未應已奏敵犯府界。正民所記或誤，熊克小曆又因而書之，當考。」

〔五八〕虜騎遽至　「虜」原作「敵」，據皇朝中興紀事本末卷一一改。下同。

〔五九〕命兩浙漕臣莆田陳國瑞沿路犒設衛士　「陳國瑞」原作「陳瑞」，據皇朝中興紀事本末卷一一及廣雅本補。

〔六〇〕案：此引王之望文原作正文，據皇朝中興紀事本末卷一一及廣雅本改爲注文。

〔六一〕移環慶帥王似知成都府　「帥」原作「師」，據皇朝中興紀事本末卷一一改。

〔六二〕案：此事，繫年要録卷三一據成都知府題名繫於「建炎四年二月丙申」。并認爲此處繫時誤。

〔六三〕金虜犯臨安府　「虜犯」原作「人攻」，據皇朝中興紀事本末卷一一改。

〔六四〕使杭民無逃死計　「無」，皇朝中興紀事本末卷一一及宋史卷四五三朱蹕傳作「爲」。

〔六五〕鎮江府無守兵　「兵」原作「臣」，據皇朝中興紀事本末卷一一改。

〔六六〕晉陵士大夫避寇者　「寇」原作「難」，據皇朝中興紀事本末卷一一改。

〔六七〕案：此引原作正文，據皇朝中興紀事本末卷一一及廣雅本改爲注文。
〔六八〕宰執早朝　「朝」原作「報」，據皇朝中興紀事本末卷一一改。
〔六九〕左右司御營使司參議官以次皆留　「司」原脱，據皇朝中興紀事本末卷一一補。
〔七〇〕宗尹遂不奏　「奏」原作「見之」，據皇朝中興紀事本末卷一一改。
〔七一〕案：此事繫年要録卷三〇據李正民乘桴記繫於「戊戌」。
〔七二〕案：繫年要録卷三一建炎四年二月乙未條注文考證：「按：趙甡之遺史，向子忞約充同赴行在，充不從，出西門，自天長軍北去。然則，非道不通也。」
〔七三〕因納隱士劉相如之策　「隱士」，繫年要録卷三〇作「俠士」，并考證隱士誤。
〔七四〕崇寧以來　「寧」原作「宣」，據皇朝中興紀事本末卷一一及繫年要録卷三〇改。
〔七五〕金虜犯越州　「虜犯」原作「人攻」，據皇朝中興紀事本末卷一一改。下同。
〔七六〕親事官唐寶袖石擊大酋兀朮不克　「大酋」原作「金將」，據皇朝中興紀事本末卷一一改。案：「唐寶」與「兀朮」，繫年要録卷三〇分別作「唐琦」和「芭八」，并考證熊克所記爲誤。
〔七七〕賊至城下　「賊」原作「敵」，據皇朝中興紀事本末卷一一改。
〔七八〕則以兵横衝之　「衝」原脱，據皇朝中興紀事本末卷一一補。
〔七九〕金虜既破杭州　「虜」原作「人」，據皇朝中興紀事本末卷一一改。
〔八〇〕案：洪皓事，繫年要録卷四〇附於建炎四年末。

中興小紀卷八

建炎四年歲在庚戌春正月甲辰朔，上至台州章安鎮駐蹕〔一〕，兩浙宣撫副使郭仲荀既不能遏虜〔二〕，又棄越城而遁，其兵多散爲盜。至是來朝，責授散官，廣州安置。

上以虜騎驚擾〔三〕，慮隆祐太后徑入閩、廣，己酉〔四〕，詔遣使臣賫書至虔州，尋問艤舟之所。

詔浙西制置使韓世忠赴行在。世忠言：「見駐華亭江灣，願將所部全軍往昇、潤，邀金虜歸路〔五〕，盡死一戰。」丙午，詔從之。

丁未，御史中丞趙鼎，諫議大夫富直柔，户部侍郎葉份、中書舍人李正民、綦崇禮，太常少卿陳戩，同對於舟中。時扈從泛海者，宰執外惟此六人，而給事中汪藻與其餘皆未至也。

户部侍郎李迨自明州來，戊申，入見，言張俊在明爲戰守備，城外居民盡爇之。其意亦欲赴行在也。

虜酋兀朮引衆再犯明州〔六〕，丙辰，浙東制置使張俊率兵禦於高橋，一日戰數合，慮其益兵復來，俊與守臣劉洪道俱避去〔七〕，兀朮遂破明州〔八〕，屠其城。時提舉明道宫鄭億年避地山間，爲虜所得〔九〕，驅以北去。億年，居中子也。

虜衆以船犯昌國縣〔一〇〕，欲追襲御舟，時提領海舟張公裕引大舶擊敗之。虜遂退。

初，金虜萬户婁室及銀朱與吾叛將折可求聯衆十萬圍陝州〔一一〕。時關以東獨陝在焉。寧州觀察使李彦仙守禦甚備，遇士卒有恩，食既盡，煮豆以啖其下，而取汁自飲。至是，虜亦無食欲去〔一二〕，有人告以急擊可入。按：原本作「馬繫可入」，今從建炎以來繫年要録改。虜益增兵〔一三〕，攻之愈急，丁巳，城陷，彦仙巷戰而死，雖民之婦女猶升屋以瓦擿賊，哭李觀察不輟。虜殺其家〔一四〕，陝民無噍類。虜始敢西，而全陝没矣。

先是，辛執、臺諫會食金鼇山寺，范宗尹密語趙鼎曰：「近日諸將姚端等進見太數，所錫極厚，國用窘甚，見上幸一言也。」戊午，鼎草奏乃聞。上以在四明時，衛士紛擾，盡廢禁直，獨中軍統制辛永宗有兵數千，而端即御營使吕頤浩親兵之將，其衆獨盛，所以優遇之也。

己未夜，大雷雨。

庚申，上謂宰執曰：「昨雷聲頗厲，晉志以雷發聲非時，爲女主顓權、君弱臣强、四夷兵不制所致〔一五〕。朕與卿等當共修德以應天也〔一六〕。」

癸亥，上曰：「昨日雷再發聲，今日方二月節，要亦非時也。與晉志所占無異，惟發頻者，應速爾。」

甲子，詔中書舍人李正民往江西問安隆祐太后，仍稱撫諭使。

中丞趙鼎薦京官永嘉吴表臣、林季仲補臺官之闕，季仲避地未至，而表臣先對，是日，除監察御史。

時聞明州失守，海道可虞，丙寅，上移次温州館頭。

殿中侍御史張延壽論權知三省樞密院滕康，及同知劉珏之罪。詔罷康、珏，仍並落資政殿學士。遂以新復端明殿學士盧益權知三省樞密院。而參知政事范宗尹因薦李回，時回以散官居吉州，召復端明殿學士，以爲之貳。〔一七〕

戊辰，中丞趙鼎對，因言豫章之擾。上曰：「太后僅以身免，乘輿服御之物悉棄之，宫人失一百六十餘人。」上又曰：「已黜滕康、劉珏，用盧益、李回替之矣。」

己巳，上幸水陸寺，侍從、臺省官稍集〔一八〕，班列差盛。

辛未，詔：「侍從官條具金人退與不退，如何措置，及於何處駐蹕？」

户部侍郎葉份言：「淮鹽路梗，妨阻客販；浙鹽數少，積壓客鈔。請權以福建鹽通商，仍稍還買鹽本錢〔一九〕，即本路官搬官賣，兩不相妨。」壬申，詔從之。初，政和中，遣左司郎官張察至本路參定鹽法，歲以三分爲率，二分歸朝廷，許商人輸錢，於榷貨務給鈔。即本路受鹽，一分歸漕司，許自買鹽，積於海倉，令上四郡及屬縣般賣，以辦歲計。時商販、官般二法並行。靖康俶擾，商販殆絶，故官悉自鬻。至是，份請行鈔法，而姦民乘之，盜販多矣。

金虜萬户婁室與其副撒离曷及黑峯等寇邠州〔二〇〕，宣撫處置使張浚遣都統制曲端率兵拒之，一日兩戰皆捷，至白店原〔二一〕，撒离曷據高原而陳，婁室與黑峯引衆來犯〔二二〕，爲端所敗。撒离曷乘高望之，懼而號哭。虜人因目之爲「涕泣郎君」〔二三〕。既而，賊勢復振〔二四〕，端所部統制官張中孚、李彦琪連戰不利，虜亦引去〔二五〕。

二月乙亥，上至温州江心寺駐蹕，因改曰龍翔，東有小軒，遂曰浴日，皆宸翰書額賜之。

詔啓運宫神御於福州奉安〔二六〕。

熒惑犯紫微垣，侵相位。癸未，吕頤浩乞解機務，不允。

知温州盧知原有治績，詔除右文殿修撰。知原，秉子也。

丙戌，知明州劉洪道奏，已復本州。詔明晚移蹕明州。

金虜元帥兀术尚據臨安〔二七〕，聞浙西制置使韓世忠自江陰復趨鎮江，恐邀其後，丁亥〔二八〕，兀术遽引衆殺掠而去，縱火城中，數日方滅。

戊子，詔萬壽觀、會聖宮、章武殿神御於温州天慶宫奉安。

時右僕射杜充已降虜〔二九〕，而御營副使劉光世猶奏：「充敗事，未知存亡。」光世又言：「金虜遣兵由湖州攻兩浙〔三〇〕，而王瓔所統前軍亦潰，韓世忠自浙西上海船而去。臣今孤軍駐南康，望遠避賊鋒，俟春暄破之不難。」詔光世乘間擊之，無失機會。及虜退〔三一〕，光世遣統制官王德躡其後，擒數百人以歸。

庚寅，上至温州，駐蹕州治。先是，主管明道宫薛弼見吕頤浩，謂宜遷蹕入城，且獻策平其直以鬻官産。既而，駕留一月，所費不貲，皆取足於鬻産之直〔三二〕。弼，永嘉人也。

王瓔引餘軍赴行在，自觀察使降爲防禦使〔三三〕。

先是，詔募海船百餘隻於福建、廣南，獨廣東漕臣趙億所發船先諸路而至，福建漕臣祖秀實、魯詹與權提刑梁澤民共裒一路經費之餘，得銀八萬兩上之。億，安西人，抃之孫〔三四〕；秀實，浦城人；詹，海鹽人；澤民，邵武人也。

初，鼎州，武陵縣有土豪鍾相者，以左道惑衆，乃結集爲忠義民兵，其徒呼相爲老父，士大夫之避地者多依之。相所居村有山曰天子岡，遂即其處築壘濬濠，以捍賊爲名。且承帥檄，聚衆閲習武藝。時有中州潰兵孔彦舟等擾湖南，詐稱鍾相民兵，相聞之懼，又因其子奪監司之馬於白涉渡，是月，相等遂作亂，遠近響應，僭號楚王，改元天載，自補官屬。尋詔湖南北帥司發兵討之。於是，鼎之武陵、桃源、龍陽、沅江，澧之澧陽、安鄉、石門、慈利，荆之枝江〔三五〕、松滋、公安、石首，潭之湘陰、益陽、湘鄉〔三六〕，岳之華容，辰之沅陵諸處，皆爲盜區矣。

時太常少卿陳戩扈蹕，准詔論時事，其略謂：「兵將用命，則寡可以敵衆；不用命，則多適以致敗。今之握兵柄、秉旄鉞，非闒冗即跋扈也。國之典刑不能加之將，將之威令不能施之軍。宜申嚴紀律，使進退左右，惟命之從，則虜可破矣。」

先是，知真州向子忞言：「昨携本州金帛，皆爲韓世忠所奪。」且言杜充以投降而去，麾下兵有走回者。癸巳，上謂中丞趙鼎曰：「自聞充之報，不食者累日，蓋非朝廷美事也。」

乙未，温州奏：「故右丞許景衡妻胡氏，乞給借所僦官屋。」上顧呂頤浩曰：「朕即位以來，執政中張慤最直。」頤浩曰：「慤未病時，嘗語臣云：『惟一許少伊不轉了。』少伊，景衡字也。臣以是知景衡略與慤同〔三七〕，宜睿意之不忘也。」乃詔以官屋賜其家。

丙申，以虜退〔三八〕，赦諸路。兀朮引虜衆回至平江府城下，同知樞密院事、兩浙宣撫使周望與守臣湯東野力不能拒，棄城避之。初，郡人恃望以爲安，賊至欲遁〔三九〕，而舟楫皆爲諸軍所奪，故不能脫。

戊戌，虜入城〔四〇〕，縱兵焚掠而去。過吳縣，宣撫使統制官陳思恭以舟師邀於太湖，擊敗之，幾獲兀朮〔四一〕。既而，擢思恭爲御前後軍統制。

丁酉〔四二〕，中丞趙鼎、諫議大夫富直柔同對，彈右僕射杜充，乞先罷相俟，得其投降的報，則別議罪。

上欲幸平江府，三月丙午，趙鼎言：「萬一虜去未遠，或作回戈之期，何以待之？」於是，行期稍緩。

左僕射吕頤浩奏〔四三〕：「户部侍郎葉份言：『駕幸浙西，須早除發運使。』臣觀可任漕計，極難得人，間有之，又素行不修。」上曰：「有德者率淳直〔四四〕，或不能辦事。有才者多是小人，如梁揚祖誠無學術，使爲發運使則有餘矣。大抵小人不可在侍從之列，若藉其才，任之於外，亦何不可？」是月，遷份爲尚書〔四五〕。

宣撫措置使張浚奏〔四六〕：「大食國進奉珠玉至熙州。」己酉，上謂宰執曰：「大觀以來，川茶不以博馬，惟市珠玉，故武備不修。今若復捐數十萬緡，易無用珠玉，曷若惜財以養戰士？」乃詔浚勿受，量賜以答其意。

既而，上曰：「浚措置陝西極有條理。」吕頤浩曰：「陛下雖失之杜充，復得之張浚。」上曰：「浚自薦辛興宗作秦帥，比至陝西，見孫渥才優，即奏罷興宗而用渥，蓋其用心公也。」上語在是月辛酉，今聯書之。時浚聞虜大入寇〔四七〕，上浮海東征，亟治兵入衛，未至襄漢，遇德音，知虜退〔四八〕，乃復還關陝。王之望記西事曰：「浚歸自秦亭，士馬甚盛，至房陵，畏桑仲而不敢近，乃以王以寧爲制置使，王擇仁爲節制，步騎十萬，措置漢上。以寧至襄陽，乃卑辭假道而去。擇仁孤軍不敢進，頓於均州。後其將王闢叛去，衆潰而亡〔四九〕。於是，西師之東下者星散盡矣。桑仲知浚畏己而西師之易與也，益亡所憚矣。」

己未，上詣天慶觀朝辭九廟，宰執百官扈從，自渡江至是，始有此禮。上登舟回鑾。

以禮部尚書曾楙爲顯謨閣直學士、知洪州。

是月，金虜左監軍撻辣自維州遣太一、孛堇等提兵南寇〔五〇〕，以援兀朮，因圍楚州，守臣趙立乘城禦之。虜進圍揚州〔五一〕，朝廷恐守臣張績力不能支，許退保鎮江〔五二〕，績不肯動，虜乃至真州。績，金壇人也。

時東京雖城守，而勢益危，金虜更遣河北簽軍首領聶昌領衆來攻〔五三〕，留守上官悟力不能拒，城破，爲虜所害〔五四〕。

夏四月丙子〔五五〕，上至餘姚縣，海舟大，不能進，詔易小舟，仍許百官從便先發。

癸未〔五六〕，上至越州，駐蹕州治。

兀朮回至鎮江，而浙西制置使韓世忠已提兵駐揚子江焦山以邀之。左僕射呂頤浩請駕幸浙西，下詔親征，以爲先聲，亟命鋭兵策應世忠，庶擒兀朮，此一奇也。參知政事王綯亦請遣兵與世忠夾擊。甲申，乃下詔親征。中丞趙鼎以爲平江殘破最酷，人心不樂是行，即奏曰：「臣在温、台，屢言當俟浙西寧静，及建康之寇盡渡江〔五七〕，然後回蹕。今遽有此舉，必以韓世忠之報虜騎窮蹙〔五八〕，可以剪除爾。萬一所報不實，及建康之衆未退，或回戈衝突，何以待之？兼饒、信魔賊未除，王瓔潰軍方熾，陛下遽捨而去，兹乃社稷存亡至危之幾也〔五九〕。」時臺諫亦皆言之。乃除鼎翰林學士，鼎力辭，改吏部尚書，亦不受，遂復爲中丞。時虜衆百萬〔六〇〕，世忠戰士甫八千。兀朮遣使與世忠約日合戰，世忠募海船百十艘〔六一〕，進泊金山下，仍立一旗，書姓名於上，虜望見大笑曰：「此吾几上肉爾。」世忠預命工鍛鐵相聯爲長綆，貫一大鉤，徧授諸軍之强健者。平旦，虜以千舟噪而前，比合戰，世忠分海船爲兩道，出其背，每縋一綆，則曳一舟而入，虜不得渡。復遣使，願還所掠及獻馬五千。世忠不聽，曰：「只留下兀朮，乃可去。」時撻辣所遣之兵在儀真，江之南北兩岸皆虜衆，而世忠據中流與之相持。知揚州張績亦命偏師控扼要處，與世忠爲援。兀朮閉户不敢出，乃即城之西南隅鑿渠三十里，欲潛師渡建康，而地勢高，潮不應。虜之在儀真者〔六二〕，又於城外鑿小渠三十里屬之江，以通漕。兀朮刑白馬，殺婦人，自刃其額以祭天，幸風濤之息，便載以逃〔六三〕。世忠諜知之，悉師督戰，而風弱帆緩，我師不利，統制官孫世詢、嚴永吉死之，所掠金人又爲奪去。虜以輕騎絶江而遁〔六四〕，世忠曰：「窮寇勿追，使去。」

先是，世忠視鎮江形勢，無如龍王廟者，虜來必登此望我虛實〔六五〕，因遣將蘇德以二百卒伏廟中，又遣二百卒伏江岸，遣人於江中望之。戒曰：「聞江中鼓聲，岸下人先入，廟中人又出。」數日虜至，果有五騎至龍王廟，廟中之伏聞鼓聲而出，五騎者振策以馳，僅得其二，有人紅袍白馬，既墜，乃跳馳而脫。詰二人者，云：「則兀朮也。」是舉也，俘獲殺傷甚衆，虜所遺輜重山積〔六六〕。又得龍虎大王舟千餘艘〔六七〕。龍虎大王者，乃僞封王爵〔六八〕，而監龍虎軍兀朮之壻也。

自主管川陝茶馬趙開變榷茶法，怨詈四起，至是，主者以爲合罷，若謂軍費所資，即乞劄與宣撫使張浚行之。詔下其說，浚不爲之變也。〔六九〕

知宣州李光奏鎮江、建康金人悉已遁去〔七〇〕。

先是，湖北帥司檄本路捉殺官孔彥舟權副總管，領兵往鼎州捕鍾相〔七一〕。彥舟過澧州，而澧州之民有應相者，乘而攻之，彥舟喪甲，僅以身免。及入鼎，慮復有應相者，遂屠其城，民死十八九，餘悉黥爲兵。時賊勢甚盛，彥舟據城，時出兵與戰，勝負相當。彥舟每得賊黨不殺，惟斷其指及耳鼻，縱之出曰：「汝爺有神能，爲汝續，則復來。」相得之，惡其彰己之妄，而養之密室。自是其黨亦生疑心。彥舟乃聚竹爲筏，若將去者，且爲竹籤題云：「爺若休時，我也休，依舊乘舟向東流。」遇獲相黨，則簪其首而遣之，相得籤喜，謂實將避己。

彦舟又潛遣人投相，謂之入法。相素自誇，喜人從己，亦受之。至是，相乘筏夜渡，而入法之人内應，相敗走。癸未〔七二〕，獲之，并其妻子及僞官，悉檻送行在。詔擢彦舟爲利州觀察使。時宣撫處置使亦檄彦舟權湖北副總管。

辛卯，詔淮、浙鹽場已復，昨行福建鈔法可罷之。

廣南監司乞罷催税户長，依熙豐法，村疃三十户，每料輪差甲頭一名。壬辰〔七三〕，詔可，仍推行於諸路。

乙未，【新輯】詔行在推貨務分官吏之半，於臨安府置司。（輯自皇朝中興紀事本末卷一三）

遂安軍奏〔七四〕：「近緣御前後軍統制陳思恭到州，兩日間，軍士竄者四十七人，皆思恭誘去。」乃詔辛執召思恭赴都堂約束。

中丞趙鼎等交論左僕射吕頤浩之失，乃罷爲鎮南軍節度、開府儀同三司、太一宫使〔七五〕。制曰：「下吴門之詔，則有失於先時；請浙右之行，則力違於衆論。」於是，參知政事范宗尹攝行相事。

以浙東制置使張俊爲浙西江東制置使，除劉光世、韓世忠外，并聽張俊節制〔七六〕。令同知樞密院事、兩浙宣撫使周望以所領兵付俊。

是月，以户部侍郎李迨爲江浙諸路發運使。

湖寇鍾相雖已敗，而餘黨所在嘯聚，如慈利縣之陳寓信、松滋縣之李合戎〔七七〕、澧陽縣之吴宣，各有衆百千〔七八〕，其後亦稍稍撲滅。惟龍陽之楊華、楊廣、楊太，最爲劇盜。太，年少，楚人謂幼爲么，故曰楊么，時么之名未著，惟稱華、廣。至是，知蔡州、直龍圖閣程昌寓被召〔七九〕，以蔡兵三千人，統制官杜湛、統領官邵宏淵以下自隨，道鼎、澧間，撫諭使馮康國以羣盜方盛，乃奏乞留昌寓攝帥事。於是，權副總管孔彦舟引全軍去〔八〇〕。昌寓入鼎州，自此每遣杜湛等與賊戰，常獲小捷。

五月癸卯，言者謂：「御舟經由，知明州張汝舟應奉簡儉，粗能給足；知台州晁公爲頗務豐華，不免擾民。乞行賞罰，以示好惡。」參知政事范宗尹曰：「若黜公爲，則温州盧知原、發運使宋輝皆當貶矣〔八一〕。」上曰：「只褒汝舟，則好惡自明，如公爲輩，不必皆黜。」乃詔汝舟加一官。

時諸路盜起，大者至千萬人〔八二〕，朝廷力未能制。范宗尹以謂此皆烏合之衆，急之則併死力以抗官軍，未易禦也，莫若析方鎮以處之。羣盜有所歸，則衆當懷土，是不攻而自潰矣。乃奏曰：「昔太祖受禪，與趙普合謀收藩鎮之權，天下晏然無事一百五十餘年，可謂良法。比年國難如此，四方帥守皆束手環視，莫知所出，蓋軍力單寡，不可以有爲，此法之敝也。今日救敝之道，當稍復藩鎮之制；況諸郡爲盜所據者凡十數，則藩鎮之勢，駸駸已成，朝廷雖不爲，人亦自爲之矣，曷若朝廷爲之，使恩有所歸也。今亦不盡行之天下，且裂河南、江北數十州爲之，少與之地，而專付以權，擇人久任，以屏王室，實今日之當務也。」羣臣多以爲不可，宗尹力陳，上亦決意行之。甲辰，以宗尹爲右僕射〔八三〕。

知光州吴翊報虜中事宜〔八四〕。庚戌，上謂宰執曰：「聞杜充在南京，受劉豫節制，遣人誘陷東京。朕待充自庶官除從官建節，遂召同知樞密，未幾，拜相，可謂厚矣，何故至是？」王綯曰：「陛下去秋若不相充，無知之俗至今必以爲恨。陛下待之既盡，彼自失節，國家何傷焉？」

詔三省、樞密院同班奏事，令輪修時政記〔八五〕。

辛亥，上謂宰執曰：「從班極少，卿等常共議，務取其實，不厭多也。朕乘輿服御〔八六〕，悉從簡儉。如除一省郎費亦不多，苟得人，其利溥矣。」范宗尹曰：「用人之法，須擇可爲執政方除從官，可爲從官方除省郎，則選精而真才出矣。」上曰：「然。」上又言：「神宗選將必詳考然後命之，庶必有成。」因曰：「祖宗多有所傳家法，外人豈得盡知？」王綯曰：「如宣帝所謂『漢家自有制度』是也。」

壬子，召知成都府盧法原、知泉州謝克家、知洪州胡直孺，並爲尚書。法原吏部，克家工部，直孺刑部。法原不及供職，改知夔州。秉子也。

癸丑，以簽書樞密院張守爲參知政事〔八七〕，御史中丞趙鼎爲端明殿學士、僉書樞密院事。時宰臣未兼樞密，而同知樞密院周望在平江府，故一院之事，僉書得以專總。前此兵政，悉隸御營使司，事權既分，又再經大變，文移紛亂。至是，鼎始檢故事舉行，以正西府之體。

參知政事王綯累章求退。上曰：「綯醇儒，嘗爲朕宫僚，事朕始終如一，不欲令遽去。」

【新輯】乙卯，除資政殿學士、提舉萬壽觀兼侍讀，蓋優禮也。（輯自皇朝中興紀事本末卷一三）

時朝廷聞登、萊多積粟，因知海州李彦先遣使至，丁巳，宰執奏，欲就委彦先用海舟轉輸，以助軍食。上曰：「登、萊道梗，今既未能厚恤，乃反責其積粟以輸行在，於理未安。」范宗尹等退曰：「聖慮高遠，非羣臣所及。」

時占象者言：「夜有赤氣蔽天，中又有白氣如練貫之。」殿中侍御史德清沈與求言：「此天心仁愛陛下，出變以示警也。且天子所在，謂之朝廷，今虔州一朝廷，秦州一朝廷。號令之極至爲詔矣，願敕張浚等止降指揮，勿得爲詔。」

朱勝非閒居録曰：「唐制，不經鳳閣、鸞臺，不得謂之勅。勅者，三省奉行聖旨之書也。張浚以知樞密院事爲川陝處置使，得旨許便宜行事，事多出敕。勝非在朝廷日見之。前云某司，次述事因，右語云奉敕如何〔八八〕，末以使銜押字，黄紙大字，皆過於敕。時席益、徐俯大不平之，指以爲僭。勝非曰：『川士性誇侈，意以劄子爲不尊，故用便宜作敕，初不思奉何敕也。聞渠向自建康出使，未出國門〔八九〕，已行便宜事矣。』」又論相，天子之職也。願親書所屬意之臣姓名，禱於天地，占而用之。又天子之兵，而劉光世則稱曰「太尉兵」，願如龍騎、虎騎之類，别立軍號，使大將自刺之。戊午，詔三省條上。

初，上在明州，諸班直謀亂，已誅其爲首者。自駕還越，上遂廢班直親從，别選御營中軍五百人〔九〇〕，入直陛岩，然皆烏合之衆。至是，宰執奏事，趙鼎留身曰〔九一〕：「陛下初即位，議復祖宗之政，至今未行一二。而祖宗於兵政最爲留意，熙寧、崇寧變亂舊章，獨不敢議改軍政。蓋自藝祖踐祚，與趙普講明利害，著爲令典，萬世守之，不可失也。昨明州班直因訴事紛亂，非其本謀，乃盡廢之，是因咽而廢食。今諸將各總重兵，不隸三衙，則兵政已壞，獨衛兵彷彿舊制，亦掃蕩不存。是祖宗之法，廢於陛下之手，臣甚惜之。仁宗時，親事官謀不軌，直入禁庭，幾成大禍，既獲而誅，不復窮治，未聞盡棄之也。」上悟，仍復舊制。

辛執擬以朝奉大夫陳桷爲閩憲〔九二〕，范宗尹曰：「桷有文行，本擬郎官，近除郎多儒生，欲兼用才吏，以備緩急。」上曰：「才吏亦不可無，但不可太多，如吕頤浩純用掊克之吏也。」〔九三〕

沈與求論同知樞密院事周望宣撫浙西，脱身先遁避寇〔九四〕，縱兵大掠，致賊破吴門〔九五〕。又擁重兵，坐視臨安之陷而不赴援。甲子，以望提舉太平觀。與求再論，遂責衡州居住。

范宗尹等聚議，欲將京畿東西、湖北、淮南並分爲鎮，以鎮撫使爲名，除茶鹽之利，國計所繫，合歸朝廷，依舊置提舉官，餘監司悉罷。財賦除納上供外，並聽帥臣移用。州縣官許辟置，内知通奏，朝廷審授，遇軍興，許以便宜從事。帥臣不因詔擢，更不除代。如捍寇立功，特許世襲。詔從之。初擬世襲，上曰：「若便世襲，恐太重，當俟其保守無虞，然後許之。」乙丑，詔：「以河南、孟、汝、唐四郡授知河南府翟興，楚、泗、漣水三郡授知楚州趙立，滁、濠二郡授知滁州劉位（九六），光、黄二郡授知光州吴翊，舒、蘄二州授知舒州李成，海、淮陽二郡授知海州李彦先，承、天長二郡授知承州薛慶，和、無爲二郡授知和州趙霖，並爲鎮撫使。」既而成以舒、蘄叛，徑擾江西。

江浙制置使張俊薦統制官岳飛爲通泰鎮撫使，時飛獻金人之俘。上呼譯問得實者八人，付中軍磔之。

戊辰，上謂宰執曰：「金人頗能言二聖動静，云今在韓州，及皇后、宫人皆無恙。」上感動，不懌久之。

三省言：「沿江道遠，緩急恐失機會。鄂、岳雖係湖北，宜撥屬江南。今欲建三安撫大使，一置司鄂州，則鄂、岳、筠、袁、虔、吉、南安隸之。一置司江州，則江、洪、撫、信、興國、南康、臨江、建昌隸之〔九七〕。一置司於池州，則建康、池、饒、宣、徽、太平、廣德隸之。建康本帥府，緣近鎮江而去江州一千四百里，獨池在其間，若置帥於此，則沿江相去甚均。」從之。朱勝非閒居録曰：「時於沿江易置帥藩，創安撫大使，但約每帥相去七百里，不問形勢，如池陽僻陋，乃置江東大帥，事同戲劇爾。」

詔諸路帥臣見帶制置使並罷。

初，金虜既陷山東〔九八〕，左監軍撻辣居濱、濰，而叛臣劉豫在東平，奉之尤謹，撻辣嘗有許豫僭立之意。豫使子麟用重寶陰賂諸酋左右〔九九〕，求僭立。而僞雲中留守高慶裔者，粘罕腹心也。乃獻議於粘罕曰：「吾君舉兵，止欲取兩河，故汴京既得，而復立張邦昌，邦昌廢，遂再有河南之役。自下河南，官制不易，風俗亦無所更，可見吾君意非貪土，亦欲循邦昌故事也。元帥可首建此議，無以恩歸他人。」粘罕於是遣人馳稟虜主晟〔一〇〇〕，晟許之。粘罕仍命慶裔詢訪河南，求賢人建國。衆未及對，豫鄉人進士張浹首願立豫，其議遂決。時諸郡迎合虜意〔一〇一〕，亦共推豫。慶裔歸，粘罕復令慶裔馳問豫可否，豫陽辭之，且推前知太原府張孝純。粘罕曰：「戴爾者，河南百姓，推孝純者，獨爾一人。爾可就位，我當遣孝純輔爾。」於是，虜主晟遣慶裔、同知制誥韓昉〔一〇二〕，以是月立豫於北京，册文略曰：「今命爾爲帝，國號大齊。世修子禮，永虔貢誠。付爾封疆，並同楚舊。」改元曰阜昌。豫受册之初，告天祝版，誤書年號爲靖康，又純用趙野家廟祭器，識者知其不久也。虜乃以孝純爲豫僞相，但言送之歸鄉〔一〇三〕。故奉使宇文虛中贈以詩云：「閭里共驚新素髮，兒孫將整舊斑衣。」孝純至汶上，而豫已僭立，遂相之。

先是，官軍之陷賊在北京者，聞豫將至，遂閉門殺金人。豫至，誅其首者數十人，由此豫不居北京，而復歸東平。豫以前宗正丞李孝揚及前通判濟南府張東權左、右丞，以其弟益爲北京留守。升東平爲東京，以東京爲汴京，南京爲歸德府。尋又移益守汴京。虜又以右軍兀术南寇所降李儔、李鄴、鄭億年等臣豫〔一〇四〕。豫命儔守襲慶，鄴守東平，億年爲禮部侍郎〔一〇五〕。豫以生景州，守濟南，節度東平，僭位北京，遂起四郡强壯爲雲從子弟，應募者數千人。又置三衛官，凡翊衛、勳衛、親衛〔一〇六〕，以有官人或其家世有官者爲之。此據劉豫傳及張滙所記，滙言九月九日立豫，而豫傳乃五月戊申。豫傳所記差詳，今從之。民或醉酒嫚豫云：「汝何人，要作官家？」又滄州進士邢希載上言，乞遣使密通江南，豫皆斬之。

是月，以吏部侍郎綦崇禮兼權直學士院。

六月壬申，上謂宰執曰：「卿等識萬俟詠者否？必是小人，昨其親戚奏求還兩官，朕已擲之矣。」對曰：「實如聖諭。」張守因奏，詠工小詞，嘗爲大晟府撰樂章以得官者也。

初，周望宣撫兩浙，請以徽猷閣待制湯東野守平江府，及望敗，東野自劾，而言者亦攻之。癸酉，詔東野落職，依舊知平江。

言者以本朝分兩府，而兵權盡付樞密，比又置御營使司，是政出於三也。望罷是司，而諸將處以軍職，提兵如故。甲戌，詔御營使司併歸樞密院，爲機速房。仍令宰相兼知樞密院事。

大理少卿王衣上殿奏事，丙子，上謂宰執曰：「衣似淳樸，治獄既要盡情，又不可慘刻，以傅致其罪。如衣尚須平允。」范宗尹曰：「人多稱其長者。」張守曰：「衣雖法科，然議刑頗近厚。」

己卯，詔浙西帥臣於鎮江府置司〔一〇七〕，其臨安府罷兼帥職。

庚辰，又詔以德安、復、漢陽三郡授知德安府陳規，荆南、歸、峽、荆門、公安五郡授知荆南府解潛，鼎、澧二郡授知鼎州程昌寓，金、均、房三郡授知金州范之才，襄陽、鄧、隨、郢四郡授知襄陽府陳求道，淮寧、潁昌三郡授知淮寧府馮長寧〔一〇八〕，並爲鎮撫使。之才，雍孫也。求道在襄陽，既而有劇盜劉忠，號「白氊笠」者，擁衆來犯，求道禦之，戰敗，爲賊所害。又長寧在淮寧，亦不能守，以其地降於劉豫。後長寧至豫所，勸其行什一稅法，僞授户部侍郎。

初，孔彦舟權湖北總管，移檄本路提舉官曾幾，求鹽以給軍食。本司官屬懼，請予之以

紓禍，幾拒之不與。既而，昌寓復欲得璽，幾曰：「使吾畏死，則輸彥舟矣。」亦不與。幾，懋弟也。〔一〇九〕

壬午，宰執擬前淮東提舉官潘良貴爲湖南提刑〔一一〇〕，詔可。上因曰：「良貴頃爲諫官，與袁植皆勸朕誅殺。祖宗以來，未嘗戮近臣，故好生之德，信於天下。若此，必失人心。」趙鼎曰：「諫諍之職，尤不當以此導人主也。」

丙戌，以開府儀同三司呂頤浩爲建康府路安撫大使、知池州，觀文殿學士朱勝非爲江州路安撫大使、知江州，太尉劉光世爲浙西安撫大使、知鎮江府。每路置參謀、參議官各一員。是後，諸路皆有之。此據徐度却掃編。

時光世獲到虜俘號簽軍者〔一一一〕，謂此不宜留，蓋知吾山川險易，後日叛去，或爲鄉導。己丑，上謂宰執曰：「祖宗未嘗好殺，彼皆吾民，朕不能保之，不幸陷夷虜〔一一二〕，遂爲敵用，其本心可憫。」張守曰：「若散隸諸軍，豈能遽叛。」上曰：「然。」守曰：「陛下好生如此，天人必助信順，實爲中興之基也。」

先是，醫官、開州團練使王繼先遇登極，特許不轉防禦，換武功大夫。給事中富直柔封還録黃，謂：「侍醫當還本色官，何與武功？宜惜名器，以勵戰士。」三省亦奏：「伎術官，法不許換前班。」上曰：「朕於言無不從，但頃冒海氣，繼先診視有功，彼未嘗請，皆朕意爾。」

直柔抗論不撓，朕當屈意從之。」甲午，詔寢前命。於是，范宗尹等退而嘆曰：「上從善如轉圜，中興之業，其庶幾乎！」

中書門下奏：「行在仰食者衆，廩粟不豐，今秋成可期，宜及時儲蓄。」乃詔委諸路漕臣，廣東令褚宗諤糴十五萬石，福建令魯詹糴十萬石，各運至漳、泉、福州，仍以所部年額上供爲本錢。詹，嘉興人也。己亥，又詔宋輝糴之浙西，給銀十萬兩、度牒直十萬緡，運至華亭縣。徐康國糴之浙東，亦給銀十萬兩，屬郡錢非茶鹽及朝廷寄樁者，如經制、折帛、贍學之類，皆許爲糴本。衢、婺運至越州，越、温、台皆即其地儲之。諸統兵官非有制書而妄取，及所在州妄發與之者，皆從軍法。

户部尚書葉份嘗言：「人主以清心省事爲本，以節用愛人爲先。凡無名之費，不急之務，皆所當去。」至是，言者謂份買宗女爲妾，下吏鞫之，乃份爲都司時同舍郎有姓同者，誤以爲份也。事雖白，份亦求去。乃除龍圖閣學士、知泉州。

金虜右監軍兀朮回江北〔一一三〕，屯於六合縣。時左監軍撻辣在山東，遣人誚兀朮入寇無功〔一一四〕，令止於淮東，候秋高相會，再寇江南〔一一五〕。兀朮以前日渡江之事爲耻〔一一六〕，會聞王師將出陝右，因西往應之，留渤海萬户撻不也等軍於淮東，以待撻辣。

通泰鎮撫使岳飛統兵捕劇賊戚方，至是，方始就招安。

〔校勘記〕

〔一〕案：繫年要録卷三一記「乙巳，御舟泊於台州，丙午，御舟次於章安鎮」。

〔二〕兩浙宣撫副使郭仲荀既不能遏虜　「虜」原作「敵」，據皇朝中興紀事本末卷一二改。案：郭仲荀被貶，繫年要録卷三一據李正民乘桴記繫於「癸丑」。

〔三〕上以虜騎驚擾　「虜」原作「敵」，據皇朝中興紀事本末卷一二改。

〔四〕己酉　案：依據干支順序，此條記事應移到戊申條後。

〔五〕邀金虜歸路　「虜」原作「人」，據皇朝中興紀事本末卷一二改。

〔六〕虜酋兀朮引衆再犯明州　「虜酋」原作「金」；「犯」原作「攻」，據皇朝中興紀事本末卷一二改。案：據繫年要録卷三一考證，此時金兀朮自入臨安，並未犯明州。

〔七〕俊與守臣劉洪道俱避去　案：據繫年要録卷三一考證，在丙午避去的只有劉洪道，而辛亥張俊已離開明州。

〔八〕兀朮遂破明州　案：明州之破，繫年要録卷三一繫於「己未」，并認爲小曆繫於丙辰爲誤。

〔九〕提舉明道宫鄭億年避地山間爲虜所得　「明道宫」，繫年要録卷三一作「建隆觀」。「虜」原作「金」，據皇朝中興紀事本末卷一二改。

〔一〇〕虜衆以船犯昌國縣　「虜」原作「敵」，據皇朝中興紀事本末卷一二改。下同。「犯」原作「趣」，據皇朝中興紀事本末卷一二改。

〔一一〕金虜萬户妻室及銀朱與吾叛將折可求聯衆十萬圍陝州　「虜」原脱，據皇朝中興紀事本末卷一二補。

〔一二〕虜亦無食欲去　「虜」原作「金」，據皇朝中興紀事本末卷一二改。下同。

〔一三〕虜益增兵　「增」，皇朝中興紀事本末卷一二作「生」。

〔一四〕虜殺其家　「虜」原作「金人」，據皇朝中興紀事本末卷一二改。下同。

〔一五〕四夷兵不制所致　「四夷」原作「外國」，據皇朝中興紀事本末卷一二改。

〔一六〕朕與卿等當共修德以應天也　「也」原作「地」，據皇朝中興紀事本末卷一二改。

〔一七〕案：「殿中侍御史張延壽」，繫年要録卷三一作「監察御史張延壽」；詔罷康、珏，繫年要録卷三一繫於「戊辰」；而李回之除繫於二月乙亥。并考證小曆所記爲誤。

〔一八〕侍從臺省官稍集　「從」原作「御」，據皇朝中興紀事本末卷一二及繫年要録卷三一改。

〔一九〕仍稍還買鹽本錢　「稍」原作「指」，據皇朝中興紀事本末卷一二及繫年要録卷三一改。

〔二〇〕金虜萬户婁室與其副撒离曷及黑峯等寇邠州　「虜」原脱，據皇朝中興紀事本末卷一二補。「寇」原作「攻」，據皇朝中興紀事本末卷一二改。

〔二一〕至白店原　「白店原」，繫年要録卷三二建炎四年三月乙巳條據吴玠功績紀、趙甡之遺史作「彭店原」。

〔二二〕婁室與黑峯引衆來犯　「犯」原作「攻」，據皇朝中興紀事本末卷一二改。

〔二三〕虜人因目之爲涕泣郎君　「虜」原作「金」，據皇朝中興紀事本末卷一二改。

〔二四〕賊勢復振　「賊」原作「敵」，據皇朝中興紀事本末卷一二改。

〔二五〕虜亦引去　「虜」原作「敵」，據皇朝中興紀事本末卷一二改。

〔二六〕詔啓運宫神御於福州奉安　「啓運宫」，繫年要録卷三一作「啓聖宫」。

〔二七〕金虜元帥兀朮尚據臨安　「虜」原無，據皇朝中興紀事本末卷一二補。

〔二八〕丁亥　繫年要録卷三一繫於「丙戌」。

〔二九〕時右僕射杜充已降虜　「虜」原作「敵」，據皇朝中興紀事本末卷一二改。

〔三〇〕金虜遣兵由湖州攻兩浙　「虜」原作「人」，據皇朝中興紀事本末卷一二改。

〔三一〕及虜退　「虜」原作「敵」，據皇朝中興紀事本末卷一二改。下同。

〔三二〕案：據繫年要録卷三三己未條考證：當時温州科擾不一，並非僅僅取足於鬻産之直。

〔三三〕自觀察使降爲防禦使　「防禦使」，繫年要録卷三一作「文州團練使」。

〔三四〕億安西人扑之孫　「扑」原作「扑」，據皇朝中興紀事本末卷一二改。

〔三五〕荆之枝江　「枝江」原脱，據繫年要録卷三一及三朝北盟會編卷一三七補。

〔三六〕潭之湘陰益陽湘鄉　「湘鄉」，繫年要録卷三一及三朝北盟會編卷一三七作「寧鄉」。後面脱「江化（會編作安化），峽州之宜都」。

〔三七〕臣以是知景衡略與慤同　「略」原作「累」，據皇朝中興紀事本末卷一二及宋宰輔編年録卷一四改。

〔三八〕以虜退　「虜」原作「金」，據皇朝中興紀事本末卷一二改。下同。

〔三九〕賊至欲遁　「賊」原作「敵」，據皇朝中興紀事本末卷一二改。

〔四〇〕虜入城　「虜」原作「敵」，據皇朝中興紀事本末卷一二改。下同。

〔四一〕案：敗兀朮事，繫年要録卷三二繫於「三月癸卯」，并認爲陳思恭「小捷而退」。

〔四二〕丁酉　繫年要録卷三一繫於「乙未」。

〔四三〕案：繫年要録卷三二繫於「二月庚子」。

〔四四〕有德者率淳直　「淳」原作「浮」，據皇朝中興紀事本末卷一二及繫年要録卷三二改。

〔四五〕案：繫年要録卷三三據日曆繫於「五月壬子」。

〔四六〕宣撫措置使張浚奏　「措置使」，皇朝中興紀事本末卷一二作「處置使」。

〔四七〕時浚聞虜大入寇　「虜大入寇」原作「金人南下」，據皇朝中興紀事本末卷一二改。

〔四八〕知虜退　「虜」原作「金」，據皇朝中興紀事本末卷一二改。

〔四九〕衆潰而亡　「衆」原作「後」，蓋涉上而誤，據皇朝中興紀事本末卷一二改。

〔五〇〕金虜左監軍撻辣自維州遣太一孛堇等提兵南寇　「虜」原無，據皇朝中興紀事本末卷一二補。「撻辣」原作「達蘭」，「太一」原作「泰伊」，「孛堇」下原衍「玷」，「寇」原作「下」，據皇朝中興紀事本末卷一二改、删。下文「達蘭」之類徑改，不出校。

〔五一〕虜進圍揚州　「虜」原作「金」，據皇朝中興紀事本末卷一二改。下同。

〔五二〕許退保鎮江　「許」原作「計」，據皇朝中興紀事本末卷一二改。

〔五三〕金虜更遣河北簽軍首領聶昌領衆來攻　「虜」原作「人」，據皇朝中興紀事本末卷一二改。

〔五四〕城破爲虜所害　「虜」原作「金」，據皇朝中興紀事本末卷一二改。案：東京城破，繫年要録繫於二月丁亥，而上官悟之死，是他出奔到唐州，爲董平所殺。

〔五五〕夏四月丙子　「丙子」原作「丙午」，案：四月壬申朔，無丙午日。據繫年要録卷三二改。

〔五六〕癸未　原作「癸丑」，案：四月壬申朔，無癸丑日。據繫年要録卷三二及宋史卷二六高宗本紀三改。

〔五七〕及建康之寇盡渡江　「寇」原作「衆」，據皇朝中興紀事本末卷一三改。

〔五八〕必以韓世忠之報虜騎窮蹙　「虜」原作「衆」，據皇朝中興紀事本末卷一三改。下同。

〔五九〕兹乃社稷存亡至危之幾也　「危之幾」原作「厄之道」，據繫年要録卷三二及皇朝中興紀事本末卷一三改。

〔六〇〕時虜衆百萬　「百萬」，繫年要録卷三二作「十餘萬」；皇朝中興紀事本末卷一三作「數萬」。

〔六一〕世忠募海船百十艘　「十」，皇朝中興紀事本末卷一三作「餘」。

〔六二〕虜之在儀真者　「虜」原作「金」，據皇朝中興紀事本末卷一三改。下同。

〔六三〕案：金兀朮逃脱，繫年要録卷三二繫於「丙申」。

〔六四〕虜以輕騎絶江而遁　「騎」，皇朝中興紀事本末卷一三作「船」。

〔六五〕虜來必登此望我虛實　「虜」原作「敵」，據皇朝中興紀事本末卷一三改。下同。

〔六六〕虜所遺輜重山積　「虜」原作「金」，據皇朝中興紀事本末卷一三改。

〔六七〕又得龍虎大王舟千餘艘　「千」，廣雅本作「十」。

〔六八〕乃僞封王爵　「僞」原作「金」，據皇朝中興紀事本末卷一三改。

〔六九〕案：此條記事，繫年要録卷三二繫於「辛卯」，並在注文中考證云：「熊克小曆附此事於甲申，恐誤。」

〔七〇〕案：李光奏金人遁去，繫年要録卷三二繫於「丙戌」。

〔七一〕案：此條記事，繫年要録卷三二繫於「三月癸卯朔」，并考證當時湖北無帥，且孔彦舟也未做過「捉殺官」。

〔七二〕癸未　繫年要録卷三二繫於「三月戊辰」。

〔七三〕壬辰　原作「壬申」，據皇朝中興紀事本末卷一三及繫年要録卷三六建炎四年八月辛卯注文所引小曆改。案：「壬辰」，繫年要録卷三六繫於「八月辛卯」。

〔七四〕遂安軍奏　「遂」原作「遠」，據皇朝中興紀事本末卷一三改。

〔七五〕乃罷爲鎮南軍節度開府儀同三司太一宫使　「太一宫」，繫年要録卷三二作「醴泉觀」。案：吕頤浩罷相，繫年要録卷三二繫於「丙申」。

〔七六〕并聽張俊節制　「并聽」二字原脱，據皇朝中興紀事本末卷一三補。

〔七七〕松滋縣之李合戎　「戎」，皇朝中興紀事本末卷一三作「式」。

〔七八〕各有衆百千　「百千」，皇朝中興紀事本末卷一三作「數千」。
〔七九〕知蔡州直龍圖閣程昌寓被召　「寓」原作「禹」，據皇朝中興紀事本末卷一三改。下同。
〔八〇〕案：孔彦舟引全軍去事，繫年要録卷三六附於八月末。
〔八一〕發運使宋輝皆當貶矣　「宋輝」，皇朝中興紀事本末卷一三作「宋暉」，繫年要録卷三三作「宋煇」。
〔八二〕大者至千萬人　「千萬」，皇朝中興紀事本末卷一三及繫年要録卷三三作「數萬」。
〔八三〕以宗爲右僕射　原脱，據皇朝中興紀事本末卷一三補。
〔八四〕知光州吴翊報虜中事宜　「虜」原作「敵」，據皇朝中興紀事本末卷一三改。
〔八五〕令輪修時政記　「令」原作「合」，據廣雅本改。案：皇朝中興紀事本末卷一三作「今」，當是「令」之誤。
〔八六〕朕乘輿服御　「朕」原作「脱」，據廣雅本改。
〔八七〕以簽書樞密院張守爲參知政事　原脱，據皇朝中興紀事本末卷一三補。
〔八八〕右語云奉敕如何　「右」原作「古」，據皇朝中興紀事本末卷一三及繫年要録卷六六改。
〔八九〕聞渠向自建康出使未出國門　「出使未」原脱，據皇朝中興紀事本末卷一三及繫年要録卷六六補。
〔九〇〕别選御營中軍五百人　「五百」，繫年要録卷三三作「三百」。
〔九一〕趙鼎留身曰　案：「留身」，繫年要録卷三三根據當時的閤門令「執政不許留身」而删「留身」，改爲「奏事」。下同。
〔九二〕宰執擬以朝奉大夫陳桷爲閩憲　「桷」原作「桶」，據廣雅本、皇朝中興紀事本末卷一三及繫年要録卷三三改。
〔九三〕案：此條記事，繫年要録卷三三繫於「癸亥」。
〔九四〕脱身先遁避寇　「寇」原作「敵」，據皇朝中興紀事本末卷一三改。

〔九五〕致賊破吴門　「賊」原作「敵」，據皇朝中興紀事本末卷一三改。

〔九六〕滁濠二郡授知滁州劉位　「劉位」原作「劉立」，據廣雅本及繫年要録卷三三改。

〔九七〕則江洪撫信興國南康臨江建昌隸之　「南康」，繫年要録卷三三作「南昌」。

〔九八〕金虜既陷山東　「虜」原作「人」，據皇朝中興紀事本末卷一三改。

〔九九〕豫使子麟用重寶陰賂諸酋左右　「諸酋」原作「監軍」，據皇朝中興紀事本末卷一三改。

〔一〇〇〕粘罕於是遣人馳稟虜主晟　「虜」原作「金」，據皇朝中興紀事本末卷一三改。下同。

〔一〇一〕時諸郡迎合虜意　「虜」原作「敵」，據皇朝中興紀事本末卷一三改。

〔一〇二〕虜主晟遣慶裔同知制誥韓昉　「虜」原作「金」，「誥」原作「詰」，據皇朝中興紀事本末卷一三改。

〔一〇三〕但言送之歸鄉　「但言」原無，據皇朝中興紀事本末卷一三補。

〔一〇四〕虜又以右軍兀朮南寇所降李儔李鄴鄭億年等臣豫　「寇」原作「侵」，據皇朝中興紀事本末卷一三改。

〔一〇五〕億年爲禮部侍郎　「禮部」，僞齊録卷上、三朝北盟會編卷一四一及繫年要録卷三七作「工部」。

〔一〇六〕凡翊衛勳衛親衛　「親衛」原脱，據皇朝中興紀事本末卷一三補。

〔一〇七〕詔浙西帥臣於鎮江府置司　「鎮江府」，皇朝中興紀事本末卷一三作「平江府」。

〔一〇八〕淮寧潁昌三郡授知淮寧府馮長寧　「淮寧潁昌三郡」，皇朝中興紀事本末卷一三作「淮寧潁昌二郡」。繫年要録卷三四作「淮寧順昌府蔡州」，當是。

〔一〇九〕案：曾幾拒不供鹽事，繫年要録卷三六據中興遺史繫於八月末，并認爲中興小曆把孔彦舟全軍入湖南境繫於四月末爲誤。

〔一一〇〕辛執擬前淮東提舉官潘良貴爲湖南提刑　「前淮東提舉官」，繫年要録卷三四作「朝散郎主管亳州明道宮」，并考證熊克所記爲誤。

〔一一一〕時光世獲到虜俘號簽軍者　「虜」原作「敵」，據皇朝中興紀事本末卷一三改。

〔一一二〕不幸陷夷虜　「夷虜」原作「金」，據宋史全文續資治通鑑卷一七改。

〔一一三〕金虜右監軍兀朮回江北　「虜」原脱，據皇朝中興紀事本末卷一三補。

〔一一四〕遣人誚兀朮入寇無功　「入寇」原作「渡江」，據皇朝中興紀事本末卷一三改。

〔一一五〕再寇江南　「寇」原作「下」，據皇朝中興紀事本末卷一三改。

〔一一六〕兀朮以前日渡江之事爲耻　「事爲恥」，皇朝中興紀事本末卷一三及景定建康志卷三八作「危爲辭」。

中興小紀卷九

建炎四年秋七月，時已除開府儀同三司呂頤浩建康府路大帥，甲辰，宰執擬提舉太平觀劉洪道爲參議官。上曰：「不可，是又欲與頤浩同官。」趙鼎曰：「頤浩之來尚遲，今先令洪道往池陽措置防江。」上乃許之，因曰：「議者謂頤浩多引用山東人，且頤浩爲相，當收天下人材，而獨私鄉曲，非公道也。」張守曰：「立賢無方，正爲此耳。」既而，頤浩過闕，見上言：「臣自去國，不知金虜之實〔一〕，似聞已渡淮北去，然虜人多詐而難測〔二〕。臣比經四明，見朝廷集海舟於岸下，是必爲避寇之備〔三〕。夫避寇固當預辦，然禦寇之計，尤不可緩。臣仰料聖駕，萬一避寇，不過如永嘉及閩中爾。望鑑去歲虜騎追襲之事〔四〕，選兵二萬，分爲二項，以頓江東〔五〕，或據水鄉，或扼山險，邀而擊之，使將士戮力，如四明城下之戰，則無不勝矣。萬一今冬虜不渡江，則願宰執預爲之計，俟來夏則遣兵北向，分二萬由海道趣文、登，以摇青、齊；分二萬由淮陽趣彭城，以撼鄆、濮。蓋虜人用兵〔六〕，深忌夏月，我必乘其忌而攻之，故大暑用兵，臣前後屢陳此計。然安危治亂之要，尤在人主能察。方去冬虜人分三路追襲，廷臣皆以航海爲非，惟陛下斷而必行，故至今帖然無虞。夫難得易失者天之時，難成易敗者人之功。臣願陛下愛惜分陰，汲汲圖之。近臣有獻計者，必參以行事，而驗其是非，則人不難知矣。此陳蕃所謂成敗之機在察言也。願留聖意。」

丙午，右諫議大夫黎確言：「陛下念劉光世之功，穹資峻秩，舉無所吝。今又與舊相並命爲大帥，處以鎮江。光世乃預擇便地自安，而委郡政於添倅。陛下聖斷不從，尚遷延未行，公議憤之。」詔以章示光世。確，邵武人也。

辛亥，右僕射范宗尹言：「張俊自浙西來〔七〕，稱岳飛可用。」上曰：「飛，杜充愛將，充於事君失節而能用飛，亦有知人之明也。」

新肇慶府鈐轄曾訥者〔八〕，初以貢獻得官，後因忤梁師成，以至編管籍没〔九〕。上憐其無辜，令宰執與一差遣。而言者乃謂訥因請托得之。戊午，上曰：「朕何嘗有此〔一〇〕，可亟罷前命，使中外曉然。」趙鼎曰：「訥已除鈐轄，猶上言乞郡不已。」乃詔并鈐轄罷之。

知平江府湯東野乞祠。乙丑，上謂宰執曰：「向聞趙鼎言東野與康允之皆有才，但當外任繁劇，不可處獻納之地。」范宗尹曰：「議者謂允之優於東野。」張守曰：「二人皆能辦事，而允之不擾。」上曰：「既能辦事，無不擾之理。」

己巳，禮部尚書謝克家奏：「故翰林學士范祖禹，當元祐中，終始實在經筵，所著唐鑑已進御，又有仁宗訓典及帝學二書，深裨治道。今其子前宗正少卿冲，見寓衢州，乞給札，令冲投進。」許之。

初，河北賊酈瓊等五萬人來降，浙西大帥劉光世遣統制官靳賽往招納之。又饒、信間有妖寇王念經等，聚衆數萬，光世亦命統制官王德同賽總兵致討，德涉彭蠡，道出饒州。羣盜劉文舜攻城甚急，守臣連南夫馳書求救，德引兵壓壘而陣，賊舍兵請降。時權知三省樞密院盧益，護迎隆祐太后過撫州，勸德進兵，德遂抵貴溪，一鼓而擒念經。是月，獻俘行在。

道君自韓州徙居五國城，虜人請道君減去隨行官吏，道君力懇之，不從。乃召諭之曰：「卿等相隨而來，憂樂固當同之。但事屬他人，無如之何。」言訖泣下。官吏皆呼號而出。宗室亦不許隨行，惟孝騫嫡孫，有奕等六人從焉。五國孛堇八曷打下通事慶哥〔一一〕，詐傳巴克塔之言，求北珠，道君與之。他日，事發，八曷打欲殺慶哥，遣人審覆。道君曰：「初無此事，恐復誤傳。」北人聞之，皆手加於額。太子斡离歡遣人奉書求內侍兩輩〔一二〕，道君不悅曰：「誰肯往者？然五太子不可不遣〔一三〕。」乃遣王佃、陳思正。且復書曰：「二人自汴京隨至此，難苦萬狀，望優容之。」

時開府劉光世以公事移牒六曹。八月【新輯】辛未朔，言者謂：「承平之時，雖宗室戚里爲使相者，莫敢用牒。在今尤宜尊朝廷，若可牒六曹，則亦可關三省、樞密院矣。光世非敢凌蔑六曹，特不知事體。望申戒飭。」乃詔與光世。

以禮部尚書謝克家爲參知政事。克家首言：「吕頤浩老成練事，去歲勤王有大功。時方艱難，强寇内逼，望留之行在，以備咨訪。」（輯自皇朝中興紀事本末卷一四）

甲戌，詔新江州鈐轄張忠彦聽朱勝非節制。上謂宰執曰：「勝非當苗、劉之變，不爲無功。」范宗尹曰：「勝非能使二兇不疑，以待勤王之師，議者咸稱其有謀。」上曰：「是時惟勝非、鄭瑴與之抗，若顏岐雖好士人，亦懦怯不能有爲。故古人以威武不能屈爲大丈夫也〔一四〕。」

先是，江西、湖南北路正賦外，多别科米〔一五〕，則有正耗、補欠、和糴、斛面等，自一石輸及五六石；錢則有大禮、免夫、綱夫、贍軍等，自一緡輸及七八緡，吏緣爲姦，其名日新。復調丁壯把隘修寨，富者出財，貧者出力，民不堪命，則據險結黨，抗拒縣官，既免征徭之苦，且獲攘掠之利，故多去爲盜。至是，勝非上疏極論，而宗尹未嘗歷州縣，不甚知民疾痛，但降旨依累降赦令而已。

參知政事謝克家請：「日輪從官一員，以前代及本朝之關治體者，具兩事進入，庶裨聖學。」從之。命侍臣進故事，自此始。既而吏部侍郎、直學士院綦崇禮，乞止令講讀官三五日一進。乃詔翰林學士、兩省如前詔〔一六〕。

丁丑，詔：「故言官常安民、江公望，皆抗節直詞，觸權姦之怒，擯斥至死，可並贈諫議大夫。」仍召安民子同赴行在。

隆祐太后自江西回，庚辰，上出行宮門外迎之。

初，侍御史沈與求言：「右僕射范宗尹年少驟進，不更世務，恐誤國事。」上頗難之。既而，户部侍郎季陵乞詔宰執於罪累中選真賢實能，量付以事，責功補過，雖蔡京、王黼、張邦昌之所主者，亦不以一眚廢其終身。詔臺諫勿復以言，遂牓朝堂。至是，與求同右諫議大夫黎確、右正言吴表臣論列，以爲：「自古豈有禁臺諫不得言者，且不應牓。」表臣，永嘉人也。上命撤之。宗尹請坐三章行出，曰：「臣唯是之從，何敢固執？」與求再論陵承望宰執風旨，有「變朱成黑，指鹿爲馬」之語，宗尹請去。上令張守諭旨留之。辛巳，上批略曰：「陵爲侍從，乃乞用一時罪戾之人，使箝臺諫不得言，可罷與外祠。與求乞顯黜獻言者，其論爲當。至云『變朱成黑，指鹿爲馬』，使大臣不敢安位，可除職與郡。」遂以與求爲直龍圖閣、知台州。

初，宣撫制置使張浚復歸秦州，至是，以虜衆猶在淮甸〔一七〕，恐復擾東南，欲分撓其兵勢，故陝西獻計者，多以擊虜爲便。浚召都統制曲端等問之，端曰：「平原曠野，賊便於衝突〔一八〕，而我師未皆習戰，須教士數年，然後可以大舉。」統制官吴玠曰：「高山峻谷，我師便於駐隊〔一九〕，賊雖驍果，甲馬厚重，終不能馳突。我據關輔之勢，可以徐圖。」諸將恥於不武，莫肯出言。參議官劉子羽爭之，以爲未可。浚曰：「吾寧不知此，顧今東南之事方急，不得不爲是爾。」張浚丁巳瀟湘録曰：「浚奉使川陝日，上謂曰：『陝西士馬彫弊，勢非五年之後不可大舉。』既上往會稽，賊勢乘隙侵陵，海道之行危甚。後雖退師，僞四太子者〔二〇〕，猶於淮西駐軍。浚與參議官劉子羽議曰：『今度虜勢，必再犯江南，儻事有不意，爲天下後世罪人矣。勢當傳檄舉兵，以爲牽制。』子羽曰：『相公不記臨行天語乎？此兵非五年訓諫不可。』浚曰：『事有不可一拘者。〔二一〕假令萬有一前日海道之行，變生不測，吾儕奈何？雖欲復歸陝西，號令諸將，其可得乎？』子羽之議遂塞。此事外人不及知，多誚浚輕舉〔二二〕，且歸罪子羽爲多，天實鑑之也。」

先是，端驟得志而驕，自白店原之敗，少沮。參謀官王庶乘此言於浚曰〔二三〕：「端有反心久矣，盍早圖之。」浚乃罷端兵柄，遷之恭州〔二四〕。統制官張中孚、李彦琪等諸州羈管。陝西人恃端爲命，及爲庶潛而貶，軍情頗不悅。王之望西事記曰：「張浚至陝西，欲易置諸路帥臣，權勢震赫。是時，五路未破，士馬强盛，加以西蜀之富，而貸其賦五年，金銀糧帛之運不絶於道，所在山積。浚之爲人，忠有餘而才不足。雖昧於知人，短於用兵，而清修篤謹，有志于天下，古人不能過也。復果斷敢爲，諸將亦莫敢桀驁。曲端者，初爲五路統制，拜威武將軍，屢與金人角，更勝迭負，西人以爲能。然心常少浚，浚乃奪其兵廢之。」浚於是決策治兵，移檄河東問罪，癸未，復永興軍。金虜大懼〔二五〕，急調右監軍兀朮自京西令星馳至陝右〔二六〕，與萬户婁室等會。而浚亦劄五路，合兵四十萬，約日會於耀州，以與虜戰〔二七〕。

權知三省樞密院盧益，令權綴宰執班，今後奏事取旨。時同權知三省樞密院李回，護六宮在道尚未至〔二八〕，而寧遠軍節度使孟忠厚扈從先還。乃乞蠲太后所過秋税〔二九〕。丙戌，宰執奏：「夏税已放，若更免秋税，恐州縣經費有闕，却至横斂。」上愀然曰：「常賦外横斂，及贓吏害民，最宜留意。祖宗雖崇好生之德，而贓吏罪未嘗末減。自今雖未欲誅，杖脊、流之，不可貸也。」

金虜左監軍撻辣自維州引衆寇淮東〔三〇〕，又欲南渡。議者將復爲海道之行。范宗尹以爲：「危事不可再蹈，頻年浮海，則遠近離心，大事去矣。」上以爲然。乃詔金賊見於真、揚出没〔三一〕，恐不測南渡，令浙西安撫大使劉光世往鎮江，分兵以備江岸，及會淮南諸鎮，併力擊之。

盧益上疏言民困，乞頒霈澤。戊子，曲赦饒、信二州。

承州鎮撫使薛慶，故爲盜時，嘗掠於通、泰，及作守，則重税往來，民甚怨之。承、楚相距有樊、梁等三湖，縣二百里，饒魚稻菱蒲之利，賊張敵萬往來其中，衆至數萬，旁郡被害。慶與敵萬通和，承州賦入城者，多得達。楚州鎮撫使趙立不與敵萬通，故楚獨受苦，絶賦入路，由是乏食。夏中米價，承二百，楚五百，以敵萬賦入路爲厚薄也。至是，金攻揚州急，鎮撫使郭仲威求援鄰鎮，慶走救之，戰敗而死，楚勢亦危，立遣人告急。己丑，樞密院奏仲威兵力不加。僉書院事趙鼎欲遣神武右軍都統制張俊往救之。俊曰：「虜方濟師〔三二〕，撻辣善兵，其鋒不可當。立孤壘，危在旦暮，若以兵委之，譬徒手搏虎，併亡無益。」鼎曰：「楚當虜衝〔三三〕，所以蔽兩淮，若委而不救，則失諸鎮之心。」俊曰：「救之誠是，但南渡以來，根本未固，而宿衛寡，人心易摇，此行失利，何以善後？」鼎曰：「江東新造，全藉兩淮，若失楚，則大事去矣。是舉也，不惟救垂亡之城，且使諸將殫力，不爲養寇自豐之計，若俊憚行，臣願與之偕往。」俊復力辭，乃詔通泰鎮撫使岳飛率兵腹背掩擊，又令浙西大帥劉光世遣兵渡江爲援。趙鼎事實曰：「時諫官亦乞趣光世渡江解圍。上顧鼎曰：『移文不足以盡意，可作書與光世詳言之。』鼎曰：『昨聞光世亦欲渡江，一屬官有異意，遂已。臣嘗以書抵光世曰，參謀諸君，久在幕府〔三四〕，必能裨替聰明，固不可輕舉妄動，貽朝廷憂，亦豈可坐視不救，滋長敵勢。』上曰：『諭諸將當如是。』鼎曰：『若其屬時時以言警之，彼必自籌畫矣。』又曰：『臣待罪本兵，不能遣一將，何以勵其餘？陛下有唐憲宗任使之明，而臣無杜黄裳協贊之助。』因力求去。」

辛卯，建州民范汝爲者，粗知書，其諸父以盜販爲事，而號「黑龍」、「黑虎」者，尤善格鬬，羣不逞附焉。每數百人負鹽，横行州境，官不能捕。有選人建陽江鈿老矣，郡守謂鈿有謀，使攝令甌寧，以圖二范，未幾，果擒之，皆斃於獄。其徒無所歸，復依汝爲。一日，因刃傷人至死，遂作亂。事在七月。時方艱食，饑民從之者甚衆。州兵戰敗，賊勢滋盛。癸巳，詔福建帥臣、徽猷閣待制歙縣程邁遣兵討之〔三五〕。

言者論：「前權知三省樞密院滕康及同知劉珏，昨聞警報，了無憂國之心，使太后乘流涉險，爲敵騎所追，望行竄逐。」乙未，詔康永州，珏衡州，並居住〔三六〕。言者又論：「資政學士盧益，迎奉太后歸行在，所至苛擾。」亦降兩官。時右正言吴表臣復論：「帶御器械潘永思，恃與益深交，擅作威福，恣行貪饕。」上詔罷之〔三七〕。且曰：「永思無狀，朕未嘗假以事權。」辛執請除一差遣。上曰：「未可，且罷禄以困之，庶知悔過。朕於戚里，未嘗私以恩，如邢后之父，不復收召，張才人兄弟，皆小官。卿等所知。益陰結永思，非端人也。」

先是，州縣繫囚，多以盜販茶鹽，及逋官物，數雖少而連逮甚衆。獄不速決，致有死者，實傷和氣。九月壬寅，乃詔諸路提刑司，將實犯罪者早結絶，干繫者先放。上曰：「不惟州縣如此，大理獄亦多淹然。朕以一二事付寺，至今未了。大凡罪當笞、杖、徒、流，或至于死，法有等差，而久繫于獄，是重其罪者也。可呼獄官戒諭之。」

甲辰，皇后鄭氏崩于五國城。其後，太后回鑾，知爲此日。時越州秋試官宋愈、陳協所出策問，語多尚諛，愈以爲辛相今得王佐，協以爲雨暘今已時若。於是，言者謂：「陛下駐蹕海隅，會稽實同首善之地。而試官全不體國，以詢良圖，乃爲進身計，因言獻諛如此，是崇、觀、政、宣之風到今未殄，爲國大累。乞略賜懲之，亦望陛下惡佞之意不減於責張悫時也〔三八〕。」庚戌，詔愈、協各罰銅十斤。

言者論：「近世銓衡之官，法守不正。自蔡京、王黼用事，有詣堂求部闕者，雖已注人，亦奪而與之。甚者部有佳闕，且密獻之，遂至堂選混淆，爲寒士之患。朝廷今已灼見斯弊，望明戒吏部長貳，如堂中取闕，並不得報，庶幾綱紀復振。」癸丑，詔吏部遵守。

乙卯，罷中書門下檢正官。

丙辰，詔左右司郎官，依舊復置四員。

有王師昊者，岢嵐軍人，上書誑誕惑衆。戊午，詔送鄰州編管。上曰：「朕大開言路，檢鼓進狀，日關聽覽，言有可採，至命以官。其或不當，雖斥朕躬，亦置不問。至於惑衆，不免禁止，宜以此意曉諭士民。」

己未，【新輯】上曰：「昨韓世忠進一馬，高五尺一寸，云非人臣所敢乘。朕答以九重之中，未嘗出入，何所用之？卿可自留，以爲戰備。」時世忠夫人有未支積俸，詔以隆祐太后殿下供奉物給之，他不得援例。既而，賢妃位亦乞勘請，不允。〔三九〕上曰：「朕妃嬪所請，可以不給，如將帥，朕所委用，當厚恤其家也。」（輯自皇朝中興紀事本末卷一四，參考繫年要録卷三六）

內降御厨官潘績特令再任。庚申，宰執奏績乃添差，不應再任，須特旨，再添差一次。上恐人得以援例，遂寢前命〔四〇〕。

宣撫制置使張浚以熙河經略使劉錫爲都統制，與涇原經略使劉錡、秦鳳經略使孫渥、環慶經略使趙哲及諸將，各率所部兵會于耀州。錫、錡，仲武子也。浚進駐邠州，於是，知鳳翔府兼權永興路總管吳玠與秦鳳提刑郭浩皆言：「虜鋒方鋭〔四一〕，當且分守其地，掎角相援，待其弊，乃可乘。」浚不從。諸軍行至富平縣，錫會諸將議，玠曰：「兵以利動，今地勢不利，未見其可。宜擇高阜據之，使不可勝。」諸將皆曰：「我衆彼寡，又前阻葦澤，敵有騎不得施，何用他徙？」將戰，乃詐立前都統制曲端旗以懼虜〔四二〕，虜酋婁室曰〔四三〕：「彼終紿我也。」癸亥，婁室擁兵驟至，輿柴囊土，藉淖平行，進薄吾營。錫等與之戰，錡身率將士，殺虜頗衆，勝負未分。而虜鐵騎出不意，直擊環慶軍，他路無援者。會趙哲離所部，哲軍見塵起，驚遁，諸軍亦退，虜乘勝而前。於是，陝西人情大震。

浙西大帥劉光世解到降羌，詔分隸五軍。乙丑，三省言：「陛下推赤心置其腹中，固盛德事。然非我族類，其心必異。國家前日招納，已蹈郭欽、江統所論之失。今日不可不思魏證所爭議者〔四四〕，以爲戒也。」乃令諸軍常察之。

先是，光世畏虜騎之衆〔四五〕，不能援揚、楚，止遣統制官王德、酈瓊將輕兵趣承州。時淮西乏食，諸將多猶豫不進，獨海州鎮撫使李彥先以兵至淮岸，虜人攻其衆〔四六〕，殲焉。真揚鎮撫使郭仲威兵屯天長，掠往來之人以自給〔四七〕。德等至承州，有兩校不應命，斬之。通泰鎮撫使岳飛亦屯三墪爲援。至是，虜急攻楚州〔四八〕，鎮撫使趙立中砲死，城遂陷。而朝廷尚未知也。

時虜留淮上未退〔四九〕。一日，宰執奏邊事，范宗尹曰〔五〇〕：「虜未必能再渡〔五一〕。」趙鼎曰：「勿恃其不來，恃吾有以待之可也。」乃乞詔州縣各爲移治自保之計，毋得拘留百姓，及虜至，即脱身而遁，使民肝腦塗地。又曰：「三省常爲虜不來，而爲陛下拔人材、修政事。密院常爲虜見侵，而爲陛下申軍律、治兵甲，即兩得之。」上曰：「卿等能如此，朕復何憂？」忽有諜報，謂虜衆引舟自漕渠而南，行在震擾。鼎謂宗尹曰：「不速動，恐復有維揚之變。」宗尹曰：「今日之事，在維揚則不可，在會稽則可。」鼎曰：「相公定道著。」李回曰：「丞相之言差强人意。」〔五二〕此據范宗尹、趙鼎事實參纂。

被召人、朝散大夫毛隨言：「按漢志，歲星所在，國不可伐。昔湯之元祀，歲星順行，與日合于房、心，宋、亳分也。周武王至豐之明年，歲星順行，與日合于柳，建留于張，其分實河、洛之墟。故武王定鼎，而周公迄營成周。今年冬，歲星當躔於斗，斗吴、越之會，蓋與商、周之事略同〔五三〕。天其或者將厭亂而興宋乎〔五四〕！虜不南渡矣〔五五〕。然禦戎上策，莫先自治，今宜保天險，修戰備，權宜定都，不爲輕動，以係四方之觀聽，則士氣日壯。」隨，江山人也。

冬十月，初，建州軍賊作過，時將官曹維纔到任，而浙西提刑趙哲招撫賊衆，劾維之罪。又衢之開化縣最僻，叛將苗劉所不到，縣令范塡乃結守臣胡唐老〔五六〕，作守禦有勞，改京秩。至是，言者論之。庚午朔，並究實改正。

先是，兩浙漕臣李承造言：「嚴、秀二州守倅及漕司官吏，催科預辦，乞行推賞。」詔二州守倅各轉一官。癸酉，言者謂：「恐此例一開，則州縣之吏以亟辦相勉，若嚴、秀成命既行，不欲追寢，即漕司官吏，更不推賞。」詔從之。

是日，諫官論監司體量滅裂等事。上喜，謂宰執曰：「近來臺諫官日有章疏，未嘗放過一事。」范宗尹曰〔五七〕：「陛下開廣言路，是以人得盡言無隱，此朝廷美事也。」

責授中奉大夫余深，昨因渡江赦，復還鄉里，至是，遇郊禮乞奏薦。在法，應責降而官品高者取裁。丙子，宰執奏：「深乃蔡京死黨，乞勿令奏薦。」詔從之。上因曰：「如蔡卞真所謂姦邪。比閱王球家所收御製鶺鴒賦，京、卞皆賦於其後，卞賦盛言繼述哲宗之志，屏斥元祐黨人，因致斯瑞。且後苑叢茂，珍禽翔集，乃其常事，太平時不無緣飾，而其言若此，豈非姦邪也耶？」范宗尹曰：「紹聖以來，賊害忠良，皆卞之力。」謝克家曰：「卞之陰險過於京也。」

言者論防海利害，有可慮者三，不足畏者三。大略謂：「海道風帆，瞬息千里，舟師徑至，勢難枝梧。又出没示疑，牽制王師，揚旗伐鼓，中夜而至。我若驚潰，彼計得行，所可慮者此也。冒涉洪濤，虜衆方病〔五八〕，乘其未定，易以進擊。又或爲風阻，咫尺不前，港道回曲，加以泥濘，其隙易乘，不足畏者此也。由是言之，無備則可慮，有備則弗畏，今莫若委之沿海巡尉，及民社兵。大抵海舟不能齊一，未集而擊之，必可成功。」甲申，詔從之。

是日，宰執奏諫官有疏，乞詔劉光世渡江，解楚州之圍。上曰：「趙立堅守孤城，雖古名將，無以過之。」遂以手札賜光世，趣令渡江。

辛卯，詔故中書侍郎張慤，忠實剛毅，乃心王室，其子瑜久已服除，宜與差遣。

是月，贈故執政耿南仲爲觀文殿學士。

先是，宣撫處置使張浚聞軍潰，自邠州退保秦州，而虜侵軼未已〔五九〕。浚復退保興州，斬敗將趙哲以徇。陝右兵各散歸本路，諸帥皆寓治它所。知鳳翔府吴玠收秦鳳餘兵，閉大散關，以斷虜騎來路〔六〇〕，統制官關師古收熙河餘兵，以保岷、鞏。知秦州孫渥收涇原餘兵於階、成、鳳三州，以捍蜀口。既而，大散關又不守，浚惟有親兵千餘人實從，或建策徙治夔州，參議官劉子羽曰：「若東走夔，則與關中血脉不相通矣。今當且留興州，外繫關中之望，内安全蜀之心。」浚乃止。遂令子羽以單騎至秦亭，分遣腹心，召諸亡將。時虜騎四出，道阻不通，忽聞子羽至，諸將悉來。浚檄玠與提刑郭浩收拾散卒，視大散關之東有險曰和尚原，方據險列栅守之。而賊已抵原下矣。浚於是又退保利州。或謂吴玠，漢中扼蜀口，宜屯以安蜀，玠曰：「我保此，敵決不敢越我而進，堅壁臨之，彼懼吾之躡其後，是所以保蜀也。」虜知我有備，乃引去。王之望西事記曰：「張浚之戰於富平也，金人亦畏之，然浚喜功名〔六一〕，鋭於進取，而幕下多川南官，不練兵事，欲決勝負於一舉，以至於是〔六二〕，遂走興元，又退走閬中〔六三〕。陝西諸郡，不殘於金人者，皆爲潰兵所破矣。」

前宰臣杜充降虜〔六四〕，至雲中，見左副元帥粘罕，不之禮〔六五〕，久乃令知相州。

時巨寇李成據江、湖十餘州，衆號百萬，與羣盜合謀，造文書符檄，以動州縣。江東大帥呂頤浩欲之池州治所，而成遣其黨馬進圍江州，於是，頤浩駐兵饒州。會建武軍節度使楊惟忠有兵七千屯州境，頤浩乃請惟忠同解江州之圍，合一萬五千人，自饒乘舟趣南康軍，十一月庚子朔〔六六〕，遂復南康。頤浩遣統制官巨師古〔六七〕，引兵往江州，幾至城下，遇伏，爲賊所敗。賊衆三萬，乘勝至南康，與官軍鏖戰。頤浩、惟忠以衆渡江避之，陣於北溪州。

癸卯，詔：「元祐故臣呂公著、呂大防、范純仁，皆盛德元老，而遭罷貶斥，未獲昭雪，可各贈太師，追封魯、宣、許三國公。其餘黨籍，令有司具名，取旨褒贈。」

上欲除神武副軍都統制辛企宗爲節度使，端明殿學士、僉書樞密院事趙鼎格詔，遂再乞罷。甲辰，鼎以本職提舉洞霄宫。鼎既去，上欲申前命，參知政事謝克家曰：「企宗非有大功，今若必行前命，是使鼎得名，企宗得利，而陛下獨負議論於天下後世也。」上感悟，乃止。

前御史中丞秦檜自虜中歸〔六八〕。時朝士多疑之，惟右僕射范宗尹及同知樞密院事李回力薦其忠。丙午，檜入對，仍進其所與金酋撻辣書〔六九〕。

有直秘閣李允文者，廬陽人。初受辟於宣撫處置司，時諸路潰兵，坌集于湖北之境，復辟允文知鄂州兼節制兵馬。如張用、曹成、馬友、李宏皆劇賊〔七〇〕，亦頗爲之用。又李成方擾江西，故允文得以自恣，一切便宜從事，邀留上供綱運。且遣其屬孫濟、耿棫用軍法脅取州縣物以千萬計〔七一〕。知岳州袁植條其姦狀，附置以聞〔七二〕，爲允文所得，亟遣兵執植至鄂，丁未，沉於江而殺之。

戊申〔七三〕，上謂宰執曰：「秦檜忠樸可用，朕昨爲之喜而不寐。蓋聞二聖、諸后起居，而又得一佳士也。」范宗尹曰：「檜在沙漠四年，昨至都堂議事，氣不少衰。」李回曰：「檜舊曾除資政殿學士，可以經筵留之。」上曰：「未須如此。」遂除禮部尚書，以春官事簡也。張守曰：「陛下獎檜如此，可以風厲多士。」上又以檜初歸用乏，賜之銀、絹各二百。朱勝非閒居録曰：「秦檜自京城隨虜北去〔七四〕，以被大酋撻辣郎君任用〔七五〕。虜騎渡江，與之俱來，回至楚州，虜遣舟送歸。檜，王仲山壻也，別業在濟南，虜爲取千緡贐其行。檜之初歸，自言殺虜人之監己者，奔舟來歸。然全家同舟，婢僕亦無故，人皆知其非逃歸也。」

以御史中丞富直柔爲端明殿學士、僉書樞密院事。

建賊范汝爲衆益盛，官軍多失利。庚戌，詔神武副軍都統制辛企宗將兵一萬討之。企宗入閩，不敢進，而駐於邵武軍。尋以企宗爲福建制置使。初，漕臣魯詹，謂漕於統制本不相屬，公事移牒，遂失其意。及企宗陞制置，督軍需甚急，且促詹至其軍，人危之。詹見企宗言：「邵武見糧未乏，及責漕臣輓他州以取贏，某不敢愛死，恐終非制置利爾。」企宗不能屈。

知湖口縣孫咸以贓罪抵死。壬子，詔貸命，黥之。上謂宰執曰：「祖宗時，贓吏有杖朝堂者，黥之尚爲寬典。」又曰：「自今贓吏須與痛懲，庶幾可革久弊。」謝克家曰：「聖訓及此，吏知所畏矣。」

乙卯，詔改樞密院幹辦官爲計議官。

初，右正言吳表臣以趙鼎薦爲臺官，至是，乞補外。戊午，上謂宰執曰：「羣臣之進，雖多因大臣薦引，若臺諫，朕豈不能辨其言否〔七六〕？而表臣用意黨私，朕何賴焉？」范宗尹曰：「呂頤浩罷相，所薦人多被彈擊，臣力懇陛下保全之，正欲革此也。」乃除表臣直秘閣、典郡。

江東大師呂頤浩奏：「李成兵衆，此所以敗，請益兵以討之。」甲子，上謂宰執曰：「頤浩奮不顧身，爲國討賊，羣臣不能及。但失於輕進，今兵既少衄，須令持重。」乃詔神武前軍都統制王瓊，引全軍萬人助之。范宗尹曰：「頤浩欲更得韓世忠兵爲助。」上曰：「賊騎尚在江北〔七七〕，世忠未可遽行。」李回曰：「成敢擁衆跨江，正以虜方南寇〔七八〕，朝廷不遽遣兵，若陛下親御六師，移蹕饒、信間，則成破膽矣。」上曰：「朕決須親往，但虜騎稍北，遣世忠先行，朕總兵臨之。仍以賞招携其衆，則成必易擒，亦不欲多殺士衆。」富直柔曰：「聖斷如此，天下大幸。」乃詔江、湖、川、廣所輸上供，悉令寄儲信上。起居郎丹陽洪擬曰〔七九〕：「審如是，則遷蹕之議決矣。舍四通五達之郡，而趣偏方下邑，道理僻遠，非所以示恢復；形勢卑陋，不足以堅守禦；水道壅隔，非漕輓之便。輕棄二浙，失煮海之利，非策也。」因極論之，議由是寢。

先是，趙哲既誅死，陝西漕臣、權慶帥孫恂又斬敗軍統領官喬澤、張忠等，時統制官慕容洧守慶陽〔八〇〕，懼將及己，洧乃本路熟户，其族甚大，遂首以城叛，進攻環州。宣撫處置使張浚檄涇原經略使兼知渭州劉錡以兵解圍，錡至環州，與洧相拒。虜以輕兵破涇州〔八一〕，次潘原縣。錡留統制官張中孚、李彦琪捍洧，親率精鋭赴渭州，而城已陷。錡退屯瓦亭，中孚與其弟統領官中彦，送欵降賊，彦、琪以餘兵遁歸古原州，中孚等又引虜人刼降之。中孚、彦、琪皆自羈管中起以爲將而叛。錡至花石峽，統制官趙彬又刼其軍與金帛降虜〔八二〕，彬乃書生，嘗爲曲端館客，其人尤桀黠。虜進犯秦州，秦無師，又犯熙河〔八三〕，總管劉惟輔死之，統制官俱重亦降于虜，虜由秦鳳還，趙彬引之圍慶州，守將楊可昇以城降〔八四〕。於是，五路相繼悉陷。〔八五〕張浚以中孚、彥、琪皆恭州流人，曲端心腹，其降也，端必知其情。而參謀官王庶譖端不已。時人多上書爲端訴冤，浚亦畏其得衆心，乃送於恭州獄，逼而殺之。然議者以爲無辜。其後追復宣州觀察使，謚壯愍。制略曰：「屬委任之非人〔八六〕，致刑誅之横被，悉還舊秩，申賁美名。」制辭李誼行。王之望西事記曰：「張浚之敗於富平也，人皆歸咎於曲端之廢，人多上書訟其冤。浚畏其得衆心，殺之獄中，以病死聞。西人以此益非之。然端負才喜犯上，非浚所能御也。既不能御之，不若殺之，天下無一曲端，未必便乏才，端而不死，一日得志，逞其廢辱之憾，一摇足，川陝非朝廷有也。然則雖殺之可也。議者罪浚以據天下富强之地，權牟人主，而不能有尺寸功。蜀之士人貽書訶詆者，不可勝數。浚皆優容之，或有金帛之賜。其去陝西而至於房陵也，有題六言詩於傳舍者〔八七〕，又有從而跋之者，皆訕罵難堪之詞。浚見之，命籠以碧紗，且書於其後，謂中其病。此其所以獨當一面〔八八〕，累年雖敗而不亡者耶！」

湖寇楊華等一日乘舡至鼎州城下，聲言乞招安。鎮撫使程昌寓募孔目官劉醇持檄以往，醇登舟，而賊斷其首，鼓棹東去。

十二月，先是，金虜西元帥府密遣人馳諭諸路〔八九〕，令同一日大索兩河之民，辛未，虜境州縣皆閉門及拘行旅於道〔九〇〕，至癸酉，凡三日而罷，應客户並籍入官，刺其耳爲「官」字，鎖之雲中，及散養民間，立價鬻之，或驅於韃靼諸國以易馬〔九一〕。蓋既立僞齊，以舊河爲界，恐陷虜者逃歸豫地故爾〔九二〕。是時父母夫婦皆星散，號哭之聲滿路，死于非命者無數。樂壽縣得客户六十八人〔九三〕，誤作六百八人以報，粘罕必責其數，縣官執窮民以足之。民罹此患，甚於兵毒矣。又中原之民被掠歸雲中者，不令出城，無以自活，士大夫往往乞食于途。粘罕見其多，恐或生事，聚三千餘人，坑之城外。

建康大帥吕頤浩奏討李成軍。乙亥，上謂宰執曰：「虜退〔九四〕，當使諸將併力擊成，成敗，則諸寇自歸矣。」范宗尹曰：「誠如聖訓。」

樞密院都承旨闕〔九五〕，上令宰執具人數。甲申，乃擬邢焕、辛道宗、藍公佐。上曰：「焕係戚里，朕不欲令任朝廷差遣；次乃道宗，但不甚知兵〔九六〕。」道宗時爲後軍都統制〔九七〕，遂除副都承旨。於是，給事中陳戩言道宗不當除。不報。

浙西大帥劉光世探報虜不渡江〔九八〕，辛卯，上謂宰執曰：「虜不渡江，天意可見。朕當修人事以答天意。」范宗尹曰：「聖訓及此，天下幸甚。」

李成將馬進圍江州未解，右僕射范宗尹請命大將致討。上從之。乙未，以神武右軍都統制張俊爲江南招討使〔九九〕，仍詔在宣撫使之下，制置使之上，乃令前軍統制王𤫉、後軍統制陳思恭與通泰鎮撫使岳飛皆隸于俊〔一〇〇〕。以會要及范宗尹事實參纂。

舊制，川、陜買馬及三千匹，即轉一官，故有一任轉數官者。主管茶馬趙開以爲濫，乃奏用馬到京實數推賞〔一〇一〕，若斃於道，則有罰，立爲定格。是冬，買馬逾二萬匹，而茶引收錢一百七十餘萬緡。

初，福建制置使辛企宗駐邵武〔一〇二〕，距賊洞二百餘里，時遣兵攻賊，率爲所敗。邵武有選人施逵者，嘗爲潁上教官，以策干企宗，辟充幕屬，而逵反爲賊游説，欲得招安。時監司亦以招安爲便。朝廷乃遣承議郎謝嚮、迪功郎陸棠〔一〇三〕，同往招之。嚮、棠，皆建安人。賊黨葉鐵者，恃其勇，未即聽命，惟汝爲慕得官，亦懼大軍繼至，雖受招安，而不肯散其徒。於是，授汝爲閤門祇候、民兵統領，以鐵副之，鐵改名徹。乃就命嚮、棠爲措置民兵寨柵官〔一〇四〕。

〔校勘記〕

〔一〕不知金虜之實　「虜」原作「人」，據皇朝中興紀事本末卷一四改。

〔二〕然虜人多詐而難測　「虜人」原作「敵情」，據皇朝中興紀事本末卷一四改。

〔三〕是必爲避寇之備　「寇」原作「敵」，據皇朝中興紀事本末卷一四改。下同。

〔四〕望鑑去歲虜騎追襲之事　「虜」原作「敵」，據皇朝中興紀事本末卷一四改。下同。

〔五〕以頓江東　皇朝中興紀事本末卷一四及繫年要録卷三七作「一項浙西一項浙東」。

〔六〕蓋虜人用兵　「虜」原作「金」，據皇朝中興紀事本末卷一四改。下同。

〔七〕張俊自浙西來　「來」原作「東」，據廣雅本及皇朝中興紀事本末卷一四改。

〔八〕新肇慶府鈐轄曾訥者　「鈐」原作「鈴」，據皇朝中興紀事本末卷一四改。下同。
〔九〕以至編管籍没　「管」原作「置」，據皇朝中興紀事本末卷一四改。
〔一〇〕朕何嘗有此　「何」原作「可」，據皇朝中興紀事本末卷一四改。
〔一一〕五國孛堇八曷打下通事慶哥　「孛堇八曷打」原作「具勒巴克塔」，「慶哥」原作「慶格」，據原注及皇朝中興紀事本末卷一四回改。下文徑改，不出校。
〔一二〕太子斡离歡遣人奉書求内侍兩輩　「斡离歡」原作「烏拉罕」，據原注及皇朝中興紀事本末卷一四回改。下文徑改，不出校。
〔一三〕然五太子不可不遣　「五」，廣雅本作「忤」；「不遣」，皇朝中興紀事本末卷一四作「違」。
〔一四〕故古人以威武不能屈爲大丈夫也　「古」原脱，據皇朝中興紀事本末卷一四補。
〔一五〕多别科米　「科」下原衍「來」字，據廣雅本及皇朝中興紀事本末卷一四删。
〔一六〕乃詔翰林學士兩省如前詔　「省」原作「員」，據皇朝中興紀事本末卷一四改。
〔一七〕虜衆猶在淮甸　「虜」原作「敵」，據皇朝中興紀事本末卷一四改。下同。
〔一八〕賊便於衝突　「賊」原作「敵」，據皇朝中興紀事本末卷一四改。下同。
〔一九〕我師便於駐隊　「於」原作「爲」，據皇朝中興紀事本末卷一四及繫年要録卷三六改。
〔二〇〕僞四太子者　「僞」原作「金」，據皇朝中興紀事本末卷一四改。
〔二一〕浚曰事有不可一拘者　原作「一拘者曰事有不可一物者」，四庫館臣加案語云：「上二句疑有誤字」，據皇朝中興紀事本末卷一四及繫年要録卷三六改。
〔二二〕多誚浚輕舉　「多」原脱，據皇朝中興紀事本末卷一四補。

〔二三〕案：據繫年要録卷三六考證，曲端罷兵柄時，王庶尚未爲參謀。此處誤。

〔二四〕遷之恭州　「恭州」，繫年要録卷三六作「萬州」，據李心傳考證：「曲端以建炎四年貶萬州，紹興元年夏貶恭州。」此處誤。

〔二五〕金虜大懼　「虜」原作「人」，據皇朝中興紀事本末卷一四改。

〔二六〕急調右監軍兀朮自京西令星馳至陝右　「右監軍兀朮」，繫年要録卷三七癸亥條注文考證：「兀朮紹興二年春末始除右監軍」，小曆誤。

〔二七〕以與虜戰　「虜」原作「金」，據皇朝中興紀事本末卷一四改。

〔二八〕護六宫在道尚未至　「護」原作「獲」，據廣雅本紀皇朝中興紀事本末卷一四改。

〔二九〕乃乞蠲太后所過秋稅　「蠲」原作「鐲」，據皇朝中興紀事本末卷一四改。「太后」，皇朝中興紀事本末卷一四及繫年要録卷三六作「太母」。

〔三〇〕金虜左監軍撻辣自維州引衆寇淮東　「虜」原脱，據皇朝中興紀事本末卷一四補。

〔三一〕乃詔金賊見於真揚出没　「賊」原作「兵」，據皇朝中興紀事本末卷一四改。

〔三二〕虜方濟師　「虜」原作「金」，據宋名臣言行録别集下卷四改。

〔三三〕楚當虜衝　「虜」原作「敵」，據宋名臣言行録别集下卷四改。

〔三四〕久在幕府　「久」原作「又」，據廣雅本改。

〔三五〕詔福建帥臣徽猷閣待制歙縣程邁遣兵討之　「徽猷閣待制」，繫年要録卷三十六考證：「邁除待制指揮，今年五月壬寅已不施行，克所云恐誤。」

〔三六〕案：此條繫年要録卷三十六繫於「戊子」。

〔三七〕案：此事繫年要録卷三十六繫於「辛卯」。

〔三八〕亦望陛下惡佞之意不減於責張忞時也　「張忞」原作「張吝」，據皇朝中興紀事本末卷一四改。案：張忞因阿諛而被貶，繫年要録卷二三及皇宋中興兩朝聖政卷五繫於「建炎三年五月甲申」。

〔三九〕案：繫年要録卷三七己未條注文考證云：「克所書差互。蓋三省所奏，以爲隆祐所積供奉物當支賢妃，既不勘請，則梁氏不應陳乞。克乃誤以爲以隆祐殿物賜世忠妻也。」

〔四〇〕遂寢前命　「寢」原作「請」，據皇朝中興紀事本末卷一四改。

〔四一〕虜鋒方鋭　「虜」原作「敵」，據皇朝中興紀事本末卷一四改。下同。

〔四二〕乃詐立前都統制曲端旗以懼虜　「虜」原作「金」，據皇朝中興紀事本末卷一四改。

〔四三〕虜酋婁室曰　「虜酋」原作「金將」，據皇朝中興紀事本末卷一四改。

〔四四〕今日不可不思魏證所爭議者　「證」當作「徵」，蓋避仁宗嫌名改。

〔四五〕光世畏虜騎之衆　「虜」原作「敵」，據皇朝中興紀事本末卷一四改。

〔四六〕虜人攻其衆　「虜」原作「敵」，據皇朝中興紀事本末卷一四改。下同。

〔四七〕掠往來之人以自給　「之」原作「天」，據皇朝中興紀事本末卷一四改。

〔四八〕虜急攻楚州　「急攻」原作「攻急」，據皇朝中興紀事本末卷一四乙正。

〔四九〕時虜留淮上未退　「虜」原作「金」，據皇朝中興紀事本末卷一四改。

〔五〇〕范宗尹曰　「尹」原作「伊」，據皇朝中興紀事本末卷一四及下文改。下同。

〔五一〕虜未必能再渡　「虜」原作「敵」，據皇朝中興紀事本末卷一四改。下同。

〔五二〕案：此段記事，繫年要録卷三八繫於「十月己丑」。

〔五三〕蓋與商周之事略同 「周」原作「州」，據北山小集卷三三毛公墓誌銘改。

〔五四〕天其或者將厭亂而與宋乎 「興」原作「與」，據廣雅本、北山小集卷三三毛公墓誌銘及皇朝中興紀事本末卷一四改。

〔五五〕虜不南渡矣 「虜」原作「金」，據北山小集卷三三毛公墓誌銘及皇朝中興紀事本末卷一四改。

〔五六〕縣令范瑱乃結守臣胡唐老 「范瑱」，繫年要録卷三八及皇宋中興兩朝聖政卷八作「范琪」。

〔五七〕范宗尹曰 「范宗尹」，繫年要録卷三八及皇宋中興兩朝聖政卷八作「趙鼎」。

〔五八〕虜衆方病 「虜」原作「敵」，據皇朝中興紀事本末卷一五改。

〔五九〕而虜侵軼未已 「虜」原作「金」，據皇朝中興紀事本末卷一五改。

〔六〇〕以斷虜騎來路 「虜」原作「敵」，據皇朝中興紀事本末卷一五改。下同。

〔六一〕然浚喜功名 「浚」原作「後」，據廣雅本及皇朝中興紀事本末卷一五改。

〔六二〕以至於是 「是」，皇朝中興紀事本末卷一五作「敗」。

〔六三〕遂走興元又退走關中 「興元」原脱「元」，「關中」原作「闕中」，據皇朝中興紀事本末卷一五補、改。「退」原作「有」，據廣雅本改。

〔六四〕前宰臣杜充降虜 「虜」原作「金」，據皇朝中興紀事本末卷一五改。

〔六五〕不之禮 「之」原作「知」，據皇朝中興紀事本末卷一五改。

〔六六〕十一月庚子朔 「庚子」，繫年要録卷三九繫於「癸卯」，且認爲庚子誤。

〔六七〕頤浩遣統制官巨師古 「浩」原脱，據皇朝中興紀事本末卷一五補。

〔六八〕前御史中丞秦檜自虜中歸 「史」原作「吏」，「虜」原作「敵」，據皇朝中興紀事本末卷一五改。

〔六九〕仍進其所與金酋撻辣書　「酋」原作「將」，據皇朝中興紀事本末卷一五改。

〔七〇〕如張用曹成馬友李宏皆劇賊　「賊」原作「盜」，據皇朝中興紀事本末卷一五改。

〔七一〕且遣其屬孫濟耿棫用軍法脅取州縣物以千萬計　皇朝中興紀事本末卷一五「以」下有「犒師」二字。

〔七二〕附置以聞　「附」原作「復」，據皇朝中興紀事本末卷一五改。

〔七三〕戊申　繫年要録卷三九據日曆繫於「丁未」，并認爲戊申誤。

〔七四〕秦檜自京城隨虜北去　「虜」原作「金」，據皇朝中興紀事本末卷一五改。下同。

〔七五〕以被大酋撻辣郎君任用　「大酋」原作「金人」，據皇朝中興紀事本末卷一五改。

〔七六〕朕豈不能辨其言否　「言」，廣雅本、皇朝中興紀事本末卷一五及繫年要録卷三九作「賢」。

〔七七〕賊騎尚在江北　「賊」原作「敵」，據皇朝中興紀事本末卷一五改。

〔七八〕正以虜方南寇　「虜」原作「敵」，據皇朝中興紀事本末卷一五改。下同。

〔七九〕起居郎丹陽洪擬曰　「起居郎」，繫年要録卷三九作「中書舍人」，以起居郎誤。

〔八〇〕時統制官慕容洧守慶陽　「慕容洧」原脱「容」字，據繫年要録卷三九補。

〔八一〕虜以輕兵破涇州　「虜」原作「金」，據皇朝中興紀事本末卷一五改。下同。「涇州」原作「渭州」，據皇朝中興紀事本末卷一五及繫年要録卷三八改。

〔八二〕案：繫年要録卷三八庚寅條注文考證云：「趙彬者，本文士。據紹興九年彬待罪狀自云，富平失律時係涇原幕官。克以爲統制，亦誤。」

〔八三〕又犯熙河　「熙河」原作「熙和」，據皇朝中興紀事本末卷一五及宋史卷二五改。

〔八四〕守將楊可昇以城降　「楊可昇」原作「楊可弁」，據繫年要録卷三九及皇朝中興紀事本末卷一五改。

〔八五〕案：五路陷，繫年要録卷附於紹興元年二月末。
〔八六〕屬委任之非　「非」原作「人」，據皇朝中興紀事本末卷一五改。
〔八七〕有題六言詩於傳舍者　「六」，皇朝中興紀事本末卷一五作「五」。
〔八八〕此其所以獨當一面　皇朝中興紀事本末卷一五「其」下有「所長也」三字。
〔八九〕金虜西元帥府密遣人馳諭諸路　「虜」原脱，據皇朝中興紀事本末卷一五補。
〔九〇〕虜境州縣皆閉門及拘行旅於道　「虜」原作「金」，據皇朝中興紀事本末卷一五改。
〔九一〕或驅於韃靼諸國以易馬　「驅」原作「馳」，據繫年要録卷四〇及皇朝中興紀事本末卷一五改。
〔九二〕恐陷虜者逃歸豫地故爾　「虜」原作「敵」，據皇朝中興紀事本末卷一五改。
〔九三〕樂壽縣得客户六十八人　「樂壽縣」，繫年要録卷四〇作「壽州」，并考證去年秋，金已陞樂壽縣爲壽州，樂壽縣誤。
〔九四〕虜退　「虜」原作「金」，據皇朝中興紀事本末卷一五改。
〔九五〕樞密院都承旨闕　「承」原作「成」，據皇朝中興紀事本末卷一五及繫年要録卷四〇改。
〔九六〕但不甚知兵　「甚知」原作「堪之」，據廣雅本、皇朝中興紀事本末卷一五及繫年要録卷四〇改。
〔九七〕道宗時爲後軍都統制　「後軍都統制」，繫年要録卷四〇作「爲神武中軍統制」，并考證當時的後軍都統制是陳思恭，小曆誤。
〔九八〕浙西大帥劉光世探報虜不渡江　「虜」原作「敵」，據皇朝中興紀事本末卷一五改。下同。
〔九九〕以神武右軍都統制張俊爲江南招討使　「張俊」原作「張浚」，據廣雅本、皇朝中興紀事本末卷一五及繫年要録卷四〇改。

〔一〇〇〕與通泰鎮撫使岳飛皆隸于俊　「俊」原作「後」，據廣雅本、皇朝中興紀事本末卷一五及繫年要録卷四〇改。

〔一〇一〕乃奏用馬到京實數推賞　「推賞」原脱，據皇朝中興紀事本末卷一五及繫年要録卷四〇補。

〔一〇二〕案：繫年要録卷四〇考證辛企宗在明年二月才除此職，此處誤。

〔一〇三〕朝廷乃遣承議郎謝嚮迪功郎陸棠　「謝嚮」原作「劉嚮」，據皇朝中興紀事本末卷一五及繫年要録卷四〇改。

〔一〇四〕案：「謝嚮爲措置民兵寨栅官」，繫年要録卷四〇以日曆已經記録於本年十月二十一日，此處誤。

中興小紀卷十

紹興元年歲在辛亥春正月己亥朔，詔改元。

癸卯，上謂宰執曰：「張浚短於知人，所用多浮薄妄作。」李回曰：「浚行倉猝，故不暇詳擇。」上曰：「國人皆曰賢，然後察之，見賢焉然後用之。用人豈可不審也？」

尚書省言：「鄂、岳道遠，合撥還湖北，其江南仍舊分爲東、西路，東路以池州，西路以江州爲帥府。」戊申，詔開府儀同三司吕頤浩充江東安撫大使兼知池州，觀文殿學士朱勝非充江西安撫大使兼知江州。

主管閤門宋籛孫早事潛邸，爲内知客。至是，親筆轉横行一官。上曰：「籛孫稍習朝儀，而法非横行不使知閤門，故與進一官。朕藩邸人人皆與外任，蓋恐其請托，或紊朝政，惟籛孫姑留之。」

甲子，上曰：「天下事非一二著可勝。」又曰：「治亂安危，固有天命，亦必修人事以應之。若人事不至，而專聽天命〔一〕，固無是理。」

二月辛未，詔和州鎮撫使趙霖，以屯田法養兵。己卯，宰執奏：「乞候就緒日，優與推恩。」上曰：「此不須行，凡以賞行法，則吏必慕賞而不恤擾民，俟其成功，朝廷自賞之可也。」范宗尹曰：「此非臣等愚慮所及，當如聖訓。」

初，皇祐明堂合祭天地，奉太祖、太宗、真考並配，而五帝、神州地祇，亦親獻之。日月河海諸神，悉如圜丘從祀。至是，上取法仁宗，欲舉行之。癸未，詔將來明堂，一遵元祐之制。

建炎初，權罷秘書省。丙戌，復置監、少監、丞、郎、著作郎、佐郎各一員〔二〕，校書、正字各二員。以直秘閣程俱爲少監。俱，開化人也。

神武前軍都統制王𤫉軍至饒州，江東大帥吕頤浩乃趣左蠡下砦，其地在饒、池之境。會淮南水軍統制官崔增有衆八千，頤浩以書招置麾下，令𤫉同增與賊戰于湖口之南，增大捷，乘勝至江州城下，而守臣以糧盡已棄城去矣。賊魁李成據城而處，又遣其黨馬進南犯筠、袁，而招討使張俊大軍五萬，由江西路已至南昌。辛卯，詔頤浩與俊協力攻賊，毋失機會。於是頤浩言：「權湖北總管孔彦舟昨勦滅鍾相，師律甚嚴。」因又詔彦舟統兵，亦至筠、袁掩捕。

癸巳，詔「侍從、臺諫官條上弭盗之術，遏虜之策〔三〕，與夫豐財强兵之要。朕當虚己而力行之」。於是，兵部侍郎兼權直學士院汪藻承詔言〔四〕，略曰：「臣昨扈蹕永嘉，陛下賜以條對，臣謂所急惟馭將一事，更無他說，時亦頗蒙採納。臣區區之意，猶守前見，敢再陳之。今之諸將，爵祿極而家貲盈，習成驕而無鬭志，一方有警，輒狐疑相伏〔五〕，誰復奮然請行？或迫之不得已而行，則必過有邀求，朝廷爲之黽勉曲從，不啻如奉驕子，是豈能爲國立功者哉？臣有三說：一曰示之以法。夫君之於將，賞刑未嘗偏廢〔六〕，豈有獨恩無威，漫然不治如今日之甚者〔七〕？議者謂國難未已〔八〕，方藉此曹以爲腹心，若不孜孜拊循，誰肯前死？此言是也。臣所謂以法治之者，豈欲明主自親其文哉？必有人爲任其責，唐李祐縛吳元濟，其功大矣，違詔進馬，温造劾之，祐自言膽落於温御史。臣竊聞今諸將雖驕，亦尚畏法，使知朝廷有人，小過不貸，則惡意不復萌于胷中矣。二曰運之以權。君之於將，必有得其要領，而後使之心服而心畏〔九〕。唐杜黃裳令高崇文將兵討蜀，然崇文素憚劉澭，黃裳乃使人謂之曰：『君不奮命者，當以澭代〔一〇〕。』崇文懼，盡力縛賊以獻。陛下於平居時，亦嘗察其好惡，如以澭代崇文之術不可不知。三曰別之以分。唐太宗所與謀者，房、杜而已。英、衛之徒則不得而與也。」上然之。

時有司方以財匱爲憂，而大饗明堂，已下詔矣。江南招討使司隨軍轉運使詹至言：「今大敵在前，國勢不立，請停大禮，悉以其費佐軍。仍督諸將分道攻守，以慰祖宗在天之靈。繼志述事，孰大於此？」至，桐廬人也。

初，桑仲據襄陽纔兩月，有盜張莽蕩者，引衆來攻。仲遣其將李橫拒之。橫，高密人，本黄河埽兵〔一一〕，以勇自負。莽蕩爲橫所敗而去。是後，羣盜皆畏仲不敢犯其境。仲跨有鄧、隨、郢等數州，益無所憚，放兵四出。久之，野無所掠，其軍絶食，乃以人爲糧，每遇打請，則全隊撥男女給之。至自食其愛妾。於是襄陽之民殲焉。然仲性頗孝，或盛怒欲殺人，其母戒之即止。每自稱桑仲本王官，終當以死報國。以故能服其下。至是，有衆號二十萬而無食，仲自知不可以久，長驅西上，有吞蜀之志。先遣橫攻金州，金房鎮撫使王彦與參謀官續觱畫策，以數千衆扼險拒之。橫敗走，彦追至竹山縣。橫據房州，彦合諸統兵官韋知幾等軍二萬以備之。既而復與戰於房，橫連敗，乃還襄陽。王之望記西事曰：「張浚嚮之東下而復西也，或謂非桑仲之畏，有詔止之。然臨敵而退，賊益得以譎使其衆，故漢上之禍，皆浚爲之。羣盜不能入蜀者，亦其用王彦之力也。」

時右僕射范宗尹念其鄉國被禍之酷，請赦仲罪，遂以仲爲鄧隨郢州鎮撫使〔一二〕。朱勝非閒居録曰：「范宗尹以其兄宗禮在桑仲軍中，故授仲襄陽鄧隨郢均房等郡鎮撫使。地大人衆，稍爲患。」又王銍亦言仲授襄陽鎮撫使〔一三〕。今據汪藻外制，乃鄧、隨、郢三州〔一四〕，而襄陽不在其數。合依汪藻制辭。仲分橫屯鄧州，又令別將霍明屯郢州。明嘗爲中都親事官，性尤嗜殺。初，仲結義兄弟九人，橫、明皆其一也。

三月辛丑，宰執奏事，李回曰：「江上渡軍有覆舟者。」上顧秦檜曰：「卿在軍中備知，此亦常事，軍行無不損者，如出軍一萬，元未見敵而回，校未出之數，已減數百。要是，兵真不得已之事，稍得已，不如戢兵之愈也。」

辛亥，詔：「諸路閒田甚多，百姓慮將來租役，且乏牛種，遂不敢耕，彌望荒蕪。今遣官則慮成搔擾，若立法，又土俗不同。宜俾守令各以所宜措畫，或官耕，或予民，或假貸以取羸，或召募以共利，凡百施設，朝廷並不牽制。唯在簡而可行，公私兼濟。候秋成覈實，其有効者，當擢以不次，如古循吏，入爲公卿，次猶增秩、賜金。或怠惰因循，視爲文具，亦必按其罪以懲不恪。」

夔路安撫司奏：「昨有楊文貴者作過，募土人捕殺，乞依元許推賞。」戊午，上謂宰執曰：「朝廷事急時，多許人賞典，事平則不能如所許與之，甚不可也。」范宗尹曰：「當以此爲戒。」

【新輯】時江東大帥呂頤浩駐軍左蠡，以守其境。而江南招討使張俊方會諸將議所以破賊，皆欲分道而進。右軍統制官楊沂中曰：「兵分則力弱，又諸將位均不相下。」通泰鎮撫使岳飛亦密爲之定計，俊乃急趨南昌，與賊夾江而營，飛自請爲先鋒擊之。沂中由上流徑絕生米渡，出賊不意，遇其先鋒擊之。賊將馬進鋭卒數萬來犯，沂中語俊曰：「彼衆我寡，當以奇勝，願以騎見屬，公率步兵攻其前。」沂中乃將騎數千，與神武後軍統制陳思恭同出山後，俊嚴陣以出，前後夾擊，遂大破之，俘獲數萬〔一五〕。俊以其太衆，且疑復叛，是夕，令思恭盡殺之，遂復江州。沂中追成於江、筠、蘄之間，與統制官趙密合擊，又大破之〔一六〕。

（輯自皇朝中興紀事本末卷一六，參考繫年要録卷四三）

己未，張俊捷報至，上謂宰執曰：「李成雖號數萬，其實皆吾民被擄，若設賞募人擒成，餘皆不問，所活多矣。」秦檜曰：「只此心便可以破賊。」張守曰：「若降赦書〔一七〕，體尤正，非若遣使之比。」范宗尹因言：「今日之事，不可削弱。」上曰：「豈可削弱？祖宗基業宏固，偶遭戎寇，故劉豫、李成輩跋扈猖獗。或謂止於淮上作籬落，朕甚不取。要當以次收復，須一統乃已。」宗尹曰：「君臣修德，以次圖之。」甲子，乃詔除李成不赦外，餘並許出首。先是，上聞捷，曰：「兵既精，又治器甲，所以成功，以此知軍器當留意，朕計見甲已四萬。」范宗尹曰：「得十萬粗足。」上曰：「可令軍器所足之，財固當惜，但合用處亦難吝也。」

是日，詔樞密副都承旨辛道宗與外任。上謂宰執曰：「近者從官條對，以爲辛氏兄弟擅權市恩〔一八〕，朕未深信，至爲福建提刑柳瑊乞章服，始信人言之不謬。朕鑒往者羣小，侵紊朝政，求章服雖小事，漸不可長。」范宗尹以下共奏：「外議稱愜，服上之英斷。」

是月，召顯謨閣直學士致仕翟汝文爲翰林學士〔一九〕。

時有司議明堂配祀，疑於嚴父之文，不克時定。禮部郎官江都王居政議曰：「古之帝王，非肇造區夏者，皆無配天之祭。聖宋崛起，非有始封之祖，太祖，則周之后稷，配祭於郊者也。太宗，則周之文王，配祭於明堂者也。皇祐宗祀，固宜以太祖、太宗配，當時蓋拘嚴父之説，故配帝以并登真宗。其後英宗朝，孫抃請專配以近考，司馬光、吕誨諍之，以爲詘祖進父，而神宗亦謂：『周公宗祀在成王之世，成王以文王爲祖〔二〇〕，則明堂非配考，明矣。』今主上紹統，自真宗至於神宗，均爲宗廟，獨躋則患無名〔二一〕，並配則同袷饗。請今祭昊天上帝、皇地祇於明堂，宜奉太祖、太宗配。」上是其議。

是春，金虜左監軍撻辣引衆攻泰州水寨張敵萬〔二二〕，爲敵萬所敗，擒其壻萬户不剌〔二三〕，殺五千餘衆。

初，契丹之亡也，其族有大石林牙、佛頂林牙者〔二四〕，竄於漠北，據曷董城以自立〔二五〕。至是，金虜右副元帥粘罕在雲中〔二六〕，欲圖之。雲中距曷董三千里，而右都監余覩乃本土人，知其巢穴。於是，粘罕遣余覩將女真及燕雲漢軍二萬往攻之。然不付以契丹兵，且留其妻子，蓋疑之也。又起燕雲及河東夫負糧隨去。蓋虜自用兵以來〔二七〕，驅民征役，民不憚者，往時有擄掠，無戰鬭，計其從軍之費，及回日所獲數倍。自立劉豫之後，南則寇淮，西則寇川，有戰鬭，無擄掠，生還者少，而得不償費，民始爲患。故漠北之行，人不勝其苦矣。

是春，詔分鄂、岳、潭、衡、永、道、郴、桂陽八郡爲湖東路〔二八〕，安撫置司於鄂；分鼎、澧、辰、沅、靖、合、邵、金、武岡九郡爲湖西路，安撫置司於鼎。

初，湖南帥臣向子諲既罷去，以本路漕臣賈收權帥事，有節制兵馬王以寧者，開封人，因宣撫處置使司所辟，徑來潭州外駐軍〔二九〕。未幾，鼎澧鎮撫使孔彦舟引兵擊以寧，逐之。有詔起子諲復帥湖南。而羣盜馬友自江北趨潭，子諲欲得人以利害説友，令受招安。前戶部郎官致仕賀允中適在郡境，乃爲子諲見友，説之曰：「宋祚更興，足下正宜立功名，何自棄於此？自古有盜賊而壽終者乎〔三〇〕？」友心動，改容謝允中，卒不犯城而退。子諲乃檄友共擊彦舟，敗之。又宜章土寇李冬至方擾縣境，而益陽有吴錫者，提精兵數千屯本縣〔三一〕，告邵州守臣魏舜臣乞糧，不得，錫以兵趣邵，舜臣懼而走。於是，子諲遣人招錫，錫忻然歸附，遂遣錫討冬至，滅之。時分路詔下，子諲方欲之鄂，而劇寇曹成擁衆數萬，自江北掠湖南，屯於攸縣。時鼎之諸縣，大半爲賊所據，賦入絶少，米貴，升直二千，而養蔡兵頗衆，軍糧屢竭。有五日纔給糯米一斗，軍人鬻妻子以自活。至是，鼎守程昌寓兼湖西帥，即調兵糧於屬郡，事急，上聞得報不及，爲諸司所劾。又水陸道阻，民力頗爲之困。

夏四月庚辰，隆祐太后崩。詔以繼體之重〔三二〕，當從重服。於是，討論册禮。上諭宰執曰：「太后失位於紹聖，其後欽聖復之，再廢於崇寧，雖事出大臣，恐天下不能户曉，或得以竊議兩朝。」范宗尹曰：「太母聖德在人心，自陛下推崇，四海忻悅。前後之廢，實由章惇、蔡京，非二聖之過。」上曰：「然。昔高宗欲立武氏，長孫無忌、褚遂良皆以爲不可。李勣獨曰：『此陛下家事，何須問外人？』帝意遂決。則隆祐之廢，出於惇、京明矣。」宗尹因論：「宰相非其人，則人主不惟骨肉不能相倚〔三三〕，如明皇相李林甫，一日殺三子〔三四〕，而林甫以刑措受賞〔三五〕。」上曰：「明皇相姚、宋而治，相林甫而亂〔三六〕。明皇在天寶，比開元時，如兩人所爲。」宗尹曰：「誠如此。」富直柔曰：「陛下推崇隆祐，天下以爲當，亦不尤哲廟與上皇，願陛下無復疑之。」既而，禮部郎官王居正以謂：「國朝追册母后，皆由前日未及尊稱。恭惟太后，蚤儷宸極，蒙垢紹聖，退處道宮。按元符三年五月，已復爲元祐皇后，乃上皇受命，欽聖獻肅皇后復冢婦之意甚明。崇寧初，權臣悖禮，顧以卑廢尊，是太后隆名定位，已定於元符，而不在於靖康變故之日也。謂宜專用元符詔書，明指姦臣格沮之意，告於天地、宗廟可也。」遂不果册。

金虜左監軍撻辣自爲張敵萬所敗〔三七〕，其氣挫折，又馬災多死，是月，遂歸河北，休兵于宿遷縣。時渤海萬户撻不也亦北歸，過淮陽〔三八〕，與知軍張渙飲于舟中，因語及劉豫僭立事，撻不也歎曰：「某契丹之大臣，渤海之大姓。初金人見招，許開國遼東，累載從軍，被堅執鋭〔三九〕，今雖一郡之安，亦不可得。豫，山東郡守，勢孤而降，乃當是任，豈不負我哉？」渙，孝純猶子也。

五月，【新輯】上自南渡，頗優假衛士，每兩月輒一賞賚。〔四〇〕至是，右僕射范宗尹言：「昨嘗犒軍，今已五十日矣。」辛丑，詔犒設諸軍一次。上曰：「朕不欲數，凡三月可省一次。今財賦止出東南數十州之地，不免痛省，若更廣用，竭民膏血，將何以繼之？」宗尹等曰：「陛下言及于此，天下幸甚。」（輯自皇朝中興紀事本末卷一七，參考繫年要録卷四四）

丙午，真揚鎮撫使郭仲威擅補官，謀與劉豫連和。浙西大帥劉光世遣統制官王德渡江，誘而擒之。癸丑，詔斬仲威於平江府，將佐本非同謀，皆釋其罪。【新輯】朝散郎吕安中言：「舊官給錢募户長催税，近已差甲頭，宜樁其雇錢，以助經費。」戊午，詔諸路依經制錢例拘之。（輯自皇朝中興紀事本末卷一七）

自建炎初罷太府寺，至是復置丞一員，既而加至三員〔四一〕，後又復置長貳。復置長貳，在四年五月。

李成既敗，江西大帥朱勝非以是月入江州城，而賊猶據江北不退，勝非與之對壘。又虔州有寇，而吉州李亨仁者與虔寇相交通，勝非遣辯士彭世範誘亨仁出降，然後諸郡解嚴，民稍還業。〔四二〕先是，九江被禍最酷，異於他處。勝非奏〔四三〕：「臣被詔赴任，來自桂嶺，至衡州境，有屋無人；至潭州境，有屋無壁；至袁州境，則人屋俱無，良民可憫。陛下幸降寬詔，蠲其苛擾，招降首領，量與補官。收隸軍籍，而散遣其徒，則江西之亂，庶可指日平也〔四四〕。不然，爲盜者益衆，勢必南軼，湖、廣皆不得全矣。」

以兵部侍郎兼權直學士院汪藻爲翰林學士〔四五〕。

江東大元帥吕頤浩自左蠡班師回饒州，時帳下兵不滿萬，而淮南劇賊張琪衆五萬，渡江寇諸縣，進犯饒境，郡人大恐。統制官閻臯者，頤浩之愛將也，方捕羣盜胡江于臨川，走檄呼之，臯已招到江等在路，星馳以赴。頤浩召諸統兵官姚端、崔邦弼〔四六〕，皆令聽臯節制。端軍爲左，邦弼軍爲右，臯將中軍，頤浩自畫戰圖授之。纔出城五里〔四七〕，而賊先鋒已至，前軍將張守忠失利，琪恃其衆，直犯中軍，臯力戰而端、邦弼兩軍夾攻，遂大破之，追奔五十里〔四八〕，横尸滿路。賊又遣精鋭爲水軍，分道而進，頤浩自將水軍禦之，賊敗走，溺死者不可勝計。〔四九〕

金虜有僞皇姪没立郎君者〔五〇〕，與其别將烏魯、折合數萬衆〔五一〕，分兩道入寇。没立自鳳翔，烏魯、折合自階、成出散關，約日皆會。〔五二〕時知鳳翔府吴玠與弟統領官璘，以散卒數千人駐和尚原之上，朝問隔絶，軍儲匱乏，將士家屬往往陷賊〔五三〕，人無固志。有謀刼玠兄弟北去者，幕官陳遠猷入白，玠與璘遽召諸將，勵以忠義，歃血而誓，諸將感泣，爲備益力。已而，烏魯、折合先期而至，陣於原北，玠率諸將列陣待之，更戰迭休，烏魯、折合大敗，由他道遁去。没立力攻箭筈關，玠復別選將擊退之，兩寇卒不相合〔五四〕。

初，水賊邵清擾通、泰，有大小戰船三千餘，至是，抵太平州城下。詔浙西大帥劉光世討之。賊又犯江陰軍及崇明鎮，遂爲光世兵所圍，勢蹙乃降。

宣州駐劄韓世清者，故嘗爲盜，有衆五千，朝廷既招安之，令屯宣州，而世清復招亡命至萬五千人，月費錢十萬緡，米五千石，頗凌州縣。時江東大帥呂頤浩言世清可疑。六月庚午，宰執奏其事，李回曰：「世清近討張琪有功，未見可疑。」上曰：「頤浩之言亦不爲無理，方其可疑，自當賞其功。如郭偉奏邵清解圍，而劉光世乃謂因其招安。清之去，恐或因光世。然偉之守城，亦自當賞。功過不相掩，則賞罰信矣。」范宗尹等曰：「謹遵聖訓。」韓世清在江東，彈壓有勞，民間惟恐其去，至畫像祠之。時呂頤浩方招安張琪，而世清襲擊琪，破之，頤浩以世清壞其事，故不樂。徽人羅汝楫在言路，嘗欲爲世清辯白而未果。今敷文閣直學士程大昌亦徽人，知其事，嘗親與克言之。〔五五〕

初，詔諸路轉運司類試進士〔五六〕，專委提刑司差官。至是，言者慮有私請，望於帥臣、漕、憲中，擇文學之臣總其事。甲戌，乃詔江東差帥臣呂頤浩，江西差帥臣朱勝非，兩浙差憲臣施坰，福建差帥臣程邁，荆湖差漕臣孫綬，廣東差帥臣趙存誠，廣西差漕臣王次翁，川陜令張浚於逐路選之〔五七〕。垌，晉陵人；綬，須城人；存誠，高密人；次翁，歷城人也。

時將葬隆祐太后，已得地于越州之寶山證慈禪院，議者欲稱園陵。以直寶文閣曾紆爲修奉官〔五八〕，紆言：「上不日恢復中原，奉隆祐歸祔，此但攢宫爾。當先正名。」朝論是之。乃以同知樞密院事李回爲總護使，而有司復援異時園陵之制，給事中陳戩上疏以謂：「陛下念太后保祐之勞，社稷之勳，務急追崇，而有司觀望，禮或失當。中外切疑，他日歸祔泰陵，復用何禮耶？且外有總護使司，以大臣爲之，而頓遞、修奉之類，各設其所。内有大都監，以閹寺爲之，而提點、按行之屬，復異其名。辟置官吏，增加俸給，賜予宴犒，費亦不貲〔五九〕。至謂會稽之山無可採，而欲取他山之石，廂、禁之卒不足用〔六〇〕，而欲調諸郡之夫，並緣爲姦，騷動州縣。又况梓宫僅取周身，明器止用鉛錫〔六一〕，而有司誇侈如此，豈不違太后慈儉之遺訓？而失陛下崇奉之本意乎〔六二〕？」於是一切鐫省。壬午，昭慈獻烈皇后掩攢宫。

初，舊相吴敏方謫居涪州，范宗尹薦敏復觀文殿學士、知潭州，敏以祖母年高力辭，遂改資政殿學士、提舉洞霄宫。至是，又復敏觀文之職，充廣西、湖南宣撫使。〔六三〕敏既受新命，暫駐司桂州，以便宜起永州流人馬擴爲本司都統制兼諮議軍事，既而，擴與參謀官范直方不協〔六四〕，辭去。

初，鄂州李允文殺袁植，江東大帥吕頤浩即奏其事，植有愛將袁衮詣行在，擊登聞鼓訟寃，而臺臣繼亦論列。參知政事張守素與植厚，乃啓上密諭招討使張俊，令收允文。俊既破李成，即與統制官陳思恭謀，思恭言：「允文兵亦衆，須以計取。」有前三省、樞密院屬官汪若海者，歙縣人，被罪責英州，行至臨川〔六五〕，允文以書招之。至是，招討司參議官湯東野引若海謁俊，曰：「君與李節制善，盍往説之，與俱來，免盛夏提師至鄂。」若海曰：「説與俱來，而招討誅之，則若海爲賣友。」俊曰：「某以百口保之。」若海先以書與允文曰：「張少保既破李成，欲移戈指武昌，若海言君無反狀。其屬曰：『節制非朝命，而殺袁植與留川綱運，非反而何？』惟少保言：『以百口相保。』今有三説，劉豫新立，君能引張用之衆，擒豫以取重賞，一也。或引衆西投宣撫使張樞密，既相辟，必爲君白于朝，二也。信少保百口相保之言，三也。君勿恃張用之徒爲强，彼見李成既破，皆已喪魄，若知朝廷怒君，必回戈相逐矣〔六六〕。」允文感悟，乃舉軍東下，因檄若海，併招張用，用亦以衆俱來〔六七〕。於是，俊執允文歸於行在。詔付大理寺，既而遂正典刑。贈植直龍圖閣，復若海承務郎。時俊得允文與用之衆，軍勢益盛矣。

時以張用爲舒蘄鎮撫使，江西大帥朱勝非極言其不可，并論處置乖方之狀。又乞歸帥司於洪州，且言：「陛下志在撥亂，事須務實，乃可圖功，不當徇虚名。」又謂安撫大使與宣撫使名甚重，而無資糧及兵，實不及一小邑。其辭切直皆類此。

時資政殿學士王綯、刑部尚書胡直孺並兼侍讀，中書舍人胡交修兼侍講。一日，上賜經筵官扇，皆取杜甫詩句，親書與之。於綯則曰：「霖雨思賢佐，丹青憶老臣。」直孺則曰：「文物多師古，朝廷半老儒。」交修則曰〔六八〕：「相門韋氏在，經術漢臣須。」蓋上之光寵儒臣如此。

〔校勘記〕

〔一〕而專聽天命　「天」原作「人」，據皇朝中興紀事本末卷一六改。

〔二〕復置監少監丞郎著作郎佐郎各一員　「監」原作「盟」，據廣雅本改。

〔三〕遏虜之策　「虜」原作「金」，據皇朝中興紀事本末卷一六改。

〔四〕兵部侍郎兼權直學士院汪藻承詔言　「兵部侍郎兼權直學士院」，繫年要録卷四十二作「翰林學士」，并考證汪藻去年十二月已除翰林學士，熊克所記誤。

〔五〕輒狐疑相伏　「伏」原作「杖」，據浮溪集卷一及歷代名臣奏議卷二三九改。案：三朝北盟會編卷一四五作「視」，亦通。

〔六〕賞刑未嘗偏廢　「賞」原脱，據皇朝中興紀事本末卷一六補。

〔七〕漫然不治如今日之甚者　「漫」原作「浸」，據浮溪集卷一及皇朝中興紀事本末卷一六改。

〔八〕議者謂國難未已　「議者」原脱，據廣雅本、浮溪集卷一及皇朝中興紀事本末卷一六補。

〔九〕而後使之心服而心畏　「心服而心畏」，浮溪集卷一及皇朝中興紀事本末卷一六作「心畏而誠服」。

〔一〇〕當以濉代 「當」原作「衆」，據廣雅本、浮溪集卷一及皇朝中興紀事本末卷一六改。

〔一一〕本黄河埽兵 「埽」原作「歸」，據皇朝中興紀事本末卷一六改。

〔一二〕案：此事，繫年要録卷三六據日曆繫於「建炎四年八月戊戌」，「鄧隨郢州鎮撫使」，繫年要録卷三六作「襄陽府鄧隨郢州鎮撫使兼知襄陽府」，并以熊克爲誤。

〔一三〕又王銖亦言仲授襄陽鎮撫使 「鎮」原作「錫」，據廣雅本及皇朝中興紀事本末卷一六改。

〔一四〕乃鄧隨郢三州 「隨」原作「趙」，據廣雅本及皇朝中興紀事本末卷一六改。

〔一五〕案：繫年要録卷四三庚戌條注文考證云：「此蓋因林泉野記所書也。按：日曆載上語云：『殺降卒八千。』趙甡之遺史亦云：『賊退走，死者數萬人，俘八千人。』野記恐誤，今不取。」

〔一六〕案：此段記事，繫年要録卷四三庚戌條注文考證云：「熊克小曆書此事皆無本日，但於三月己未捷奏至日并書之。按：趙甡之遺史及俊所申，俊實以三月七日甲辰，自洪州渡江，十二日己酉，與進戰，二十八日乙丑，乃復江州。日曆二十二日己未，進呈張俊捷報，不言其詳。當是復筠州捷報，而克于此遂書復江州，乃追李成于蘄洲，皆誤也。今各附見本日。」

〔一七〕若降赦書 「書」原作「事」，據廣雅本紀皇朝中興紀事本末卷一六改。

〔一八〕以爲辛氏兄弟擅權市恩 「擅」原作「檀」，據廣雅本及皇朝中興紀事本末卷一六改。

〔一九〕案：繫年要録卷四七據日曆繫於「紹興元年九月辛酉」。

〔二〇〕周公宗祀在成王之世成王以文王爲祖 「成王之世」原脱，據東萊集卷九王公行狀補。

〔二一〕獨躋則患無名 「名」原作「明文」，據東萊集卷九王公行狀及皇朝中興紀事本末卷一六改。

〔二二〕金虜左監軍撻辣引衆攻泰州水寨張敵萬 「虜」原脱，據皇朝中興紀事本末卷一六補。

〔二三〕擒其壻萬户不剌「不剌」原作「布拉」，據原注及皇朝中興紀事本末卷一六回改。後遇此徑改，不出校。
〔二四〕其族有大石林牙佛頂林牙者「大石」原作「達實」，據皇朝中興紀事本末卷一六改。
〔二五〕據曷董城以自立「曷董」原作「和勒端」，據廣雅本及皇朝中興紀事本末卷一六改。下同。
〔二六〕金虜右副元帥粘罕在雲中「虜」原脱，據皇朝中興紀事本末卷一六補。
〔二七〕蓋虜自用兵以來「虜」原作「金」，據皇朝中興紀事本末卷一六改。
〔二八〕詔分鄂岳潭衡永道郴桂陽八郡爲湖東路「桂陽」原作「桂楊」，據廣雅本及皇朝中興紀事本末卷一六改。
〔二九〕徑來潭州外駐軍「外」原作「今」，據皇朝中興紀事本末卷一六改。
〔三〇〕自古有盗賊而壽終者乎「壽」原作「受」，據廣雅本及皇朝中興紀事本末卷一六改。
〔三一〕提精兵數千屯本縣「數千」，繫年要録卷四二紹興元年二月庚午條引小曆作「七千」。
〔三二〕案：此詔，繫年要録卷四四繫於「五月己亥」。
〔三三〕則人主不惟骨肉不能相倚「惟」原作「難」，據皇朝中興紀事本末卷一七改。
〔三四〕一日殺三子　原脱，據皇朝中興紀事本末卷一七補。
〔三五〕而林甫以刑措受賞「而林甫」原脱，據皇朝中興紀事本末卷一七補。
〔三六〕相林甫而亂「相」原作「林」，據廣雅本及皇朝中興紀事本末卷一七改。
〔三七〕金虜左監軍撻辣自爲張敵萬所敗「虜」原脱，據皇朝中興紀事本末卷一七補。
〔三八〕過淮陽「陽」原作「揚」，據皇朝中興紀事本末卷一七改。
〔三九〕被堅執鋭「執」原作「報」，據廣雅本及皇朝中興紀事本末卷一七改。
〔四〇〕案：繫年要録卷四四辛丑條注文考證：犒賞將士並非始於南渡，犒賞的對象也不僅限於衛士，犒賞也不僅僅每兩月一賞。

〔四一〕既而加至三員　「至」原脱，據廣雅本及皇朝中興紀事本末卷一七改。

〔四二〕案：此記事，繫年要録卷四七繫於「紹興元年九月丙申」。「李亨仁」當作「李敦仁」，蓋避光宗之諱而改。

〔四三〕案：繫年要録卷四二繫於「紹興元年二月乙酉」，三朝北盟會編一四七繫於「紹興元年六月」。

〔四四〕庶可指日平也　「指」原作「措」，據皇朝中興紀事本末卷一七及繫年要録卷四二改。

〔四五〕案：繫年要録卷四〇據日曆繫於「建炎四年十二月辛巳」。

〔四六〕頤浩召諸統兵官姚端崔邦弼　「邦」原作「拜」，據廣雅本、皇朝中興紀事本末卷一七及繫年要録卷四六改。

〔四七〕纔出城五里　「纔」原作「紹」，據皇朝中興紀事本末卷一七及繫年要録卷四六改。

〔四八〕追奔五十里　「五十」，繫年要録卷四六作「三十」。

〔四九〕案：此段記事，繫年要録卷四六據日曆繫於七月辛酉，并據吕頤浩奏疏，考證其中的「纔出城五里而賊先鋒已至」及「吕頤浩自將水軍禦之」有誤。

〔五〇〕金虜有僞皇姪没立郎君者　「虜」、「僞」原脱，據皇朝中興紀事本末卷一七補。「没立」原作「摩哩」，據原注及皇朝中興紀事本末卷一七回改。後文出現徑改，不出校。

〔五一〕與其别將烏魯折合數萬衆　「烏魯」原作「鄂拉」，「折合」原作「扎哈」，據原注及皇朝中興紀事本末卷一七回改。後文出現徑改，不出校。

〔五二〕案：繫年要録卷四四癸卯條注文考證云：「蓋據王綸、王曮撰玠、璘碑所云也。然階、成在散關後，不應云出散關，當云自階、成還趨散關，會于和尚原，乃可。綸、曮皆江東人，不知蜀口地理，克又因之耳。」

〔五三〕將士家屬往往陷賊　「賊」原作「敵」，據皇朝中興紀事本末卷一七改。

〔五四〕兩寇卒不相合　「寇」原作「軍」，據皇朝中興紀事本末卷一七改。

〔五五〕案：此段注文原作正文，據皇朝中興紀事本末卷一七改。而皇朝中興紀事本末卷一七置於前文「未見可疑」之後。當是。繫年要録卷五二紹興二年三月壬辰條注文考證云：「按：日曆頤浩未相時，上屢以諭范宗尹，則當時言世清可疑者，不特頤浩也。然世清彈壓有功亦未可知，如李光、王瓊所奏揀散事，亦不言其拒命，可見世清初無反意，但迹可疑耳。」

〔五六〕詔諸路轉運司類試進士　「試」原作「武」，據廣雅本、皇朝中興紀事本末卷一七改。

〔五七〕川陜令張浚於逐路選之　「浚」原作「俊」，據廣雅本、皇朝中興紀事本末卷一七及繫年要録卷四五改。

〔五八〕以直寶文閣曾紆爲修奉官　「寶文閣」，繫年要録卷四五作「顯謨閣」。

〔五九〕費亦不貲　原作「數亦不資」，據皇朝中興紀事本末卷一七改。

〔六〇〕廂禁之卒不足用　「廂」原作「鑲」，據廣雅本、皇朝中興紀事本末卷一七及繫年要録卷四五改。

〔六一〕明器止用鉛錫　「鉛」原作「松」，據廣雅本、皇朝中興紀事本末卷一七改。

〔六二〕而失陛下崇奉之本意乎　「崇奉」原脱，據皇朝中興紀事本末卷一七補。

〔六三〕案：此段記事，繫年要録卷四六七月丁卯條注文云：「克所云官職及先後，皆差誤。」

〔六四〕擴與參謀官范直方不協　「范直方」原作「范方方」，據廣雅本、皇朝中興紀事本末卷一七改。

〔六五〕行至臨川　「臨川」原作「臨州」，據廣雅本、皇朝中興紀事本末卷一七改。

〔六六〕必回戈相逐矣　「回」原作「爲」，據廣雅本、皇朝中興紀事本末卷一七及繫年要録卷四五改。

〔六七〕用亦以衆俱來　「用」原脱，據皇朝中興紀事本末卷一七補。

〔六八〕交修則曰　「交修」原作「文修」，據廣雅本、皇朝中興紀事本末卷一七及上文改。

中興小紀卷十一

紹興元年秋七月乙未【新輯】朔，浙西大帥劉光世以枯秸生穗爲瑞奏之。上曰：「歲豐人不乏食，朝得賢輔佐，軍中有十萬鐵騎，乃可爲瑞。此外不足信。朕在潛邸時，梁間有芝草，府官皆欲上聞，朕手自碎之。」於是，宰執以下歎服。

時徽猷閣直學士、銀青光禄大夫王序再任提舉崇福宫。給事中李擢言：「序諂事宦官梁師成〔一〕，誕謾罔上，望鐫近職，落崇階。」詔序落職。中書舍人洪擬又言：「序諂附刑餘，有滔天之惡，法當討論，而有司蒙蔽，望降階品。」乃詔更降兩秩。

資政殿學士、提舉洞霄宫呂好問卒于桂州。

辛丑，以信州防禦使令話爲安定郡王。（輯自皇朝中興紀事本末卷一八，參考輿地紀勝卷一〇三廣南西路）

是歲，當祀明堂，文武有合轉官者。右僕射范宗尹以爲多所僥倖，乃建言論崇、觀、政、宣以來濫賞，而參知政事秦檜力贊之。壬寅，上謂宰執曰：「議得當否？朕不欲人每以此事議及上皇聖德。」時吏部侍郎高衛主右選，上疏詆之，乃詔先罷武臣討論〔二〕。既而，同知樞密院李回自言：「宣和間任詞臣，以校正御前文籍轉官，恐是濫賞，乞削秩罷政。」上曰：「人君留意文籍，命臣下校正，有勞轉官，自是美事〔三〕，豈與濫賞同科？」顧謂宗尹曰：「且如卿等以功轉官，若與小人同一劄目，亦自難處。」宗尹力奏：「此事如回者無幾，其他亦不足惜。」遂詔侍從及館職兼領校正者非。按此下原本訛脫。既而，上批文臣討論亦罷〔四〕。大意以爲：「不欲歸過君父，斂怨士夫。」而宗尹堅謂可行。即日求出。於是，秦檜復以此事擠宗尹，而侍御史沈與求條宗尹罪狀一十，宗尹力請解政〔五〕。癸亥，罷爲觀文殿學士、提舉洞霄宮。上謂執政曰：「宗尹既去，惟王俣、萬格以刻薄附會討論事，招致人言，當罷。此外宜置勿論，恐分朋植黨，非國家之福。」皆曰：「此陛下盛德也。」俣，華陽人；格，鄱陽人；時並爲都司〔六〕。未幾，宗尹落職。

初，詔勅令所以嘉祐敕與政和敕對修，命工部侍郎韓肖胄等詳定，至是，修成敕令格式。八月戊辰，提舉官、參知政事張守上之。肖胄，忠彦孫也。

先是，諫官韓璜論堂吏俞宗适、滑浩二人預討論事，浩已罷職。璜言執政不當芘宗适而不問。是日，執政奏事，富直柔曰：「臣聞宗适誠不預，言者誤聽。」秦檜曰：「吏承行文書，不必罪之。」李回曰：「如罪兩都司，彼自無詞。」上曰：「兩都司殊刻薄，爲朝廷建議，須有忠厚之風。」張守等仰贊聖訓。於是，不罪宗适，再以浩送吏部。

初，靖康京城圍急，胡唐老時爲殿中侍御史，言：「萬一不守，則本支俱覆，聞康邸至磁、相間，爲民所留，此天意也。請建爲大元帥，領兵入援。」至是，其弟吏部郎官世將繳唐老劄子，且爲之請謚。壬申，上謂執政曰：「當時事亦偶然，何功之有？」於是，張守等退而歎曰：「大哉王言！」

内侍楊公恕自叙：「嘗在潛邸，欲求差遣」。執政擬與兵馬都監。上曰：「以潛邸恩與一都監，亦不爲僥倖，但其人難使之近民。」富直柔曰：「近有任鈞者，至密院干差遣，陛下知其爲人否？」上曰：「鈞乃珪之子，尤狠愎，豈可任使？此輩稍不循理，朕不欲使之在左右。」於是，執政退而悚服。〔七〕

參知政事張守薦舊相清遠軍節度副使汪伯彦之才可用，詔復官，提舉洞霄宫。癸酉，伯彦復觀文殿學士、除江東安撫大使兼知池州。

【新輯】工部侍郎韓肖胄嘗密啓上，追褒元祐諸臣。乙亥，乃詔贈程頤、任伯雨、龔夬、張舜民官〔八〕。上謂宰執曰：「黨籍追贈，至今未了，卿等爲朕留意。此四人名德尤著者也。」

張守因薦汪伯彦不當，爲侍御史沈與求所論，守引疾求去。已而罷爲資政殿學士、提舉洞霄宫〔九〕。以同知樞密院李回爲參知政事，簽書樞密院富直柔進同知樞密院事。（輯自既而，右司諫韓璜論伯彦不可用。詔罷之，依舊提舉洞霄宫〔一〇〕。上曰：「治天下惟公，朕安得而私也。」於是參知政事秦檜退而仰服聖訓。

時沈與求再歸言路，或疑其論范宗尹所引用者悉出之〔一一〕，與求曰：「近世人材，視宰相出處爲進退，蓋習以成風。今當別人之正邪能否，而公言之。豈可謂一時所用皆不賢，而使視宰相爲進退哉？」

中書省言：「池、江二州，地勢僻隘，失祖宗公道置帥之意。」庚辰〔一二〕，詔江東、西路依舊以昇、洪爲帥府。

癸未，執政奏劉光世繳到劉豫僞詔，詔尾乃其子僞左相銜也。上曰：「可見豫褊陋。」李回曰：「藝祖即位，用范質、王溥，皆數年而後代以趙普。」秦檜因曰：「帝王自有受命之符，陛下靖康初，爲生靈請行，此即受命之符，正所謂保民而王者也。」

時揆席久虛，秦檜倡言曰：「我有二策，可以竦動天下。」或問：「何以不言？」檜曰：「今無相不可行也。」

【新輯】丁亥，檜自參知政事除右僕射、同平章事兼知樞密事。

詔諸路折帛錢，昨每疋三貫，慮高下不等，若一槩立定，有虧公私。自今各估以

實直。〔一三〕

是月，刑部尚書胡直孺改兵部，以中書舍人席益兼直學士院〔一四〕。

吏部郎官廖剛言：「古者，天子必有親兵，實自將之，所以備不虞而强主威，使無太阿倒持之悔。漢北軍、唐神策之類是也。祖宗軍政尤嚴，如三衙四廂所統之兵，關防周盡。今此軍稍廢，所恃以備非常者，諸將外衛之兵而已。臣願稽舊制，選精鋭三數萬人，以爲親兵，直自將之。居則以爲衛，動則以爲中軍，此强本弱枝之道，最今日急務。昔段秀實嘗爲唐德宗言：『譬猶猛虎，百獸所以畏者，爪牙也。爪牙廢，則孤豚、特犬皆能爲敵。』正爲是也，願陛下留神毋忽。」剛，順昌人也。

金虜右都監余覩攻大石、佛頂林牙，至曷董城，契丹遠遁，余覩糧盡，不克窮追而還。余覩亡去金牌，虜疑其與林牙暗合。

宣撫處置使張浚奏邊事。九月甲午朔，上謂宰執曰：「金寇既去，陝西必可經理，荆南亦須措畫，庶形勢相應，有恢復之漸。」秦檜等唯唯奉訓。（輯自皇朝中興紀事本末卷一八）

己亥，中書門下省言：「文臣舊法，曾分有無出身，帶左、右字，若贓罪則悉去左、右，庶有所别。今欲復舊。」詔從之。

仁宗嘗親篆明堂及飛白門牓。壬寅，上謂宰執曰：「行宫殿小，難以模設，已别書六字，第以嗣天子臣名恭書，代孝子嗣皇帝親札，蓋以祀天爲主也。」秦檜等曰：「以祀天爲主，深合禮意。」

有敕令所小使臣楊球者〔一五〕，被旨召試，侍御史沈與求言：「陛下復祖宗故事，間詔四方豪俊，令中書策試，而用之於臺省、館閣，皆極一時之選。今球乃預其列，不知薦者爲誰。望罷球，使歸右選。」詔從之。

甲寅，上曰：「朕以眇躬獲主大器，居位五祀，而王室益微。念兹永懷，慘若焚灼。比因崇祀明堂，投誠上帝，冀獲悔禍，以雪神人之耻。而赦文夸大，殊咈朕心。又除吕頤浩制，首爲『中興聖緒，兼創業守文』之言，徒使四方誚于有識。可與外任。」於是，中書舍人兼直學士院席益以顯謨閣待制，與郡而去。

【新輯】參知政事李回不爲吕頤浩所喜，回乞罷，以資政殿學士出知洪州〔一六〕。（輯自皇朝中興紀事本末卷一八，參考繫年要録卷四八）

江南招討使張俊言：「承務郎汪若海説李允文有功，乞充本司幹辦官。」丙辰，上以問宰執，吕頤浩曰：「若海頃與何大圭以語言交鬭滕康、劉珏〔一七〕，致二人不和，遂有兵火之變。皆編置嶺外，尚未放還。」上曰：「若容在軍中，恐後爲累〔一八〕，後有罪者，亦必援例，第勿許之。朕自以諭俊也。」於是，頤浩等竦服聖訓。

户部侍郎孟庾進尚書，時江、湖上供錢糧久虧，而羣盜尚聚。己未，詔庾爲宣諭制置使。

詔：「近降赦恩，處州縣奉行不虔，委逐路提刑親行體訪，務令實惠及民。若所載寬恤事，或有未盡，亦令監司條上。」

初，李成之黨李雱爲成計謀，至是張俊獲雱而成勢蹙，將殘黨遁居順昌。詔淮、蔡二鎮掩殺，成遂奔僞齊，餘衆趙瑞等降。

言者謂：「洛爲國西宅，而翟興於僅存之地，萬死一生，率師護寢陵，戰屢獲捷，粗自立基。望錫軍名，使知國家惓惓不忘之意。」壬戌[一九]，詔名忠護軍。

吏部郎官廖剛言：「因江南探報事宜[二〇]，頗致懷慮。羣臣往往以維揚之事爲戒，無敢任其責者。臣謂動静之間，在審其緩急而已。【新輯】周防津岸，申嚴斥候，在今最爲機要。而鑾輿或當順動，預宜經理。而自得報以來，未聞朝廷措畫，建康、鄱陽勢未暇議，自會稽以南，惟永嘉與福唐所當留意，永嘉之險可恃與否，臣所不知，如閩之四境，南控大海，三面皆重山峻嶺，稍加人力，不復可犯，形勢之勝，殆是天險。臣願速降指揮，令本路增修寨柵，以備不時之巡。盜雖未息，願賜曲赦，因遣重臣往宣德音，使潢池赤子，得以自新，彼且感恩，悉爲我用。大抵閩俗重義，君臣父子之心，雖爲盜而不變，此臣所知也。如不得已至於幸閩，則凡供億之事，必責他路。致於海上，而兵環駐於隣境，閩人無所困苦，斯可安矣。然後徐圖恢復之計，進撫中原，如日麗天，何傷於往者之虞淵也？然臣（輯自皇朝中興紀事本末卷一八）料今歲虜騎勢分〔二一〕，必無南渡之事。望姑寬聖念，以慰天下。臣所陳下策，正如孝子操瞑眩之藥〔二二〕，厥疾已瘳，則無所用矣。」

初，翰林學士汪藻言：「自元符以來至建炎，並無日曆，此國之重事，願留聖心。」上納之。既而，宰執請擇所付。上曰：「無以易藻矣。」至是，除藻龍圖閣直學士、知湖州。詔領日曆如故〔二三〕。

金虜左監軍撻辣自宿遷北歸〔二四〕，路由東平府，劉豫不出迎，且遣人議於撻辣曰：「豫今爲帝，相見無拜禮。」撻辣大憾之〔二五〕，盡却所獻之物而去。豫遣僞相張孝純隨而和之，數日乃回。撻辣至祁州，遷其民而出，仍許只擕行李，其錢穀之類皆留，遂以祁城爲元帥府。

先是，建炎末，虜方南牧〔二六〕，有朝奉郎趙俊者，宋城人，居城北。或勸其避地，俊曰：「但固吾所守爾，死生命也。逃將安之？」時劉豫以俊爲虞部郎官，俊稱疾不受，豫不能强。凡文字不肯用豫僭號，但書甲子。未幾卒。

時有武功大夫蘇易，緣守奉化縣界轉一官。於是，中書舍人程俱言〔二七〕：「武功大夫轉入横行，則官益以輕，其害尤大。祖宗之法，武臣自閤門副使至内客省使爲横行，不係磨勘，即非皇城使所得轉入之官，皆特旨而受。故元豐官制，以承務郎至特進爲寄禄官，而武臣獨依舊，不以寄禄官易之，蓋有深意。政和間，改武官稱爲郎、大夫，遂并横行易之，而爲轉官等級，〔二八〕此當時有司不習典故，率意而改，以開僥倖之門，故流弊日深。且文臣庶官，轉不得過中大夫，而武臣乃得過皇城使，此何理也？自改使爲大夫以來，常調官轉爲横行者不可勝數〔二九〕，其弊已極，而他人莫能言也。」

冬十月【新輯】太常少卿王居正求去〔三〇〕。庚午〔三一〕，上謂宰執曰：「范宗尹既去，朕嘗喻止當責王俣、萬格兩人〔三二〕，餘不可因宗尹進退。若令居正去，是使之爲黨，卿等在朝，當爲朕力破黨與。」吕頤浩等曰：「謹遵聖訓。」上謂頤浩曰：「劉光世於卿有故怨，諸事略與應副，因以廉、藺事爲戒。」又曰：「君相本是一體，不須避形迹嫌疑。」頤浩具奏光世所以怨之本末，因曰：「臣蒙聖恩，再使備位宰相，命不足惜。但觀近日事尤費力。」秦檜曰：「自頤浩到，留滯事頗已決遣。」上曰：「亦聞之。」檜曰：「頤浩所謂費力者，蓋恐小人不悦，事多掣肘耳。」上曰：「但問縉紳公論，小人何足恤也？」（輯自皇朝中興紀事本末卷一九，參考繫年要録卷四八）

乙丑，以新除給事中兼侍講洪擬爲吏部尚書。言者謂：「擬未嘗歷州縣。」擬請外，遂除龍圖閣待制、知温州。

言者以謂：「近差甲頭催税，其害又甚於保長。」戊辰，户部奏：「甲頭於三十户輪差，初無高下，而大保長乃有力，可以倚仗。」詔從之。

初，金虜右監軍兀朮駐兵於熙河、秦、雍〔三三〕，至是，相繼移寨，欲窺蜀。宣撫處置使張浚令陝西都統制吴玠，於鳳翔府之和尚原先處戰地，誘致其來。兀朮乃引衆十餘萬〔三四〕，造浮橋於寶雞縣，渡渭來犯〔三五〕。玠遣統制官吴璘、雷仲，率諸將選勁弓强弩，分番迭射，號「駐隊矢」，接發不絶，繁密如雨。虜稍却〔三六〕，則以奇兵旁擊，斷其糧道。又刼破賊寨〔三七〕。乙亥，與虜戰凡三十餘陣，兀朮中箭而遁，俘其將羊哥孛堇及酋領三百〔三八〕，甲兵八百，殺賊衆横屍滿野〔三九〕。是役也，兀朮往反萬里，始末三年，其衆之損者逾半，皆呻吟扶攜以歸。兀朮初有從馬數百，至是僅留其六，道由平陽府，僞守蕭慶以三馬奉之〔四〇〕。於是北歸燕山。王之望西事記曰：「張浚之敗，賴吴玠獨全一軍，據和尚原以守，金人屢攻之不克，大破虜軍〔四一〕，殺其酋帥〔四二〕，人多疑不實。夫吴玠之敗四太子，固未可知，然虜若不敗，則今已無四川矣。故陝西之敗，皆浚爲之，然而金人不能取蜀，亦其用玠之力也。」

乙酉，宰執言：「郭仲荀初除管軍，例得閤職。」上曰：「祖宗待三衙之厚如此。」富直柔曰：「祖宗時三衙用邊功、戚里，班行各一人，蓋有深意。」上曰：「參用戚里，固祖宗法，然礙處亦多，恐不可用。」於是，宰執退而歎曰：「此言可以爲後世法。」

丁亥，宰執奏：「有司勘到僞造告身，事連知閤門事潘永思。」上曰：「永思雖戚里〔四三〕，既有過，安可廢法？」於是，令罷閤職就逮。秦檜退而歎聖德曰：「卓哉此舉！」

初，工部侍郎韓肖胄在都司時，嘗言：「國以兵强，兵以食爲本，宜理淮南以修農事，則轉輸可省。」遂命屯田郎官置局建康，行屯田之法於兩淮。上又親書趙充國傳，刻石摹本，賜諸將以厲之。於是，荆南鎮撫使解潛於部内五郡屯田，且辟直秘閣宗綱爲措置官，而公安知縣孫倚率先辦集，詔加兩秩。既而，言者復請江之南岸亦興屯田。戊子，江西大帥李回又言：「江州赤地千里，望依淮、浙委監司興營田。」並從之。

初，知興元府、利夔路制置使王庶，籍興元及諸縣良家子弟，號曰義士，以縣令爲軍正，而武勇知邊事者副之。尺籍伍符，皆如舊制，軍聲甚振。至是，宣撫司上其狀，甲申，庶自待制爲徽猷閣直學士。

【新輯】王之望記西事曰：「張浚以王庶帥興元，制置利、夔兩路，付之軍事。然官軍甚少，恃以用者，皆招安之盜，驕不可用。又團結民兵，號爲義士，興元、興、洋得七萬人，旋教鼓旗，有類兒戲。去年八月間，傳虜將以陝西之衆，數路大入，蜀人震恐，但營築山寨，般糧清野，爲避狄計耳。」（輯自皇朝中興紀事本末卷一九）

吕大麟見聞録曰：「王庶立義士，其法甚妙。紹興初，富平大衄之後，兵卒單寡〔四四〕，庶於興元府、興、洋、金、蓬、閫、達諸處〔四五〕，令州縣選强壯，每兩丁取一丁，三丁取二丁，與免戶下物力錢二百千。每五十人爲一隊，以知縣爲軍正〔四六〕，尉爲軍副，日閱武於縣，月閱武於州。不半年，有兵二十萬，每遇州教，則厚犒賞之。教閱有方，可以出戰，則令、尉便與改秩。今川口義士尚衆，皆庶倡之也。」

己丑，【新輯】詔越州陞爲紹興府。（輯自皇朝中興紀事本末卷一九）

吏部郎官廖剛言：「臣前所獻幸閩之説，姑備一時之急爾。國家艱難，極則必反。今乃圖新之時，故經營建康，殆不可緩。歲晚固所未暇，俟有機會可乘，當親擁六師，往爲固守之計。彼虜雖黠〔四七〕，詎能妄意吾之虛實，而輒窺也哉？且東南建國，無易金陵。臣聞劉豫在齊、魏間，省徭薄賦，專務姑息，招徠人士，誘以僞官，安知其不圖吾根本地乎？要當出其不意，而徙居焉，亦先事制人之道也。」尋除剛起居舍人。剛又言：「伏見陛下詳延儒臣，採摭故實，爲説以進，而游意翰墨，博覽羣書，亦可謂好學矣。然帝王之學，與文士異。堯、舜、禹、湯、文、武、仲尼，汲汲皇皇，是其用心亦必有在矣。」且援孟子所言，天下國家之本在身，與大學之治國、平天下，其端在正心、誠意。願陛下去末學之無益，坐進此道，則可以福羣生也。

初，建寇范汝爲未平，而本路制置使辛企宗握兵玩寇，一路騷然。詔以大理少卿朱宗爲本路漕臣，宗，仙游人，紱子也。宗入對言：「民困無聊，弄兵以延一旦之命。陛下第追還制置使，以此事付臣，可毋戰而平也。」上詔宗行，而企宗方議募兵，檄取錢糧數多，宗遣書責之曰：「公擁兵彌年，州縣餽餉費百萬，而責取未已，民在溝壑矣。公爲則自爲之。」初，詔企宗放散汝爲之黨，企宗乃奏汝爲乞於福州就糧，不遵聖旨，遂詔企宗措畫。而企宗怯懦不能制，賊反屯其衆於建之城外。上乃擢吏部郎官胡世將爲監察御史、福建撫諭。世將既至，言汝爲懷反側，猶肆剽掠。而招撫官謝嚮、陸棠顧與賊通，亟捕嚮、棠與制置使屬官施逵付獄。又樞密院計議官沙縣張致遠請歸鄉，因白宰執，乞遣重兵討之。而知福州程邁亦請改命將臣。又是時曹成、馬友有衆數萬，轉掠湖南北，而山東賊白氈笠劉忠者，嘗與兀朮戰，頡頏而南〔四八〕，自黥其額，號「花面獸」〔四九〕，據潭之白綿山，號爲最强。左僕射吕頤浩建言：「先平内寇，然後可禦外侮。」

十一月戊戌，乃詔參知政事孟庾爲福建江西湖南宣撫使，太尉、武成、感德軍節度使韓世忠副之〔五〇〕，發大軍由台、温路先往福建，次赴餘路。仍罷企宗，以其軍隸韓世忠。庾遂辟致遠充隨軍機幕。既而，世將奏謝嚮、陸棠及施逵皆械送行在。嚮、棠死於路，逵得以歸罪二人，止從輕典，送遠郡羈管，中途逸去〔五一〕。後改名宜生，竄入僞境。

詔紹興府漕運頗艱〔五二〕，難以久駐，可移蹕臨安府。

初，景靈宫萬壽觀、會昌宫章武殿神御，並在温州。甲辰，詔差内侍岑坒充迎奉主管官。時又迎奉太廟神主，亦令内侍省選官主管。仍罷提點官鄭士彦，别命郎官一員赴温州充提點官。凡有事移牒州縣，並申提點官，其主管官毋得輒行。初，萬壽觀有章獻皇后用黄金所鑄真宗像及后像，既而上曰：「置金像外方，人所側目，若不取入，是誨爲盗也。」因愀然謂宰執曰：「朕播遷至此，不能薦享宗廟，奉衣冠出游，令祖宗神御越在海隅，念之坐不安席。」聖語在明年閏四月，今聯書之。

先是，淮南賊張琪既爲統制官閻皐等所敗，其黨姚興、王悦引所部詣統制官巨師古降。琪西走，追擒之，送行在。乙巳，戮于市。

【新輯】初，熙寧中，陳襄在經筵，嘗薦司馬光以下三十三人。至是，上得襄薦章藁，壬子，宣示百辟，仍詔内外侍從官各舉所知。

翰林學士翟汝文進承旨。（輯自皇朝中興紀事本末卷一九，參考輿地紀勝卷一二八福建路）

初，常州守臣周杞坐殘虐敗官。是夏，大旱，上御邇英閣，問所以致旱之由，給事中胡交修爲中書舍人，對曰：「此殆杞佚罰。」遂以杞屬吏。至是獄具〔五三〕。甲寅，上曰：「當官者小過或有害〔五四〕，惟濫刑爲當懲。聞杞數濫殺人，豈得不治？朕日聽斷，若任情殺人，豈不可耶？顧非理爾。」於是，宰執將順聖德，退而記之，以垂訓萬世。時杞謂交修譏己，乃上書告其罪。詔遣大理寺丞胡蒙詣常州按驗，反復窮究，交修無所挂，然羣從亦多抵罪。蒙，歷城人也。

初，詔左僕射吕頤浩復相，而同知樞密院事富直柔與司諫韓璜及神武中軍統制官辛永宗兄弟，見上多言頤浩之短。至是，侍御史沈與求言：「直柔與璜等結爲朋黨。」丙辰，罷直柔爲提舉洞霄宫，而璜等亦皆黜去。

【新輯】是日，頤浩因奏事言：「與求前論范宗尹，後擊直柔，頗爲稱職。」上曰：「論宗尹固當，今能破直柔私黨，尤非小補也。」（輯自皇朝中興紀事本末卷一九）

初，復江、淮等路發運使，以寶文閣直學士權邦彦爲之，邦彦闇而傲，士論不與。至是，吕頤浩又薦邦彦爲兵部尚書。

初，選人永嘉婁寅亮嘗陳宗社大計，深契上意，已與改官。至是，以爲監察御史〔五五〕，制略曰：「爾上書論事，慮國則深，既遷一官，朕意未足。」中書舍人程俱辭也。

宣撫使孟庾總大軍道由温州，守臣、龍圖閣待制洪擬趣庾赴援。庾怒，於饋餉外，命擬亟犒師。犒已即行，擬歸，未及州治，軍人已塞滿庭下，訩訩且不測，擬即借封樁錢用之。事已自劾。詔書獎其知變，加秩一等。

金虜僉軍之法〔五六〕，以家業高下定之者，曰家户軍；以人數多寡定之者，曰人丁軍。謂家户者不以人數，稱人丁者不以家業。時雲中有陳氏姑婦，持其産簿，訴于右副元帥粘罕，謂父子俱已陣亡，願盡納産，乞免充軍。左監軍悟室怒其沮法，贊粘罕誅之，於是國人皆怨。而粘罕又禁諸路之民不得擅去鄉里，凡出必先告官，給番漢字公據〔五七〕，然後可行。右監軍撻辣請於粘罕，謂西路之軍有解鹽可贍，而東路無之。乞割齊境滄州鹽場，以贍其用。蓋撻辣怒劉豫不拜，欲奪其利。而粘罕方專權芘豫，故不之許。然撻辣自此憾豫愈深矣。

初，吕頤浩帥江東，置司池州，既召入，令知池州劉洪道攝帥事。

是月，以資政殿學士葉夢得爲安撫大使，始還帥府於建康。時建康荒殘，見兵不滿三千人，諸將散居他郡。夢得至，乃奏移宣州駐劄韓世清一軍屯建康，遣水軍統制官崔增屯采石〔五八〕，及統制官巨師古、閻皐分守要害，而世清尚未至也。於是，夢得召集流民，稍稍復業，商販亦通。

時羣盜蜂起，右文殿修撰胡安國一日謂其門人楊訓者曰：「昔寇起燕山，則關中、河北可避。及入關、河，則淮南、漢南可避。今至湖外，惟二廣爾。又焉保二廣之無寇也？至此可謂窮矣，只得存心以聽命。」訓問曰：「存心如何？」安國曰：「行善而莫爲惡耳。」

十二月丙寅，詔依祖宗故事，置樞密都承旨一員，以兩制爲之。

建寇范汝爲聞大軍將至，亟入據州城，監司、守宰以下皆遁去〔五九〕，賊將葉徹往犯南劍州。先是，制置司撥統制官任士安一軍駐城西，賊至，未肯力戰，守臣張觷獨率州兵出拒，射徹死而退賊。觷，侯官人也。觷知士安方懼無功，即函徹首與之，州兵皆憤，觷曰：「早晚賊必再至，非與大軍合，不能破也。」士安得之大喜，遂馳報諸司，謂已斬徹。未幾，徹二子曰文、曰武〔六〇〕，果引衆聲復父讎，縞素來攻。於是，士安與州兵偕戰，賊大敗。汝爲自此益挫。

庚午，詔略曰：「聞汝爲嘯聚日久，今再遣師剪除，其從有能執汝爲請命者，當受重賞，自餘咸赦除之。」上因諭宰執曰：「若不許其自新，何以示好生之德？」秦檜曰：「天地大德曰生，聖人大寶曰位，何以守位曰仁。唯仁則能好生而配天地，以守其位也。」既退，呂頤浩請記以爲訓。

時宣撫司軍已次福州，於是，孟庾留福，而韓世忠總兵趣建。知福州程邁謂世忠曰：「賊銳，宜少休以俟元夕。」世忠笑曰：「吾以元夕凱旋見公矣。」時賊於正南路植巨木爲鹿角，及設陷馬坑以拒王師。世忠命諸軍偃旗仆鼓，由小路徑至鳳凰山，繞出賊背，范汝爲震怖，以謂從天而下。於是列寨以環其城，賊夜遣衆刼寨，戰敗而走。

丁丑，【新輯】詔略曰：「比緣國難，盜起未息者，蓋姦贓之吏，無恤民意。及煩王師，而軍須不免，又取於民，因循展轉，日甚一日。民欲不爲盜，不可得也。朕甚憫焉。可將建炎三年以前積欠，除形勢户及公人外，一切蠲除。如州縣不奉詔，或監司迫令州縣要默解其意，巧作催科者，並除其名。令御史糾之。仍多出黄牓以示民。」

初，上欲舉祖宗舊法以治贓吏，仍先諭使通知，庶行之不暴。宰執奉詔，仰服聖慮周盡如此，則麗于法者，當無憾矣。丁亥，言者謂贓吏當棄市。上曰：「杖之足矣。朕本欲專尚德化，顧贓吏害民，用兵有甚不得已，豈忍遽置縉紳於死耶？」（輯自皇朝中興紀事本末卷一九）

右司諫方孟卿言：「比言大兵所過，恣爲剽掠，有甚於賊。願賜丁寧。」乃詔：「自今出師，毋得秋毫騷擾。樞密院察大將，大將察統制〔六二〕，統領官以下遞察，犯者並行軍法。」

初，宣撫處置使張浚移軍閬州，令參議軍事劉子羽於關外調護諸軍。子羽頗得衆心。又總領趙開兼都漕，號善理財，不加賦於民而軍用足。戊子，宰執奏：「浚居閬，爲水運以給西軍。」上曰：「朕料浚必能立功。」秦檜言：「臣初至行朝，見論浚者紛紛可駭，賴陛下保全，使得安迹。萬一有功，實陛下知人善任使，不惑浮言之效也。」上因論：「天下事有利必有害，但利多害少皆可爲，如前年航海，一板之外，便爲不測，使惑於浮言，逡巡不決，豈不敗事？」於是，宰執退至省未食，而浚和尚原捷報已至，乃相與歎仰聖明知人善料敵如此，顧恐人臣不才，無以稱任使耳。既而，浚以功除定國軍節度使，職仍舊。

壬辰，兵部尚書胡直孺卒。

鄧隨郢鎮撫使桑仲雖已受朝命，而猶恃兵衆，再圖取金州。是冬，復引衆攻房州，金均房鎮撫使王彦與戰于青林澗〔六二〕，又大敗之。

建炎初，詔西外宗司居高郵軍，南外宗司居鎮江府。及渡江以來，遷徙不常。是年，西外宗居福州，南外宗居泉州，其後，兩宗學各置教官，如諸州例云。

時金虜左監軍撻辣居祁州〔六三〕，而其衆尚留承、楚。浙西大帥劉光世守鎮江，欲攜貳之，乃以金銀銅爲三色泉，其文曰招納信寶，獲虜人則燕餞而遺之〔六四〕，未幾踵至。得衆數萬〔六五〕，給良馬利器，用之如華人，因創赤心、奇兵兩軍，頗得其用。

初，五路既陷，金虜悉割以屬僞齊〔六六〕。虜以陝西重地〔六七〕，自右監軍兀朮敗走，都統婁室病死，而忠護軍翟興屯伊陽山，又知鳳翔府吴玠見保和尚原，右副元帥粘罕欲固人心，遂以女真萬户撒离曷爲經略，駐兵鳳翔府以守之。

〔校勘記〕

〔一〕序諂事宦官梁師成　「宦」原作「官」，據文意改。案：此條及下一條記事，繫年要録卷四六繫於「丁酉」。

〔二〕案：罷武臣討論，繫年要録卷四六認爲應在七月十八日，即壬子，熊克所記是承日曆之誤。

〔三〕自是美事　原脱，據皇朝中興紀事本末卷一八補。

〔四〕上批文臣討論亦罷　「文」原作「大」，據皇朝中興紀事本末卷一八改。

〔五〕案：繫年要録卷四六考證「此時與求未還朝，今年九月，用與求言，奪宗尹職名」。

〔六〕案：繫年要録卷四六考證「俟今年二月已出守」。
〔七〕案：此段記事，繫年要録卷四八繫於「十月壬申」，并以八月壬申爲誤。
〔八〕乃詔贈程頤任伯雨龔夬張舜民官　「任伯雨」原作「任伯兩」，據繫年要録卷四六改。
〔九〕案：張守罷，繫年要録卷四六繫於「戊寅」。
〔一〇〕案：汪伯彦罷，繫年要録卷四六繫於「辛卯」。
〔一一〕或疑其論范宗尹所引用者悉出之　「或」原作「中」，據皇朝中興紀事本末卷一八及繫年要録卷四六改。
〔一二〕庚辰　繫年要録卷四七據日曆繫於「九月甲午朔」。
〔一三〕案：此詔，繫年要録卷四六認爲小曆節選不當，據日曆補充如下：「令諸路漕司各估實直申省，聽候指揮約折。」時諸路絹直纔二千，所折高，民多倍費，故言者以爲請云。並考證：此見四月壬午。熊克小曆既不載元旨，又云「自今各估以實直」，而節去「來年自各申省聽候指揮」之文，遂失其實。今依日曆書之。
〔一四〕案：繫年要録卷四七據日曆繫於「九月甲午朔」。
〔一五〕有敕令所小使臣楊球者　「敕」原作「條」，據皇朝中興紀事本末卷一八及繫年要録卷四七改。
〔一六〕案：繫年要録卷四八繫於「十月乙丑」，並以熊克繫於「九月甲寅」爲誤。
〔一七〕若海頊與何大圭以語言交鬬滕康劉珏　「何」原脱，據皇朝中興紀事本末卷一八補。
〔一八〕恐後爲累　「後爲」，皇朝中興紀事本末卷一八及繫年要録卷四七作「爲俊」。
〔一九〕壬戌　繫年要録卷四七繫於「辛酉」，三朝北盟會編卷一四九繫於「十月末」。
〔二〇〕因江南探報事宜　「江南」，繫年要録卷四七同，皇朝中興紀事本末卷一八作「江北」，當是。
〔二一〕料今歲虜騎勢分　「虜」原作「敵」，據皇朝中興紀事本末卷一八改。

〔二二〕正如孝子操瞑眩之藥　「孝子」原作「李孝子」，據皇朝中興紀事本末卷一八删。
〔二三〕案：繫年要録卷四七認爲此處是承汪藻墓誌錯誤，與日曆不同。并在卷六〇紹興二年十一月壬午條注文中，根據汪藻奏疏中談到自己的建議當時並未施行，證明熊克所記錯誤。
〔二四〕金虜左監軍撻辣自宿遷北歸　「虜」原脱，據皇朝中興紀事本末卷一八補。
〔二五〕「自宿遷北歸」至「相見無拜禮撻辣」　此三十三字原脱，四庫館臣加案語云「按句中之字無着，句上疑有闕文」，據皇朝中興紀事本末卷一八補。
〔二六〕虜方南牧　「虜」原作「敵」，據皇朝中興紀事本末卷一八改。
〔二七〕案：繫年要録卷五一據日曆繫於「紹興二年正月戊申」。
〔二八〕而爲轉官等級　「爲轉官等級」原作「轉官之級」，四庫館臣加案語云「按句内有脱誤」，據北山小集卷四〇繳蘇易轉行横行奏狀改。
〔二九〕常調官轉爲横行者不可勝數　「常」原作「嘗」，據廣雅本及北山小集卷四〇繳蘇易轉行横行奏狀改。
〔三〇〕太常少卿王居正求去　「太常少卿」，繫年要録卷四八作「禮部員外郎」。並云：「居正明年二月方還，此時少常乃趙子晝也。」
〔三一〕庚午　原作「庚子」，案本月甲子朔，無庚子日，據繫年要録卷四八改。按甲子順序，本條應置於「乙丑」條後。
〔三二〕朕嘗喻止當責王俣萬格兩人　「王俣」原作「王俁」，據繫年要録卷四八改。
〔三三〕金虜右監軍兀朮駐兵於熙河秦雍　「虜」原脱，據皇朝中興紀事本末卷一九補。
〔三四〕兀朮乃引衆十餘萬　「十餘萬」，繫年要録卷四八作「數萬」。
〔三五〕渡渭來犯　「犯」原作「攻」，據皇朝中興紀事本末卷一九改。

〔三六〕虜稍却　「虜」原作「金」，據皇朝中興紀事本末卷一九改。下同。
〔三七〕又刼破賊寨　「賊」原作「金」，據皇朝中興紀事本末卷一九改。
〔三八〕俘其將羊哥孛堇及酋領三百　「羊哥孛堇」原作「英格貝勒」，據原注及皇朝中興紀事本末卷一九回改。下文徑改，不出校。「酋」原作「隊」，據皇朝中興紀事本末卷一九改。
〔三九〕殺賊衆横屍滿野　「賊」原作「敵」，據皇朝中興紀事本末卷一九改。
〔四〇〕僞守蕭慶以三馬奉之　「僞守」原作「守臣」，據皇朝中興紀事本末卷一九改。
〔四一〕大破虜軍　「虜」原作「敵」，據皇朝中興紀事本末卷一九改。下同。
〔四二〕殺其酋帥　「酋」原作「將」，據皇朝中興紀事本末卷一九改。
〔四三〕永思雖戚里　「永思」原脱，據皇朝中興紀事本末卷一九補。
〔四四〕兵卒單寡　「卒」原作「率」，據皇朝中興紀事本末卷一九改。
〔四五〕庶於興元府興洋金蓬閬達諸處　「閬」原作「聞」，據廣雅本及繫年要録卷四八改。案皇朝中興紀事本末卷一九作「開」。
〔四六〕以知縣爲軍正　「以」原脱，據皇朝中興紀事本末卷一九補。
〔四七〕彼虜雖黠　「虜」原作「敵」，據皇朝中興紀事本末卷一九改。
〔四八〕頡頏而南　「頏」原作「頑」，據皇朝中興紀事本末卷一九及名臣碑傳琬琰集上卷一三韓世忠碑改。
〔四九〕號花面獸　「獸」原作「戰」，據皇朝中興紀事本末卷一九及名臣碑傳琬琰集上卷一三韓世忠碑改。
〔五〇〕太尉武成感德軍節度使韓世忠副之　「感德軍」原作「感懷軍」，據皇朝中興紀事本末卷一九及名臣碑傳琬琰集上卷一三韓世忠碑改。

〔五一〕逵得以歸罪二人止從輕典送遠郡覊管中途逸去　案：施逵逃去，繫年要録卷五二紹興二年三月甲午條注文考證，施逵十月流放瓊州，中途逸去。
〔五二〕詔紹興府漕運頗艱　「漕」原脱，據皇宋中興兩朝聖政卷一九及輿地紀勝卷一行在所改。
〔五三〕至是獄具　繫年要録卷五一紹興二年二月庚辰條注文云：「甲寅乃進呈體究文字，非獄具，克誤也。」
〔五四〕當官者小過或有害　「或」，皇朝中興紀事本末卷一九及皇宋中興兩朝聖政卷一〇作「未」，疑是。
〔五五〕案：繫年要録卷四九繫於「己亥」。
〔五六〕金虜僉軍之法　「虜」原作「人」，據皇朝中興紀事本末卷一九改。
〔五七〕給番漢字公據　「字」原作「守」，據皇朝中興紀事本末卷一九改。
〔五八〕遣水軍統制官崔增屯采石　「遣」原作「追」，據繫年要録卷四九改。
〔五九〕案：繫年要録卷四八繫此事於本年「十月壬午」，並以小曆爲誤。
〔六〇〕徹二子曰文曰武　「曰武」原作「臣武」，據皇朝中興紀事本末卷一九改。
〔六一〕大將察統制　「大將察」原脱，據皇朝中興紀事本末卷一九補。
〔六二〕金均房鎮撫使王彦與戰于青林澗　「澗」原作「間」，據皇朝中興紀事本末卷一九改。
〔六三〕時金虜左監軍撻辣居祁州　「虜」原脱，據皇朝中興紀事本末卷一九補。
〔六四〕獲虜人則燕餞而遣之　「虜」原作「金」，據皇朝中興紀事本末卷一九改。
〔六五〕得衆數萬　皇朝中興紀事本末卷一九及宋名臣言行録別集下卷七作「得數千衆」。
〔六六〕金虜悉割以屬僞齊　「虜」原作「人」，據皇朝中興紀事本末卷一九改。
〔六七〕虜以陝西重地　「虜」原作「金」，據皇朝中興紀事本末卷一九改。

中興小紀卷十二

紹興二年歲在壬子春正月甲午，詔復賢良方正直言極諫科〔一〕，待制以上各舉一人〔二〕，但學業優長，不拘已仕未仕。詔略曰：「祖宗以來，百餘年間，嘗以是科獲致豪俊。朕方求才，以濟艱難之運，尚期得人，遠追前烈，庶無愧於斯焉。」

時劇寇曹成擁潭帥向子諲，見在道州，而荆湖宣撫使吴敏尚未率師度嶺。於是，右文殿修撰胡安國貽書於敏，謂：「帥臣見執，而方伯不能治，此方伯之耻，不知策將安出？願速遣前軍〔三〕，進由昭、賀以通春陵，北檄韓京，自衡移永，東檄吴錫，嚴兵宜章，而親總中軍，急度嶺而北，下臨清、湘，據三湖上流之地。然後詰問曹成擅移屯所與執帥臣之罪，就檄子諲赴使司軍前議事。若其悔罪自新，則與之招安；不然，斷而討之，勝負可決。若復延久，必生内變，矧迫東作之期，民失耕種，不待接刃，已躋於溝壑矣。」未幾，成送子諲歸。

宣撫副使韓世忠圍建城，辛丑夜，賊稍怠，官軍梯而上，城遂破，殺賊衆一萬餘人。賊將葉諒以一軍徑走邵武，范汝爲竄入回源洞，自縊死。世忠遣兵追諒并賊驍將張雄等，皆擒戮之。初，世忠意城中人皆附賊，欲盡殺之。至福州，見觀文殿學士李綱，綱因曰：「建城百姓多無辜。」世忠受教，故民得全活。及師還，父老送之，請爲建生祠。世忠曰：「活爾曹者，李相公也。」

【新輯】辛丑，提舉太平觀劉珏卒于梧州〔四〕。（輯自皇朝中興紀事本末卷二〇，參考繫年要録卷五一）

壬寅，上幸浙西。

【新輯】丙午，上至臨安府駐蹕。（輯自皇朝中興紀事本末卷二〇，參考輿地紀勝卷一行在所）

壬子，以侍御史沈與求爲中丞。與求以軍儲窘乏，首陳屯田利害，爲集議二卷上之〔五〕。又以禁衛單寡，乃言：「陛下將圖大舉，則先務之急，宜莫如兵。漢有南、北軍，唐自府兵、彍騎之法壞，猶内有禁兵，外有鎮兵，故無偏重之勢。今兵權不在朝廷，雖有樞密院及兵房、兵部，但奉行文書而已。願命大臣，講求利害，使人情不駭，而兵政益修，以助成中興之業。」

時邵青、李捧、單德忠三盜皆就招，已至臨安。乙卯，上詔宰執往汰其衆，萬人中留鋭卒三千，可備出戰者，庶國無虚費。時三盜有衆二萬三千，於是，吕頤浩、秦檜與大將張俊同閲，其間可留者僅七千，一如上所料。

先是，節制兵馬王以寧擅興外境，徑造潭州，戮命官，移守將，爲言者所論，纔降官充監當。又利州觀察使孔彦舟累蒙超除，迷不悔罪，愈肆猖獗，大掠湘中，下趨鄂渚，乃得舒、蘄二州鎮撫。而宣撫處置司機宜傅雱〔六〕，入彦舟軍，遂爲之用，所至文檄，皆以宣司爲名，誅求州縣。右文殿修撰胡安國憤之，因貽書右僕射秦檜，以爲政刑失當，莫甚於此，宜正國法。又言：「馬友據岳陽犯長沙，買馬招軍，大集亡命，而鼎帥程昌寓乃與關通，公行文牒，謂已奏爲湖東總管。曹成擁衆西侵〔七〕，而友畏成，分有其地，遂致書誘令取全、道以入廣西，成遂南掠。今諸寇連衡，民不奠居，已迫東作之期，若更遲之，失其農業，無食無衣，同歸於盗。朝廷雖除前宰臣吴公敏宣撫三路，而廣西兵寡，宜就遣大將韓世忠以爲之副，早令殲殄羣寇，收拾遺民。又子諲忠節，在今日可以扶持三綱，願憐其無救而陷於賊，復加任用，俾收後效。」時已召安國爲中書舍人，尚未受命也。

二月甲子，詔：「御府圖籍經遷徙散亡，比聞平江府賀鑄家見鬻所藏書，令守臣悉買之，以付祕書省。」

鼎寇楊華自去冬出降，而楊廣爲其徒所殺，惟楊么在，有衆數千，么與黄誠俱爲賊首。

又曹成自道州南寇賀州。

乙丑，宰執奏事，吕頤浩等因陳天下大勢，謂：「當用二廣財力，葺荆湖兩路〔八〕，遂通京西以接陜右，此天下左臂。而京東諸州，爲叛臣所據，正如國初，河東且留以蔽虜〔九〕，諸路先定,併力圖之,似未爲晚。」秦檜因請自湖外當一面,效羊祜鎭襄陽之體。上曰:「卿等當居中運羣材，不可授人以柄。」於是，頤浩等奉詔，感歎而退。

時湖廣三路宣撫使吴敏不能制賊，爲言者所論而罷，降爲資政殿學士、提舉洞霄宫。〔一〇〕又知道州向子忞亦爲監司劾罷。於是，新除中書舍人胡安國寓書於左僕射吕頤浩〔一一〕，略曰：「昔韓忠獻公秉政十年，勳蓋一時，權震天下。然議者亦或排之，則孫公沔、李公參、吕公誨、王公陶與司馬公光是也。衆人常情，睚眦必報，而忠獻公於是數人皆引用之，各盡所長，不以爲怨。而近世諸人，借國福威，行其私意，取快一時。欲救往迷，正在今日。相公中間均逸，亦有異同之論。今日公衮言歸，進退賢否，賞罰功罪，固以至公無我爲先，報復恩讎爲戒。然比於忠獻，猶有不足，未免天下之疑，豈甲兵之問，日至廟堂，機務叢委，偶未察也？以貴者言之，如舊相吴觀文起帥長沙，繼除三路宣撫，吴雖辭免，而軍書羽檄，輻湊門巷。又以劇盗方集境中，恐失事機，惶恐拜命，鳩兵選將，夙夜究心，亦未爲失。一旦賜罷，自觀文降資政，自通議降太中，傳播諸方，駭動觀聽〔一二〕，所可疑一也。以微者言之，向子忞之守道，鋤治姦猾，雖犯衆怨，識者是之。申乞移按他部，不爲過也。巨寇侵陵，衆寡不敵，移守山寨，而外臺乘此交劾罷之，所可疑二也。相公平心爲相，施於貴者將存其事體，施於微者當海度容之。若改正此二事，則不違公議，釋疑於天下矣。夫宰相，時來則爲，不可擅爲己有。人才亦各自負，不可蓋以己長。安國見辭新命，冀賜片言，俾從所欲，則受賜大矣。」

丁卯，詔選人七階悉分左、右字。

吏部侍郎李光、李彌大並遷尚書，光，吏部，彌大，户部。彌大，吴縣人也。

庚午，詔觀文殿學士李綱爲湖廣宣撫使兼知潭州。樞密院就福建差統制官任士安以兵三千從之。時人多賀綱，其客有臨川陳冲用者獨不賀，或問其故，冲用曰：「丞相在靖康末，以天下安危自任，人望所歸，今雖閒居，其望猶重，若因此成功，尚蓋前失，萬一又無所成，平日之名掃地矣。何賀之有？」

初，福建等路安撫副使韓世忠，統兵自江西入湖南，至是，曹成已入賀州。世忠遣提舉官董旻馳往招之。又馬友爲其下所殺，衆皆出降，惟白氊笠劉忠據潭之白綿山，阻湖水以自固。世忠曰：「此宜急擊。」宣撫使孟庾曰：「功幸已成，而師久勞，若趨白綿不捷，則前功盡廢。」世忠曰：「兵家利害，非參政所知，請期半月，當馳捷以獻。」庾不能奪，世忠引所部與賊對壘[一三]，按兵不動，一夕，先遣鋭卒二千銜枚夜進，伏白綿山上，戒之曰：「俟賊空壘出戰，汝疾馳入，奪中軍望樓，植麾張蓋。」既而，世忠引兵進攻，賊悉衆拒戰，勝負未分，而所遣鋭卒已立旗蓋於賊之望樓，傳呼如雷，賊回顧驚潰，忠大敗，乘小舟逃去，欲投劉豫，

徒衆斬其首，持詣世忠以降。〔一四〕

時宣州駐劄韓世清怙衆跋扈，又李成、劉忠餘黨尚在淮西。【新輯】甲戌，乃詔吏部尚書李光爲淮西招撫使〔一五〕，以神武前軍都統制王瓔副之。（輯自皇朝中興紀事本末卷二〇）

丁丑〔一六〕，復置中書省門下檢正官一員。

宣撫處置使張浚奏，金虜酋領有不免者〔一七〕。己卯，上謂宰執曰：「此知天意所在。朕當加畏，以祈天弭禍，國庶幾其有瘳乎！」秦檜曰：「近陛下屈己從諫，中外士民莫不感悅。」

召前尚書郎南昌徐俯爲右諫議大夫。於是，中書舍人程俱密奏：「俯，禧之子，而黄庭堅之甥。雖才俊氣豪，然所歷尚淺。今以前任省郎又除諫議，自元豐更制以來，未之有也。考之古今，非卓然傑出如陽城种放〔一八〕，亦未嘗不循資望而進。臣願陛下，須其至，姑以所應得者命之，他日置之左右，何所不可？如元稹在長慶間，命知制誥，以至翰林，真不忝矣〔一九〕。止緣自荆南判司，命從中出，召爲省郎，便知制誥，遂喧朝聽。時謂荆南監軍崔潭峻引之。近傳俯與中官唱和，有魚須之句，名曰警策。恐外人不知陛下所以得俯之由，以此爲疑，仰累聖德。如臣言可采，乞收還前命。」【新輯】甲申，詔俱提舉江州太平觀。（輯自皇朝中興紀事本末卷二〇）

乙酉，上諭宰執曰：「人主待臣下，當以至誠，知其不可用，不若罷去。疑而留之，無益也。」又曰：「人主之德，莫大於仁，仁之字，非堯舜不能。」於是，呂頤浩等嘆：「聖學高明，以誠、仁二者治心、修身、正家、平天下，有餘裕矣。」退而以爲當記。

先是，知明州吴懋進錢五萬緡〔二〇〕。戊子，殿中待御史開化江躋言：「朝廷受此無名，恐小人觀望效尤，殘民以爲己利。望斥還之，仍加黜罰。」詔委憲臣勘實，如係科民，即仰給還，既又降懋兩官。懋，乃晉陵人。時，四明承喋血之餘，公私掃地。列將陳思恭統步軍二萬，張公裕統水軍一萬〔二一〕，皆留戍郡境，軍費不貲。懋得榷酤之贏，以供稍廪，民不知兵〔二二〕，朝廷嘗以直祕閣寵之。至是，貶秩而去。尋察其枉，除湖北轉運判官〔二三〕。

左僕射呂頤浩屢請因夏月引兵北向，以復中原。且謂〔二四〕：「人事天時，今皆可爲。何者？昨自維揚之變，兵械十亡八九。未幾，虜分三路入寇〔二五〕，江、浙兵皆散而爲盜。自陛下專意軍政，揀汰其冗，修飭器甲〔二六〕，今張俊軍三萬〔二七〕，有全裝甲萬副，刀槍弓箭皆具；韓世忠軍四萬，岳飛軍二萬三千，王𤫊軍一萬三千，雖不能如俊之軍，亦皆精鋭；劉光世軍四萬，老小至衆，選之亦可得其半；又神武中軍楊沂中、後軍陳思恭〔二八〕，皆不下萬人；而御前忠鋭如崔增、姚端、張守忠等軍亦二萬〔二九〕。臣上考太祖之取天下，正兵不過十萬。況今有十六七萬〔三〇〕，何憚不爲？且向者邵青擾通、泰〔三一〕，張琪刼徽、饒，李成破江、筠，范汝爲據建、劍，孔彦舟、馬友、曹成等爲亂於江湖，朝廷枝梧不暇，今悉已定。又自虜之南牧〔三二〕，莫敢嬰其鋒者。近歲張俊獲捷於四明，韓世忠扼於鎮江，陳思恭擊於長橋，而張榮又大捷於淮甸，良由虜貪殘太甚，天意殆將悔禍。又虜以中原付之劉豫，而豫煩碎不知國體，三尺童子知其不能立國，事固可料。觀宇文虚中密奏，雖未可盡信，然虜騎連年不至淮甸〔三三〕，必有牽制，則天意固可見矣。今韓世忠已到行在，臣願睿斷早定，命世忠、張俊及臣等共議，決策北向。令世忠由宿、泗，劉光世由徐、曹以入。又於明州留海船三百隻，令范温、閻皐乘四月南風北去，徑取登、萊，此數路皆有糧可因，不必調民饋運。大兵既集，豫必北走，所得諸郡，就擇土豪守之。虜舉兵來争其地，則彼出我入，彼入我出，擾之數年，中原可復。況今之戰兵，其精鋭者皆中原之人，恐久而銷磨，異時勢必難舉，此可爲深惜者也。」

初，北賈有至建康者，言中原民苦劉豫虐政，皆望王師之至，前後所言略同。知壽春府陳辨者〔三四〕，始貳於豫，兼用紹興、阜昌年號。又知濠州寇宏本羣盗，與僞宿州守胡斌通。既至是，建康大帥兼淮西宣撫使葉夢得遣使拊之，辨、宏皆聽命，因與以錦袍銀鎗之屬。既而，豫遣其將王彦充攻壽春〔三五〕，爲辨所敗，而宏遂與斌絶。夢得乃令二州布本朝德意，務以懷來，辨遂復固始縣，宏招納吴青等二千餘人。會豫衆復犯二州，夢得令統制官王冠等援之，豫衆遁去，遂復光州。

三月，言者以謂：「中原未復，而米多出二浙，今虚存發運一司，以催綱爲名，歲費十六七萬緡，以養無用之官吏。彼自知無所職，乃請于朝，糴米以塞責而已。」戊戌，詔罷之。

先是，江東詔撫副使李光、王瓔總兵至宣州，言者謂：「去冬嘗降御劄，略曰：『張俊行軍〔三六〕，秋毫無犯，頗慰朕懷。』堯言一布，天下孰不傳誦。今瓔副光，出使江東，恐未能仰副德意。望下臣章付光，申飭瓔等，遵稟聖訓。」詔劄付光、瓔。既而，光擒世清誅之，仍揀其衆，瓔部之赴行在。〔三七〕左僕射吕頤浩因奏其事，上曰：「去歲累諭范宗尹，此乃腹心之疾，而宗尹遲疑未決，不知毫芒不除，將尋斧柯也。」時知建康府葉夢得請祠，己亥，以光爲端明殿學士、知建康府兼壽春滁和宣撫使。上曰：「江東一路遂帖然矣。」

癸丑，詔：「諸縣造簿之歲，姦贓狼籍，民被其害。自今産去税存之户，晝時推割〔三八〕，庶民不被横斂。如違，官吏並竄海島。知、通、監司不舉者，同罪，許民越訴。」

詔：「昨誘淮東民佃田，免税二年。異時止據當年已種畝數令輸，其續墾到田〔三九〕，亦據實數添焉，庶人户曉然，易以安業。如州縣逾數，罪以違制。」

諸路省試合格進士並集行在〔四〇〕，甲寅，上御集英殿策試，上曰：「試舉人以鯁直爲上，諛佞者降之，冀士知朝廷所向，習成風俗。崇寧以來，宰相惡人敢言，士氣不作，流弊至今，不可不革。」既遂，賜張九成以下二百五十九人及第、出身〔四一〕。九成，餘杭人也。上曰：「凡士人須自初進別其忠佞，庶可冀其有立。如九成對策，上自朕躬，下逮百執，言之無所迴避。擢爲首選，其誰曰不然？」時有犯廟諱者，依格降等。至犯御名者，上曰：「朕豈以己名妨人進取耶？」命本等收之。

時隴州移治方山原，軍儲芻穀多聚其中。是月，吾叛將張中彥、慕侑等引虜衆來攻〔四二〕，城將陷，陝西都統制吴玠自和尚原遣同統制官楊政引兵救之，圍既解，連戰又捷。於是，宣撫處置使張浚奏擢政知鳳州〔四三〕。政，臨涇人也。

夏四月庚午，【新輯】以翰林學士承旨翟汝文爲參知政事。（輯自皇朝中興紀事本末卷二一）

神武前軍都統制王𤫊奏起復單知微爲准備使喚。言者以謂：「知微乃省吏單知彰之兄，異日有言𤫊用知微刺取省中事機者，何以自解？昔郭子儀在邠州，嘗奏除一州縣官，不報。子儀謂僚佐曰：『兵興以來，方鎮跋扈，凡百所求，朝廷常委曲從之〔四四〕。此無他，反疑之也。』渾瑊在蒲有所奏〔四五〕，不從，亦私喜曰：『上不疑我。』今陛下待二三大將，豈可不如唐之待子儀與瑊乎？」乃寢前命。

左、右僕射吕頤浩、秦檜同秉國政，檜多引傾險浮躁之士，列于要塗，以爲黨助。且謀出頤浩而專朝權，乃令其黨建言，周宣王内修其政，外攘夷狄〔四六〕，故能中興。今二相宜分任内外之事。遂除頤浩都督江淮等路諸軍〔四七〕。【新輯】己卯，上諭之曰：「頤浩專治軍旅，檜專理庶務，如種、蠡之分職。」頤浩、檜唯唯奉詔。時二人之黨紛然競進，上頗覺之。（輯自皇朝中興紀事本末卷二一）癸未，詔略曰：「朕登庸二相，體貌惟均〔四八〕，凡一時所薦之士，隨才任使，尚慮浸分朋黨，互相傾摇。自今或阿附以害吾治，令臺諫糾之，嚴寘諸法。」於是，頤浩言：「近聞虜同劉豫合兵以窺川、陝〔四九〕，若於來春舉兵北向，必可牽制川、陝之急〔五〇〕，萬一王師逐劉豫，則彼必震恐。因令韓世忠徑自西京入關，此亦一奇也〔五一〕。」戊子，乃詔頤浩總師北向，置都督府于鎮江。

宣撫處置使張浚言〔五二〕：「已運米五萬石至荆南，欲理川口與行在相接。」是日，上謂宰執曰：「兩日前，言者猶請遣人副浚，朕謂委之不專，難以責成。」秦檜曰：「誠如聖訓。」

時中書舍人胡安國上時政論，大略謂：「陛下登極六年，謀議紛紜，未有一定。昨嘗降詔，定都建康，而六龍暫駐杭、越，乃以湖北爲分鎮，恐非設險守邦之意〔五三〕。且朝廷近棄湖北，遠留川、陝者，謂蜀貨可以富國，秦甲可以强兵也。萬一有桀黠得之，守峽江之險〔五四〕，則蜀貨不得東；塞武關之阻，則秦甲不得南。猶一身束其腰膂，而首尾不相衛矣。臣謂宜必都建康，且不以湖北爲分鎮，則全據上流，出秦甲，下蜀貨，而血氣周流矣。又近者分鎮京畿、淮甸，多使暴客錯雜居之，獨安陸命文臣陳規、荆渚命武帥解潛。若降指揮，以湖北與諸鎮不同，宜有更張。考二人之績，規宜因任，潛宜改移，無不可者。仍復漕、憲二司以理財、治盜。雖襄陽難已分鎮〔五五〕，然時方用兵，乘便分割，亦豈無機會？然後上流之勢全矣。」安國又言：「今日之勢，宜以襄陽隸湖北，岳陽隸湖南，而鄂渚隸江西。蓋祖宗都汴，其勢尚自内而制外；今都江左，當自南而制北。與祖宗時事雖殊，而意則同，此復中原之勢也。」

時朝廷已除主管明道宫吕祉爲湖東提刑，吕祉因言：「荆湖分東、西，地勢人情皆不便。乞依舊爲湖南、北。」從之。〔五六〕

時軍中所上功狀，動以萬計，其中亦多冒賞。先是，詔吴世昌、孫舜卿、王懷寶、田師孟、燕珀、周濟等轉官有差。殿中侍御史江躋言：「軍賞濫，則無以勸有功。比言者嘗奏有繫名之弊〔五七〕，陛下令御史臺覺察。今遠者臣未能悉，姑以目前言之，如世昌等有轉至五官者，皆貪競無恥，而非有勞，望行追寢。」癸丑〔五八〕，詔從之。

時劉豫欲遷居東京，而忠護軍翟興屯伊陽山以阻其路，豫每遣人往陝西，則假道於金虜〔五九〕，由懷、衛、太行，取蒲津濟河以達，豫患之。嘗遣迪功郎蔣頤持書誘興以王爵，興戮頤而焚其書。於是，豫力請於左副元帥粘罕，期必破興，會興將楊偉降虜〔六〇〕，具陳破興之計，乃發女真萬户荼曷馬渡河〔六一〕，聲言攻興，興盡發兵應之，而偉潛引賊兵由間道以襲興營，興力戰而死〔六二〕。豫遣人至元帥府議，遂乘勢以是月遷居東京，至之日，大風拔木，都人震恐，豫曲赦以安之。因與民約曰：「今後更不肆赦，及不用宦官，不度僧道，文武雜用，不限資格。」且奉其祖父爲帝，親從郊社。徙弟益爲京兆留守，禮部侍郎鄭億年爲開封尹。時僞相張孝純致仕，豫更以李鄴、范恭爲左、右丞相。其後，上密詔孝純、鄴及李儔，令束身來歸，當待之如初。孝純等不奉詔。僞太常博士、直史館祝簡獻遷都及國馬賦，其吠堯之言略曰：「蠢爾蠻荆，弗賓弗降。固將突騎長驅，不資一葦之航。豈惟觀長淮飲大江而止哉！」豫批云：「文賦非治天下者所尚，此賦極陳馬之爲用，有補馬政，與減磨勘，以示無言不酬。」西京奉先營卒賣玉椀，疑非民間物，鞫之，知得于山陵。遂以僞臣劉從善爲河南陶沙官，求金虜所收不盡之物〔六三〕。有前尚書郎李亘者，乾封人，建炎末，避地不及，遂爲豫用，豫使留守北京，既而亘謀歸本朝，豫族誅之。

閏四月甲午，上諭左僕射呂頤浩曰：「卿耆艾有勞，今總督之任，方以大事委卿，不當復親細務。昔諸葛孔明罰二十直以上皆親之，司馬宣王以爲必不能久。唐太宗論房、杜，聞公聽受詞訟，日不暇給，安能助朕求賢乎！卿自今凡事繫大體者裁決，其餘細務闊略可也。」

乙未，【新輯】以宗室朝散大夫令時主管大宗正司〔六四〕。上諭宰執，令易環衛官。呂頤浩言：「令時讀書能文，元祐間，蘇軾嘗力薦之，恐不須易。」上曰：「令時昔事宦官譚稹，爲清議所廢，不當復齒士大夫之列。」蓋上重惜名器若此。

先是，（輯自皇朝中興紀事本末卷二二）都督呂頤浩辟户部尚書李彌大、秘書少監傅崧卿爲參謀官〔六五〕，明州觀察使馬擴爲參議官。彌大求對，言：「東晉王導、謝安以師傅都督，未嘗離朝廷。今邊圉幸無他，頤浩不宜輕動，乘塞視師，臣等僚屬當任之。」且請諸將悉置軍正，如漢朝廷故事，以察官、郎官爲之，欲殺其專，自都督府始。丙申，上諭宰執曰：「朕用頤浩都督諸軍，彌大乃云：『已爲天子從官，非頤浩可辟，陛下必欲遣臣與崧卿，别爲一司，專伺頤浩之失，密啓以聞。』如此語，乃間朕君臣，憸人也。令速與一郡。」乃以彌大爲顯謨閣直學士、知平江府。未幾，爲言者所論，落職奉祠。

丁酉，罷後苑工作，惟留老工數人作弓鎧，以爲武備。

戊戌，【新輯】詔紹興行宫復作府治。上曰：「時方艱難，若不賜與，則須别建，賜之所以寬民力也。」

庚子，（輯自皇朝中興紀事本末卷二二）詔紹興府榷貨務都茶場，移於建康府置局。

時金虜欲數路入寇〔六六〕。辛丑，上謂宰執曰：「金賊用兵十八年矣〔六七〕，子女玉帛刼擄已盡，猶犯順不已〔六八〕，必有不戢自焚之禍。朕相時待釁可也。」

乙巳，辛執擬大理卿章誼知平江府。上曰：「大理人命所繫，獄官多慘刻少恩。誼，儒者，賴其奏讞平恕，可使民不冤，勿令外補。」

都督呂頤浩屢言：「淮南宣撫使劉光世兵冗不練，必敗事，欲移其一軍。」丁未，上謂頤浩曰：「愚聞光世兵糧不足，若驟移必潰，卿至鎮江，先犒設，使恩信洽，然後科揀。雖光世，唯卿所用，不必移也。」參知政事翟汝文退書聖語，以爲上對臣下稱愚，此盛德之事，不可不書。

壬子，【新輯】辛執奏：「今歲防秋，當用兵江、淮之間，若聖駕時巡，則諸將孰敢不盡力？第恐道路玉食不備。」上曰：「朕自艱難以來，奉身至約。昔爲元帥，與士卒同甘苦，一日在道絶糧，朕亦終日不食。居禁中，雖太官上食，問食彘肉一味；若在道路，雖無肉食，庸何傷乎？」

先是，（輯自皇朝中興紀事本末卷二一）劉光世之父檢校太傅延慶陷虜中〔六九〕，後與本朝同陷虜者結約逃歸，爲虜所覺，遂遇害。至是，保捷卒王進自虜寨徑走還，光世始知父死〔七〇〕，乞解官。戊午，詔起復。

初，詔神武副軍都統制岳飛討曹成賊黨。至是，成衆猶三萬。飛追至賀州，大破之，殺萬餘人。乃詔飛乘勝掩捕，及録上有功將士。

初，金虜大酋撒離曷與僞齊合兵〔七一〕，屯於鳳翔、長安以窺蜀，久不得志，遂欲出奇取之。至是，無故拔營悉去。又刷五路軍盡從以行，時陝西都統制吴玠以秦鳳經略使戍鳳州之河池縣，同都統制王彦以金房鎮撫使戍金州，二鎮皆饑。而徽猷閣直學士王庶知興元府，乃過爲守備，閉石門、僊人二關，塞褒斜路，商販不通，二鎮病之，因有違言。是月，宣撫處置使張浚自閬州趣興元，檄召諸將會議，初欲調護庶與彦、玠結好，玠、彦言與庶相遇無善狀。浚至益昌，庶亦覺有間己者〔七二〕，乃以素隊百人馳會。浚問以進取之策，庶曰：「富平之敗屬耳，軍未可用也。」浚遂徙庶知成都，而以便宜命參謀官劉子羽知興元府〔七三〕，子羽至，即弛禁通商，輸粟以濟，二鎮乃安〔七四〕。

初，李光爲吏部侍郎，因上疏言：「前知臨安府孫覿受諸縣獻錢四萬貫〔七五〕，及盗取激賞庫金銀，并糴官米，受百姓財萬計。」於是，以光疏作言章行出，送大理寺。至是，獄具，用衆證，覿坐受錢一千八百貫，詔貸死，羈管象州。既而，覿上書訴枉，久之得放還。

兵部尚書權邦彦獻十議以圖中興。五月辛酉，以爲端明殿學士、僉書樞密院事。給事中程瑀言邦彦之謬。不聽。瑀，鄱陽人也。

上以宗室子偁之子，生有聖質，生有聖質，據會要。鞠于宫中。賜名從「王」從「爰」〔七六〕。蓋默契于崔府君之名也。【新輯】乙亥，詔子倆改合入官。

湖廣宣撫使李綱言：「祖宗朝所置宣撫使，以執政爲之。近張浚、孟庾爲宣撫，皆見執政，如臣起廢守藩，亦冒使名，兼庾已領湖南北，韓世忠副之，又除臣湖南，事體未便。」丙子，詔不允。（輯自皇朝中興紀事本末卷二一）

丙子，劉豫自去冬起登、萊、密三州兵，與虜衆合犯山東之忠義軍寨〔七七〕，失利而去。遂廣造戰船以張威，又送旗牓、僞赦，欲間衆心。統制官范温收繫其使，至是以聞，且乞賜糧船，自誘商人販米。從之。詔以温爲遥郡團練使〔七八〕。

壬午，詔中原士夫流寓東南，往往乏媒寡援，可令内外侍從及監司、郡守各薦三兩人，以備器使。

【新輯】癸未，中丞沈與求言：「劉豫於京東造舟，則海道當防。議者多欲於明州向頭設備，使賊舟得至向頭，則已入吾腹心之地矣。如通州料角、泰州石港，水勢湍險，海舟至此，必得沙上水手，方能轉入。儻於此爲備，盡拘水手，則虜亦焉能衝奪。望廟謨早定。」詔付頤浩。

詔置修政局於都省，以秦檜提舉，翟汝文同提舉。又有參詳、參議官，皆侍從爲之。〔七九〕（輯自皇朝中興紀事本末卷二一，參考繫年要録卷五四）

初，呂頤浩之長天官也，嘗請寺、監、書局以上，依舊堂除，餘悉付吏部。〔八〇〕然有合堂除及專法奏舉者。至是，吏部以爲言。丁亥，【新輯】詔榷貨務、都茶場依舊堂除；御史臺檢法官、主簿本臺自辟；其檢、鼓等六院官，並還吏部。（輯自皇朝中興紀事本末卷二一）

責授中奉大夫余深原任觀文殿大學士，該赦復原官。給事中程瑀言：「深實蔡京腹心，使深官可復，則京黨未死，官亦可復也。夫曠蕩之澤，雖曲示於寬恩，而災眚之赦，難例施於巨蠹。」乃詔寢前命。

戊子，詔：「太祖嘗令百官轉對，自今行在百官，日輪一人面對，各宜展盡底蘊，以救時弊。朕虛佇而聽，將有非常之選。」

時有樞密院編修官王大智進所造戰車〔八一〕。上謂宰執曰：「車戰可用否？古法既廢，不復聞用車取勝〔八二〕，莫若且令多造强弩。」翟汝文曰：「强弩可制虜人〔八三〕。」上曰：「朕謂不在此制虜，在修文德。古人用兵，以師直爲壯，曲爲老。曲直之間，遣使往來，便可休兵。金人豈能以此諭邪？」上又曰：「宣和間，謀國之誤，當時契丹可救不可伐。若契丹尚爲鄰，豈使金人侵軼中國？蓋親仁善鄰，國之寶也。」

進士有陳邊事可采，及自河北、京東遠來者。詔樞密籍之以充效士，月給錢十緡、米一石。

六月甲午，曹成之衆自賀至郴州，湖廣宣撫使李綱遣使臣賫牓諭之，成與其徒赴司參。於是，綱奏成已就招。乃詔成自榮州團練陞防禦使〔八四〕。

僉書樞密院事權邦彦初知東平府時，今舒蘄鎮撫使孔彦舟在其麾下，因事叛去。至是，聞邦彦居本兵之地，心不自安。又宣州韓世清比伏誅，而福建等路宣撫使韓世忠已破諸盜，順流東下，疑其圖己，遂有異心。詢於幕官王玠，玠，長洲人，烈士也，正色責之曰：「總管被命鎮撫二州，任優禄厚，豈可負朝廷恩，自陷不義？」彦舟不聽，玠再見詈之。【新輯】壬寅，彦舟殺玠而叛，引所部兵北去，降于劉豫。（輯自皇朝中興紀事本末卷二一）

癸卯，詔川、陝合赴省試人，令宣撫司於置司處試，仍差職司充監試官。川、陝類試自此始〔八五〕。

時四方上奏未決，吏緣爲姦。參知政事翟汝文語右僕射秦檜〔八六〕，宜責都司，考其稽違者，峻懲之。後因對，乞治堂吏受賄者。檜面劾汝文擅治吏，汝文言：「臣位執政，按吏而宰臣見劾，豈可無耻居位。」即求去。於是，諫官方孟卿論：「汝文與檜不和，且不顧大體，不循故事，批狀直送省部，不關其長。每宰執聚議，則目視雲漢，未嘗交談，豈能共濟今日之事？又見防秋近，將緣故而去。」乃詔與郡。言者再論，遂令致仕。〔八七〕

先是，詔知建康府李光修行營，以備巡幸。乙巳，宰執奏裁減事。上曰：「可令只如州治足矣。若止一殿之費，雖用數萬緡，亦豈爲過？但廓廡又須相稱，則土木之侈，傷財害民，何所不至〔八八〕？象箸之漸，不可不戒」。

都督呂頤浩奏：「鎮江一軍月費二十二萬餘貫，朝廷給一十一萬二千餘貫，猶少一十萬餘貫。緣臣在外，即無應副。劉光世錢糧案牘可照，望差臺省官各一員來此。」〔八九〕【新輯】丙午，詔殿中侍御史江躋、度支郎官胡蒙，往取索點檢，據每月實數申省，悉行應副。（輯自皇朝中興紀事本末卷二一，參考繫年要録卷五五）

乙卯，上謂宰執曰：「卿近設修政局，令百官各條利害，甚善。所謂修車馬、備器械、内修外攘夷狄之事〔九〇〕，宜更講求。」上又曰：「金人恃强弩兵，十五年不休，自古豈有夷狄常强〔九一〕，中國常弱？又劉豫僭立，不明逆順。」秦檜、權邦彦曰：「陛下聖慮周遠，其論極至。」上曰：「文武始於憂勤，終於逸樂。」檜曰：「陛下宵旰不忘，天下幸甚。」

自五路既陷，馬極難得。初，議者以謂：「嶺外於西南夷接境，有馬可市，而大理、特磨諸國，所産尤多。」又工部侍郎韓肖胄亦言：「戰以騎兵爲勝，今川、陝馬綱不通，而廣右鄰諸蕃，可用錦帛向博易，宜即邕州置市馬，專責成功。」乃詔帥臣收市。至是，安撫司上大觀所定横山寨買馬格，凡八等。詔可。大取馬嶺表，以資兵用，自古未有，今乃得之。〔九二〕

是夏，金虜試舉人於白水泊〔九三〕，左副元帥粘罕密諭試官，令勿取中原人。僞知制誥韓昉〔九四〕，燕人也。有磁人胡礪者被擄，借昉鄉貫應試〔九五〕。時止用詞賦，不用經義，蓋承粘罕之意，欲中原人例皆黜之。而獨礪作燕人，遂爲第一，或爲賦以譏之。有「草地就試，南人不預」之語。虜自此失中原之士心矣〔九六〕。

初，起居郎王居正准詔言事，於省費尤切。其略曰：「宋興一百七十三年矣，自朝廷至四方所行，蓋彌文也。今天下幅裂，陛下所居曰行宫，所至曰行在，而一二日駐劄之間，以數路之所出，欲盡爲向者一百七十三年之事，不忍暫廢。臣以爲能奉行祖宗之故事，則可，非所謂知時變也。大不知隨時以省事，而乃欲隨事以省費，故今日例有減半之説。究其實，未始不重費，而徒示人以弱。如國初歲舉進士，不過數十，今至四五百人，此其費亦大矣。然御試之日，臣備員考官，有司給燭半挺，曰此省費也。嗚呼，其亦拙矣！他皆類此。臣願詔大臣論定，若非禦寇備敵〔九七〕，與恤民之事，一切姑置，則費省而國裕矣。」

初，右僕射秦檜之參大政也，與居正甚善，間而論天下事，意鋭甚。至是，所言皆不酬。居正一日言於上曰：「秦檜嘗語臣：『中國之人，惟當着衣噉飯，共圖中興。』時臣心服其言，謂有志於中興者，要當如此。又自謂：『使檜爲相數月，必有驚動天下。』今施設乃止於是。願陛下以臣所言，問檜所行。」於是，檜慙而怒。未幾，居正以右文殿修撰，出知婺州。居正出守，在七月。

時故崇政殿說書程頤之學盛行，胡安國曰：「伊川之學，不絕如綫，可謂孤立，而以爲盛行何也？豈以其說滿門，人人傳述，耳納口出，而以爲盛乎？」自是，服儒冠者，多以伊川門人妄自標榜矣。

〔校勘記〕

〔一〕詔復賢良方正直言極諫科　「詔」原脱，據皇朝中興紀事本末卷二〇補。

〔二〕待制以上各舉一人　「上」原作「下」，據皇朝中興紀事本末卷二〇改。

〔三〕顧速遣前軍　「遣」原作「追」，據皇朝中興紀事本末卷二〇及繫年要録卷五一改。

〔四〕提舉太平觀劉珏卒于梧州。「提舉太平觀」，繫年要録卷五一作「分司西京」，并考證云：「按：珏此時未落分司，閏月丙辰，方追復元官。」

〔五〕案：繫年要録卷五一壬子條注文云：「屯田集議乃去年上，已具本月日。」

〔六〕而宣撫處置司機宜傅雱　「司」原作「使」，據廣雅本及皇朝中興紀事本末卷二〇改。

〔七〕曹成擁衆西侵　「西」，皇朝中興紀事本末卷二〇作「南」，當是。

〔八〕葺荆湖兩路　「葺」原作「事」，「湖」下原衍「南」，據宋名臣言行録别集下卷二及皇朝中興紀事本末卷二〇改、删。

〔九〕正如國初河東且留以蔽虜　「虜」原作「敵」，據皇朝中興紀事本末卷二〇改。

〔一〇〕案：吴敏罷官事，繫年要録卷五〇繫於紹興元年十二月乙丑，且根據日曆，認爲是吴敏丐祠而罷。

〔一一〕案：繫年要録卷五一繫於「辛巳」。

〔一二〕駭動觀聽　「觀」原作「勸」，據廣雅本、皇朝中興紀事本末卷二〇及繫年要録卷五一改。

〔一三〕世忠引所部與賊對壘　「引」原脱，據皇朝中興紀事本末卷二〇補。

〔一四〕案：韓世忠擊敗劉忠事，繫年要録卷五六繫於七月庚辰、辛巳日，并認爲「忠欲投劉豫，徒衆斬其首以獻」亦誤。因爲劉忠走僞齊，明年四月始被殺。

〔一五〕乃詔吏部尚書李光爲淮西招撫使　「淮西」原作「江東」，據繫年要録卷五一、三朝北盟會編卷一五〇及宋史卷二七高宗本紀四改。

〔一六〕丁丑　繫年要録卷五二據日曆繫於「紹興二年三月丙午」。

〔一七〕金虜酋領有不免者　「虜酋」原作「人首」，據皇朝中興紀事本末卷二〇改。

〔一八〕非卓然傑出如陽城种放　「非」原作「斐」，又脱「卓」字，據皇朝中興紀事本末卷二〇及繫年要録卷五一改、補。

〔一九〕真不忝矣　「忝」原作「紊」，據廣雅本、皇朝中興紀事本末卷二〇及繫年要録卷五一改。

〔二〇〕知明州吴懋進錢五萬緡　「吴懋」原作「兵樊」，據廣雅本、皇朝中興紀事本末卷二〇及繫年要録卷五一改。

〔二一〕案：繫年要録卷五一戊子作「水軍步卒戍明者逾萬人」，并考證小曆誤。

〔二二〕案：此記事，繫年要録卷五一戊子考證「非其實也」。

〔二三〕除湖北轉運判官　「判官」原作「通判」，據廣雅本及繫年要録卷五一改。

〔二四〕案：吕頤浩此段奏請，繫年要録卷六〇繫於本年十一月己巳。并以熊克所記爲誤。

〔二五〕虜分三路入寇　「虜」原作「敵」，「寇」原作「攻」，據皇朝中興紀事本末卷二〇改。

〔二六〕修飭器甲　「飭」原作「飾」，據皇朝中興紀事本末卷二〇及繫年要録卷六〇改。

〔二七〕今張俊軍三萬　「俊」原作「浚」，據皇朝中興紀事本末卷二〇改。下同。

〔二八〕又神武中軍楊沂中後軍陳思恭　「楊」原作「揚」，據皇朝中興紀事本末卷二〇及繫年要録卷六〇改。「陳思恭」，繫年要録卷六〇作「巨師古」，當是。

〔二九〕張守忠等軍亦二萬　「忠」原作「中」，據皇朝中興紀事本末卷二〇及繫年要録卷六〇改。

〔三〇〕况今有十六七萬　「今」原脱，據皇朝中興紀事本末卷二〇及繫年要録卷六〇補。

〔三一〕且向者邵青擾通泰　「泰」原脱，據皇朝中興紀事本末卷二〇及繫年要録卷六〇補。

〔三二〕又自虜之南牧　「虜」原作「金」，據皇朝中興紀事本末卷二〇改。下同。

〔三三〕然虜騎連年不至淮甸　「虜騎」原作「金人」，據皇朝中興紀事本末卷二〇改。

〔三四〕知壽春府陳辨者　「辨」，繫年要録卷五一作「卞」，且以「陳辨」爲誤。

〔三五〕豫遣其將王彦充攻壽春　「遣」原作「追」，據皇朝中興紀事本末卷二〇改。「王彦充」，繫年要録卷五一作「王彦先」。

〔三六〕張俊行軍　「俊」原作「浚」，據皇朝中興紀事本末卷二〇改。

〔三七〕既而光擒世清誅之仍揀其衆璨部之赴行在　「而」原作「與」，據皇朝中興紀事本末卷二〇改。案：繫年要録卷五三繫於紹興二年閏四月辛丑，并考證云：「實甚誤矣。光至宣州在二月辛卯。揀軍在三月壬辰。世清伏誅在閏四月辛丑，相去凡四十日。」

〔三八〕畫時推割　「推」原作「催」，據皇朝中興紀事本末卷二〇改。

〔三九〕其續墾到田　「墾」原作「懇」，據皇朝中興紀事本末卷二〇改。

〔四〇〕諸路省試合格進士並集行在　「省」，皇朝中興紀事本末卷二〇作「類」。

〔四一〕賜張九成以下二百五十九人及第出身　「出身」原作「其身」，據廣雅本及皇朝中興紀事本末卷二〇改。

〔四二〕吾叛將張中彦慕侑等引虜衆來攻　「虜衆」原作「金將」，據皇朝中興紀事本末卷二〇改。

〔四三〕宣撫處置使張浚奏擢政知鳳州　「張浚」原脱，據皇朝中興紀事本末卷二〇補。
〔四四〕朝廷常委曲從之　「常」原作「尚」，據皇朝中興紀事本末卷二〇改。
〔四五〕渾瑊在蒲有所奏　「有所」原互倒，據皇朝中興紀事本末卷二〇乙正。
〔四六〕外攘夷狄「攘夷狄」原作「用其威」，據皇朝中興紀事本末卷二一改。
〔四七〕案：此事繫年要録卷五三繫於「戊子」。
〔四八〕體貌惟均　「體」原作「禮」，據皇朝中興紀事本末卷二一及繫年要録卷五三改。
〔四九〕近聞虜同劉豫合兵以窺川陝　「虜」原作「金」，據皇朝中興紀事本末卷二一改。
〔五〇〕必可牽制川陝之急　「急」原作「西」，據廣雅本、皇朝中興紀事本末卷二一及繫年要録卷五三改。
〔五一〕此亦一奇也　「此」原作「北」，據皇朝中興紀事本末卷二一及繫年要録卷五三改。
〔五二〕案：繫年要録卷五三繫於「甲申」。
〔五三〕恐非設險守邦之意　「設」原作「失」，據廣雅本、皇朝中興紀事本末卷二一及繫年要録卷五三改。
〔五四〕守峽江之險　「江」原作「口」，據廣雅本、皇朝中興紀事本末卷二一及繫年要録卷五三改。
〔五五〕雖襄陽雖已分鎮　此句廣雅本、皇朝中興紀事本末卷二一及繫年要録卷五三作「若襄陽雖已分鎮」。
〔五六〕案：繫年要録卷五一繫於本年「二月己丑」。
〔五七〕比言者嘗奏有繫名之弊　「奏」原作「秦」，「秦」上復衍「謂」字，據皇朝中興紀事本末卷二一删改。
〔五八〕案：四月壬戌朔，無癸丑日。
〔五九〕則假道於金虜　「虜」原脱，據皇朝中興紀事本末卷二一補。
〔六〇〕會興將楊偉降虜　「虜」原作「金」，據皇朝中興紀事本末卷二一改。

〔六一〕乃發女貞萬户茶曷馬渡河　「茶曷馬」原作「察罕瑪勒」，據原注文及皇朝中興紀事本末卷二一回改。後文徑改，不出校。

〔六二〕案：翟興之死，繫年要録卷五三繫於閏四月癸丑，且非戰死，乃爲楊偉所殺。

〔六三〕求金虜所收不盡之物　「虜」原作「人」，據皇朝中興紀事本末卷二一改。

〔六四〕以宗室朝散大夫令畤主管大宗正司　「朝散」，繫年要録卷五三作「右朝請」。

〔六五〕秘書少監傅崧卿爲參謀官　「秘書少監」，皇朝中興紀事本末卷二一及繫年要録卷五三作「秘書監」。

〔六六〕時金虜欲數路入寇　「數路」原脱，「虜」原作「人」，「寇」原作「攻」，據皇朝中興紀事本末卷二一補、改。

〔六七〕金賊用兵十八年矣　「賊」原作「人」，據皇朝中興紀事本末卷二一改。

〔六八〕猶犯順不已　「犯順」原作「用兵」，據皇朝中興紀事本末卷二一改。

〔六九〕劉光世之父檢校太傅延慶陷虜中　「虜」原作「敵」，據皇朝中興紀事本末卷二一改。下同。

〔七〇〕光世始知父死　「父」原作「武」，據皇朝中興紀事本末卷二一改。

〔七一〕金虜大酋撒离曷與僞齊合兵　「虜大酋」原無，據皇朝中興紀事本末卷二一補。

〔七二〕庶亦覺有間已者　「者」原脱，據皇朝中興紀事本末卷二一補。

〔七三〕而以便宜命參謀官劉子羽知興元府　案：繫年要録卷五三作「命庶與知成都府王似兩易」。

〔七四〕二鎮乃安　「乃安」原脱，據皇朝中興紀事本末卷二一補。

〔七五〕前知臨安府孫覿受諸縣獻錢四萬貫　「孫」原作「孔」，據皇朝中興紀事本末卷二一及繫年要録卷五三改。

〔七六〕賜名從王從爰。　案：繫年要録卷五四紹興二年五月辛未條注文云：「〈熊克小暦〉又云：『賜名伯琮。』臣謹案：皐陵舊諱從王從宗，至紹興二年二月壬寅，除防禦使，後改賜名，去伯字，克誤也。」案：繫年要録所述與今存中興小紀不同，存疑待考。

〔七七〕與虜衆合犯山東之忠義軍寨　「虜」原作「敵」，據皇朝中興紀事本末卷二一改。

〔七八〕案：以范温爲團練使，繫年要録卷五四繫於「己卯」。

〔七九〕案：以侍從爲參詳、參議官，繫年要録卷五四繫於「丙戌」，並以爲誤。

〔八〇〕案：繫年要録卷五四丁亥條注文根據日曆所載呂頤浩等人劄子，認爲是呂頤浩做宰相時所請，非吏部建請。「寺、監、書局以上依舊堂除」亦誤。

〔八一〕案：此條，繫年要録卷五五繫於「六月辛卯」。

〔八二〕不復聞用車取勝　「用」原脱，據皇朝中興紀事本末卷二一及繫年要録卷五五補。

〔八三〕强弩可制虜人　「虜」原作「敵」，據皇朝中興紀事本末卷二一改。下同。

〔八四〕案：繫年要録卷五五戊戌條注文考證云：曹成未赴司參，奏曹成受招者乃孟庾、韓世忠而非李綱，且曹成三年五月丁丑始進容州防禦使。

〔八五〕案：繫年要録卷四三紹興元年正月丙申條注文云：「二年六月癸卯始降旨，就宣司類省試。熊克小曆『自此始』蓋誤。」

〔八六〕參知政事翟汝文語右僕射秦檜　「右」原作「左」，據廣雅本、皇朝中興紀事本末卷二一及繫年要録卷五五改。

〔八七〕乃詔與郡言者再論遂令致仕　案：翟汝文罷參知政事，繫年要録卷五五繫於「壬寅」；令致仕，繫年要録卷五五繫於「甲辰」。

〔八八〕何所不至　「所」原作「用」，據皇朝中興紀事本末卷二一及繫年要録卷五五改。

〔八九〕案：繫年要録卷五五丙午條注文考證云：「熊克小曆載此事殊失本旨，蓋頤浩疑光世軍中詭名冒請者多，錢糧初不乏，非謂少錢而乞朝廷應副也。」

〔九〇〕内修外攘夷狄之事　「夷狄」原脱，據皇朝中興紀事本末卷二一補。

〔九一〕自古豈有夷狄常强　「夷狄」原作「外國」，據皇朝中興紀事本末卷二一改。

〔九二〕案：繫年要録卷五五癸巳條注文考證云：取馬嶺表，始於大觀，非始於紹興。

〔九三〕金虜試舉人於白水泊　「虜」原脱，據皇朝中興紀事本末卷二一補。

〔九四〕僞知制誥韓昉　「僞」原作「金」，據皇朝中興紀事本末卷二一改。

〔九五〕借昉鄉貫應試　「試」原作「副」，據皇朝中興紀事本末卷二一改。

〔九六〕虜自此失中原之士心矣　「虜」原作「金」，據皇朝中興紀事本末卷二一改。

〔九七〕若非禦寇備敵　「寇」原作「侮」，「敵」原作「邊」，據皇朝中興紀事本末卷二一改。

中興小紀卷十三

紹興二年秋七月辛酉，上諭宰執：「以福建昨緣盜作，遣兵蕩平，其被焚刼之家，並與免税。」秦檜等曰：「謹奉德音。」既又謀帥，時資政殿學士張守以内祠、侍讀召，而守力辭。宰執遂擬除守，乃以知福州。

癸酉，上謂宰執曰：「内諸司可省。」即令修政局條上，如修内司與牛羊司已見冗費。秦檜曰：「陛下及此，盛德事也。大觀、政、宣間，屢裁冗費，終不能行。今斷自淵衷，誰敢不應？」上曰：「只要凡事當人心。」權邦彦曰：「人心合，則天意得，萬事無不成矣。」檜曰：「聖德既著，夷狄自服〔一〕。陛下近命有司碎銷金屏風，遠邇咸知，莫不欣載。」上曰：「凡事至誠力行，善惡人自知，不可掩也。」上又曰：「儒臣講讀，若其説不明，則如夢中語耳。何以發朕意？欲令胡安國兼讀春秋，不必作解義，朕將諮詢。昔英宗時，司馬光請乞詰問〔二〕，若知則進其説，不知則退而討論。此於帝學最爲有補。」於是，檜等仰贊聖學之知要焉。安國時以給事中兼侍講，又給事中、侍講廖剛嘗從容奏言：「凡經筵講罷，因留進對，惟許論説治體，汲引賢材，不得私有所請及排斥人物。」上深然之。

時有議廢修政局以摇秦檜，而左司郎官平陽林待聘〔三〕，檜客也，方兼本局檢討官，乃上言：「聞之蘇軾曰：『治道之病，其始不立，則其卒不成。惟其不成，是以厭之，而愈不立。』今日是也。陛下即位六年，更用八相，而績用弗著，此無他，人無常責而各有心，則治何以立？陛下顧今廷論猶前日爾，委弊極矣，宜更張之，則樂於循故；冗濫極矣，當裁抑之，則惡於害己。臣恐修政之局廢〔四〕，則亦翫歲愒日而已。臣願陛下奮剛明之斷，嚴動摇之意，以成復古之勳。天下幸甚。」

乙亥，上謂宰執曰：「朕每務至公，泛觀萬事，如學道之人，處之無心。」秦檜曰：「公乃王，王乃天，惟公與天合。如文王受命，乃在『無然畔援，無然歆羨，誕先登於岸』。」上曰：「此豈文王無欲所致耶？」檜曰：「惟無欲，則先登於岸。觀世人之擾擾，如在水中耳。」

初，都督吕頤浩北征，領統制官巨師古、趙延壽、崔增等軍行，未至丹陽縣，後軍叛去。〔五〕淮南宣撫使劉光世遣統制官王德追至建平縣，滅之。於是，頤浩不能進，引疾求罷。遂詔頤浩赴闕，己卯，頤浩入奏都督府事，因言：「常、潤、蘇、秀大稔，米價極賤。」上曰：「若此，何事不成？」頤浩曰：「米㪷二百，正如陛下初幸淮南時也。」上曰：「太賤亦恐傷農。」

先是，創沿海制置使，以集英殿修撰仇悆爲之，建司於浙西。甲申，左僕射吕頤浩言：

「近創此司，最爲得策，然虜舟從海來〔六〕，有二道：一自海北岸來，至明之定海；一自南岸來，至秀之海鹽。萬一有警，遠不能及。乞令仇悆專管浙西，別命人管浙東。」從之。

丙戌，以御史中丞沈與求爲吏部尚書兼權翰林學士，户部侍郎黄叔敖遷尚書。

自渡江以來，玉牒等文散失，至是，宗正少卿李易乞旋行編次。丁亥，詔從之。

監察御史劉一止嘗言：「人材進用太遽，而仕者或不由銓選；朝士入而不出，在外雖有異能，不見召用；執親喪，非軍事至起復爲州縣官。皆僥倖之門不塞，而至公之路不開爾。」又請：「選近臣曉財利者，倣唐劉晏法，於瀕江置司，自辟官吏，以制國用。鄉村皆置義倉，以備水旱。及增重監司，轉運副使、提點刑獄，以曾任侍從官爲之。」是月，擢一止爲起居郎。一止奏事，上曰：「卿，朕親擢也。自六察遷二史，祖宗朝有幾？」一止曰：「臣不知舊典，尚記宣和間，張瀓、李棁與臣實同〔七〕，顧臣何以當此！」

八月庚寅，上謂宰執曰：「朕見凡詢衆集議，二三其説，事愈不決。」吕頤浩曰：「誠然。魏相言漢家自有制度，諸儒皆是古非今〔八〕。如漢三傑，唐房、杜，豈須多耶？」上曰：「朕即位六年，備嘗艱險，非天相之，何由脱艱？今盜平穀稔，天意可知。假如寇或南來〔九〕，避與不避如何？」頤浩曰：「若盡遣諸將禦江，寇豈便能渡？但先定計以待之。」上曰：「未聞千里而畏人者。」頤浩曰：「聖意如此，諸將誰敢不前耶？」起居舍人鄱陽張燾言：「自古用師，未有不知敵人之情而能勝者。願詔大臣諸將，厚爵賞以募可用之人〔一〇〕，遣往伺賊〔一一〕。撫養家屬，以係其心；資之財本，使或爲商賈，或爲伎藝，以混其跡，庶盡死力。凡敵人動息，皆得知之。」是日，詔諭沿江諸將及都督府。

壬辰，詔參知政事孟庾權同都督江淮荆浙諸軍事。時庾同太尉韓世忠討賊湖外，就用之也。

癸巳〔一二〕，給事中胡安國言：「京都圍城中人，乞再行遣，仍薦李綱可用〔一三〕。」上問安國：「所知綱如何？」曰：「綱作小官，敢言水災。」上曰：「綱以此得時望，然嘗爲相矣。如綱昔擁重兵，解太原圍，與官屬只在懷州，相去千餘里，卒無成功。綱多掠世譽虛美〔一四〕，以此協比成朋，變白爲黑，相附者爭稱之。朕今畀以方面，於綱任亦不輕。」甲午，上以語宰執，呂頤浩曰：「陛下之言誠是。靖康伏闕，亦綱之黨鼓唱，乃至殺近侍，莫能止，此風不可再也。」

是日，詔：「韓世忠蕩平諸寇，連奏大捷，已優加擢。其告内外諸軍統制官，各務立功報國，共濟中興，以光史册。」

時言者以爲：「今日理財治兵，最爲急務。如鎮江、建康、江、湖皆大帥總重兵。又命宰執都督諸路，措置規模，亦漸可觀。望陛下乘此機會，更遣侍從官，提振江上，與大將周旋於金鼓矢石之間，同力捍禦。」詔侍從官願行者聽。於是，給事中胡安國言：「提振者，提領振舉之稱，必有事權乃可。今長江表裏，悉命宰臣都督，執政權領，次則有宣撫劉光世在鎮江，韓世忠在建康。侍從官往諸軍前，若只遵約束，即爲虚行。若别授事權，又非特命執政專制閫外之意。况人主近臣〔一五〕，入則陪侍，出則扈從，今遠去觀闕，誠非所宜。以臣所見，其説不可用也。」

先是，起居郎胡世將應詔言：「請以神武五軍〔一六〕，並建都、副統制，以分其勢。益增三衙精卒，爲萬乘扈衛，以備非常。」人以爲中於時病。

己亥，初〔一七〕，左僕射吕頤浩自江上還，欲傾右僕射秦檜而未得其方，過平江，守臣席益知頤浩意，謂之曰：「目爲黨可也。然黨魁在鎖闥，當先去之。」頤浩乃引觀文殿學士朱勝非爲助。至是，以勝非爲同都督江淮荆襄諸軍事。胡安國言：「勝非與黄、汪同在政府，緘默附會，馴致渡江。南渡之初，又下詔尊張邦昌，結好金虜〔一八〕，許其子孫皆得録用，淪滅三綱，乃至於此。及爲相，苗、劉肆逆，不能死之，何足倚仗？」於是，勝非乞守越，不許。上曰：「勝非作相三日，值苗、劉之亂，當時調護有力，朕豈不知？」言者再論之，勝非惶懼，復辭會稽，遂以勝非爲醴泉觀使兼侍讀，日赴都堂議事。特命中書舍人、檢正黄龜年書行，仍趣其來。上曰：「勝非近罷同都督，士人多上書論其功，惟一二臺諫不與。」既而，勝非至，雖在經筵，而實預國論，位知樞密院之上。安國求去，頤浩言：「時方艱難，安國欲以微罪而去，其自爲謀則善矣，百官象之，如國計何？」戊申，安國落職，提舉仙都觀。於是，檜三上章乞留安國。不報。龜年，永福人也。

大理少卿張宗臣言：「諸郡戎器朘削殆盡，作院旬呈之法，僅成虚文。漕計方闕，不給以料，工匠散充他役，雖有舊管，或大兵經塗，或帥臣捕盜，盡取而去。今防秋在邇，素手臨敵可乎？宜下諸路監司，察其滅裂，或若帥司及大軍所索，先足州司，方給其餘。」庚戌，詔從之。

時南雄州境有賊鄧慶、吴忠聚黨千餘，州兵不能敵。守臣奏。江西帥司有統兵官傅樞，見駐南安軍，雖在别路，去本州纔九十里，願得其兵擊賊。辛亥，詔：「傅樞總兵累年，糜費錢糧，未嘗立功，仰躬率所部兵捕賊，如敢逗遛，重寘典憲。」

殿中侍御史黄龜年論右僕射秦檜，以爲主和，則遂沮止國家恢復遠圖；且植黨日衆，將專國自恣，漸不可長。檜即上章辭位。甲寅，授觀文殿學士、提舉太平觀。前一日，上召當制學士綦崇禮，諭以檜二策，仍出其原奏云：「以河北、河東人還金虜〔一九〕，以中原人還劉豫〔二〇〕。」如斯而已。故崇禮載之制詞略曰：「自詭得權而舉事，當聳動於四方；逮兹居位以陳謀，首建明於二策。罔燭厥理，殊乖素期。」既而言者論：「檜不知治體，信任非人，專務減刻，人心大摇。且引給事中程瑀等布之要路，何俟不譴？」乃詔落職。於是，瑀與侍御史江躋、起居舍人張燾相繼罷去。

丙辰，上與宰執言：「癸丑夜星變，昨夕出次東北，朕懼，欲避正朝，又止一殿〔二一〕，已減常膳食素，用謹天戒。卿等深思政闕，益務修舉。」皆惶懼請罪曰〔二二〕：「臣等失職，致虧于理。陛下克自抑畏，宜即消伏，然所次分野甚遠。」上曰：「今不論所次齊、魯、燕、趙之分，天象示譴，朕敢不畏天之威耶？」

提舉仙都觀胡安國道過衢州，遇教官福清黄祖舜，師承安國者也。時秦檜已罷相，於是，祖舜言檜不曉事。安國未以爲然。

初，朝廷所遣通問使，自宇文虚中之後，率募小臣，借官使虜〔二三〕，如王倫、朱弁、魏行可、崔縱、洪皓、張邵輩，並爲所留。先是，倫在雲中，左副元帥粘罕嘗遣都提點烏陵思謀〔二四〕，即驛見倫，語講和事。既而，粘罕亦自到驛。至是，乃以事授倫歸報。而朱弁、洪皓皆得以家問附倫而歸。倫入見，具奏虜中事。上優奬之，以爲右文殿修撰。左僕射吕頤浩謂當遣使以驗虜意〔二五〕。九月壬戌，乃詔承議郎潘致堯假吏部侍郎〔二六〕，爲大金奉表使，武經郎高公繪假忠州刺史副之，仍兼軍前通問。令倫作書與耶律紹文，并附茶藥，納兩宮道君金三百兩、銀三千兩；淵聖金二百兩、銀二千兩；寧德、宣和二后金各一百兩，銀一千兩。又以金銀賜宇文虚中及其下。以路由東京，乃令宰執作書與劉豫〔二七〕，而金國相亦以金二百兩、銀二千兩與之。時道君在五國城。其後，金人傳達，道君見之泣下，謂羣臣曰：「荷天眷命，未亡趙氏，中興之主出而繼焉。今日信至，可謂幸會。老夫晚年，復覩盛際，使我得歸一日，瞑目足矣。」羣臣皆賀，除藥材留以備用，餘皆賜一行親屬官吏。

時上已擢宣州觀察使楊沂中爲神武中軍統制，而言者多請增衛兵〔二八〕。癸亥，上謂宰執曰：「此論與朕意不同，彼但見承平禁衛之盛，今亦不少。一衛士所給，可贍三四兵。朕命沂中治神武中軍，此皆宿衛兵也。卿等可增修器械，乃爲先務。」遂命沂中兼提舉宿衛親兵〔二九〕。然不滿三千，沂中歎曰：「勾陳天仗，單弱乃爾。」於是，招丁壯，營牧圉，未半歲，軍容果張。由是，上益眷之。既遂，改中軍爲殿前司，命沂中主管本司公事。

初置六部監門一員，比寺監丞。

乙丑，以觀文殿學士、提舉萬壽觀兼侍讀朱勝非〔三〇〕，爲右僕射、同平章事兼知樞密院。時左僕射吕頤浩猶帶都督諸軍事，勝非奏此官宜罷。執政言方防秋，未可。勝非又奏，孟庾姑從之，頤浩所領當罷也。

時宣撫處置使張浚自興元復回閬州，浚奏金人與夏國頗睽，夏國屢遣人至吴玠軍中。丙寅，【新輯】詔浚常通問夏國。上因問宰執曰：「與今來講和事相妨否？」上又曰：「張浚孜孜爲國，人多譽之。朕聞蜀中人情不喜，蓋緣軍興累年，賦調征役，不無騷動，緩急浚恐失助〔三一〕。宜差人副其事。」吕頤浩曰：「當如聖喻。」

時，（輯自皇朝中興紀事本末卷二二）廣東漕臣汪召嗣奏其父觀文殿學士、提舉洞霄宫伯彦之官所。辛未，執政請除廣帥〔三二〕，吕頤浩曰：「汪伯彦長於治郡。」上曰：「伯彦爲郡，朕豈不知？恐外議以朕藩邸之舊，復云未協。」朱勝非曰：「漢用蕭、曹故人，唐用房、杜舊僚。今使伯彦任方面，未爲過舉。」詔伯彦就知廣州。伯彦未拜命，盜數萬侵廣東，圍城邑，郡人相率請伯彦討賊，伯彦乃出領帥事。既而，賊亦遁去。〔三三〕

先是，醫官樊彦端湯藥有勞，御筆特轉遥郡刺史，免執奏。言者以爲：「陛下臨御以來，深戒僥倖之弊，事有不由朝廷者，皆許覆奏，所以絶羣小之求，天下幸甚。今奉御筆，臣恐斜封墨敕，復自此始。願下三省評議。」乃詔寢前命。丙子，上謂宰執曰：「凡御筆處分，雖出朕意，必經由三省、樞密院，與以前不同。若或未由，當許卿等奏稟，給、舍繳駁。」朱勝非曰：「不由鳳閣、鸞臺，不謂之詔令也。」

初，鎮江府有織羅務〔三四〕，歲貢御服花羅數千匹，兵興罷貢。至是，内藏庫舉行。守臣胡世將奏：「民力凋弊，無所從出。」有司劾世將違旨，府寮皆懼。世將曰：「某以身任，諸公無憂。」戊寅，詔罷之。〔三五〕上曰：「軍興匱乏，豈可以御服之物爲先？且省七萬緡，以助劉光世軍也。」

辛巳〔三六〕，上謂宰執曰：「湖南巨盜既平，殘黨復能作過否？」吕頤浩曰：「有未滅者，令李綱收之。然聞綱縱暴，其治潭，恐無善狀。」上曰：「朕選任賢才，惟恐有遺。朕蓋嘗任綱，不知其有何功可紀？若宣和論水災，以此得望可也。」權邦彦曰：「綱只是掠虚美。」頤浩曰：「綱之爲黨，與蔡京一體，靖康伏闕，薦綱者皆其黨，陳公輔、張燾、余應求、程瑀鼓唱爲之，至殺内侍，幾生大變。」上曰：「如伏闕事，儻再有，當誅之。」

自兵興以來，急於除用人材，並無降詔之體。至是，學士綦崇禮言：「望舉行故事。」是日，詔從之。

湖、廣有統制官張忠彦者，駐軍廣州，頗擾一路。宣撫使李綱召之不來，綱察忠彦意樂爲郡，檄令權知岳陽，忠彦果至，即械送所司，取旨誅之。〔三七〕

乙酉，詔諸路帥臣帶宣撫使者並罷。於是，李綱知潭州，止帶湖南安撫使。

丙戌，【新輯】以顯謨閣學士、利路安撫使王似爲端明殿學士、川陝宣撫處置副使，令與張浚相見，同治事。既而，浚聞遣似來，即求去，且論吴玠、劉子羽皆有功於蜀，不應一旦以似加其上。浚雖乞去，然於邊備未嘗忘也。

是月，（輯自皇朝中興紀事本末卷二二）詔龍圖閣待制、知温州洪擬爲禮部尚書〔三八〕。

主管川陝茶馬趙開〔三九〕，倣大觀東南、東北鹽法〔四〇〕，置合同鹽市，驗視稱量封記發放，與茶法大抵相類。鹽引每斤納錢二十五，土産税及增添等，共約九錢四分，鹽所過每斤納錢七分，住賣納錢五分。若以錢引折納，別輸稱提勘合錢六十。自此始推行之。

金虜諸酋請其主晟如中京〔四一〕，以觀遼土及兩河之地。是秋，左、右副元帥粘罕、窩里嗢，監軍悟室，都監兀朮，兀朮自鳳翔回〔四二〕。皆會于燕山以迓之。留監軍撻辣守祁州〔四三〕，都監余覩守雲中。余覩久不還，常怏怏，有叛意。至是，約燕京統制槁里同反〔四四〕，蓋統軍之兵皆契丹人〔四五〕。余覩密諭燕雲、兩河郡守之契丹、漢兒，令盡誅女真人。天德知軍僞許之，遣妻來告。時悟室獵于居庸關，見二騎交馳甚遽，追獲之，於靴中得其反狀，悟室回燕，統軍來謁，縛而戮之。余覩既覺，父子以游獵爲名，遁入夏國，不納，遂之韃靼，韃靼先已受悟室之命〔四六〕，以兵圍之，余覩父子皆死。兀朮馳至雲中，凡預謀者悉誅之，并殺粘罕之次室蕭氏。兀朮回燕，請罪於粘罕，曰：「蕭氏乃天祚元妃，與兄實仇，然忍死以事兄者，蓋將有待。今事既不成，他日帷間，不測寸刃，可以害兄矣。某愛兄，故擅殺之。」粘罕泣而謝。于是，令諸路盡殺契丹，其得脱者皆西亡入夏，北奔沙漠矣。

冬十月戊子朔，宰執奏言者乞置監牧馬事。上曰：「若復孳生馬監，當就水草地。」於是，三省、樞密院條上，欲以饒州爲牧地。郡守帶提領，仍選使臣五員專管其事。上曰：

「兵以馬政爲先，唐開元間，馬多至四十萬匹，當時用一縑易一馬。亦要得人，又如王毛仲陳馬若錦繡，其盛如此。」

起居舍人朐山王洋言：「近百官進對，所奏訓誥，皆不關史氏，慮歲久失實。請自今有得聖訓，事關休戚，弗具報者，聽史官論列。」從之。

時諸路盜賊稍息，左僕射呂頤浩慮守令不虔，請分御史循行諸路。上乃詔：「三省選强明廉謹之人，臺察不足，則以郎官攝之。皆令引對，面給親劄御寶曆，回日考其殿最，以著賞罰。」己丑〔四七〕，詔遣曾統、朱異、明槖、胡蒙、劉大中、薛徽言等分往諸路，並以宣諭爲名。統，肇子〔四八〕；異，桐廬人；槖，長沙人；大中，楊子人；徽言，永嘉人也。詔各賜内帑絹二百匹，統等辭免。上曰：「朕欲出使無擾，不受一切餽遺，若不賜予，何以養廉。聞司馬光爲相，每詢士大夫私計足否。人不悟而問之，光〔四九〕曰：『儻衣食不足，安肯爲朝廷而輕去就耶？』至今人多誦此語。」

時資政殿學士李回以老儒知洪州，多辟親黨攝事，且縱子弟預政。回老儒，〔五〇〕雖仁厚有餘，而智略不足，故下多縱弛。帥司屯兵數萬，皆招收潰賊，既無所憚，又軍食不足，恣其所爲，郡民夜不解衣，惟恐生變。大中至江西，以回爲不職，且言其縱子弟預政，及多辟親黨攝官，凡二十餘事。朝廷初疑太多，再下大中審實，大中言：「十中之一二耳，事有大于此者。」乃詔落職，罷之〔五一〕。回歸饒州而卒。

先是，有富順民李勃者，因與娼阿王濫，詐稱徐王到夔州。守臣韓迪申宣撫司，遂津送赴行在，道由衢州，吏白守臣鄞人汪思温：「親王至州，當避正堂。」思温曰：「即乘輿至，何以待之？」治供帳如大賓客之儀。勃至行在，驗得其詐，送大理寺根問，獄具，庚寅，詔勃依軍法，阿王决杖編管。

起居舍人王洋乞封錢氏之後。甲午，上謂宰執曰：「洋面對，舉不急之務，可降一官。」且曰：「朕虚己求言，如夷狄、盗賊等事〔五二〕，可言者非一，洋姑應詔旨，豈朕所以望臣下之意？若獻言者有補治道，朕當旌賞。」既而洋知吉州，猶得直徽猷閣而去。

自罷江淮等路發運使以來，頗失上供錢物。至是，新置江浙荆湖閩廣九路都轉運使。丙申，以大理卿張公濟爲之〔五三〕，仍除集英殿修撰，置司湖州。

言者謂：「今年閏四月壬辰，有詔戍兵于本州，知、通依階級法。蓋朝廷灼見官軍在外，恣横之弊，然經由州縣，一切不卹，擅發倉廩，豪奪錢穀，甚至笞撻官吏，肆爲兇暴，豈可姑息不問？望今後統兵官經由州縣，如屯駐法。」從之。

【新輯】戊戌，左僕射吕頤浩言：「今歲必稔，欲於鎮江府上下積粟三十萬石，以備軍用。」上曰：「若選得精兵十五萬，分作三軍，何事不成？祖宗取天下，兵數不過此。」

吏部奏大小使臣差遣事，（輯自皇朝中興紀事本末卷二三）己亥，上謂宰執曰：「銓曹若不爲人吏舞文，即無留滯；長貳郎官肯閱文案〔五四〕，自然難欺。」呂頤浩曰：「臣昨任吏部尚書，頗見其弊。臣以爲四選人吏作過，大即流配，次當勒停。」上曰：「赴部之官，往往以細事難知，動涉旬月，不可不革也。」

初，金虜陷南京〔五五〕，守臣休寧凌唐佐降之，復以爲南京守。至是，唐佐密疏劉豫虛實〔五六〕，遣人持蠟書歸朝。爲人所告，豫執唐佐還汴都，庚子，殺之，囚其妻田氏於潁昌府。其後，京西招撫使李横下潁昌，田氏訟其事，横以聞。詔贈唐佐徽猷閣待制。

中書舍人胡松年面對，論吳、越、楚、漢皆有謀臣，如吳不用申胥，楚不用范增，則爲越與漢所滅。乙巳，上以語宰執，於是朱勝非曰：「唐肅宗用李泌，以白衣爲謀臣。」上曰：「德宗幸奉天，一時謀議，盡出學士陸贄，故號内相。」

庚戌〔五七〕，宰執奏禁私酒事。上曰：「私酤亦害國計。」呂頤浩曰：「茶、鹽榷酤，今日仰以養兵〔五八〕。若唐府兵可復，無養兵之費，則可罷，不然，舍此何出？」朱勝非曰：「榷酤自漢武時因用兵而有。」上曰：「行之千餘年，不能改，亦見久利也〔五九〕。」

朱勝非上疏，陳經營淮北五事：「一謂國家屯軍二十萬，月費二百萬緡〔六〇〕，儻無變通，理必坐困。逆豫方行什一法，聚以資虜〔六一〕，若王師不出，豫計得行。今當渡江，取彼所積，以實邊圉。淮南既實，民力自寬。二謂逆豫招到山寨已二十六項，彼得之，未必爲用，我失之，人心必去。且謂官軍不敢出，逆黨能驟來，以江南爲危地，北爲樂土。若承此時，擣其巢穴，則淮北振擾，而江南自安。三謂虜使既行〔六二〕，未有要約，而豫之惡可以藉口。況彼姦詐，但計强弱，如尚强，和必不集。與其併力南向，曷若先破豫兵，以去其助。四謂大軍一出，當明諭將帥，凡官帑金帛皆以賞軍〔六三〕，此藝祖伐蜀，惟取土疆之意也。五謂渡江之後，有助順土豪，可率衆者擢爲守將，俾自爲備，則兵勢益張。如此，不二三年，中原可定。」上從之。

右諫議大夫徐俯言：「大臣不可立威，當與諸將論事。」上謂俯曰：「昨杜充一向威嚴，將帥不敢議事。朕詔執政與諸將會食共議，卿知未？」十二月己未，宰執進呈俯章，呂頤浩曰：「將相和則國安，豈可人情不通？」上曰：「天下安，注意相；天下危，注意將。然亦不可偏廢〔六四〕，如司馬穰苴文能附衆，武能威敵，此蓋難事。」

己巳，宰執奏：「新除太尉韓世忠，合依兩府恩例。」上曰：「朕昨命中使賜世忠帶笏猶座以寵之矣。昔周賞晉侯，賜之大輅、戎輅、彤弓〔六五〕、盧矢、秬鬯。今世忠有功，宜厚予之。」

吏部尚書兼權翰林學士沈與求除龍圖閣學士、知潭州。與求乞祠，改提舉太平觀〔六六〕。以禮部尚書洪擬兼吏部尚書。〔六七〕庚午，擬奏：「有官必有吏，然先世之吏，正後世之吏邪。古有所謂猾禍吏〔六八〕，有所謂豪惡吏，有所謂輕黠吏，有所謂深刻吏，尹賞、張湯、王温舒之徒，猶能制而用之，故能勝其任。近時吏强官弱，官不足以制吏。官有以財用不給而罷者，吏未嘗過而問也。官有以刑名而罷者，吏未嘗過而問也。〔六九〕官有罪，吏告之，有司治之惟恐後；吏有罪，官按之，則相與疑曰：『豈寬縱致然耶？』故任職者，皆以不按吏爲得計。宜其所在姦吏專權擅勢，大作威福。臣竊憤之。願詔有司立法，應官除名者，吏勒停；官衝替者〔七〇〕，吏放罷；官能自按吏，則許免失覺察之坐。如此，則吏强官弱之風浸衰矣。」上謂宰執曰：「朕思此一事，要在官得其人，吏不敢舞文爲姦。」呂頤浩曰：「緣官不知法，故吏得以欺也。」權邦彦曰：「昔有三不欺，不敢欺在威，不能欺在明，不忍欺在德。」上然之。

辛未，上謂呂頤浩曰：「朕嘗思創業、中興事殊，祖宗創業固難，中興亦不易。中興又須顧祖宗已行法度如何〔七一〕，壞者欲振，墜者欲舉，然天不假易，朕敢不勉之！」

辛巳，上謂宰執曰：「昨日大理少卿元衮面奏，朕戒以持法明恕。如宣和間，開封尹盛章、王革，可謂慘刻。」呂頤浩曰：「惟明克允，乃用刑所先也。」時衮奏：「昨政和新書曾未數歲，而論議紛紛，衝改幾半者，皆自縉紳之臆説也。願降睿旨，若於新書有所增損，乞更加參訂可否，勿使輕紊成憲。」乃詔：「今後臣寮所請，若祖宗法意并新書有所增損，令刑部參酌申省。」

江西宣諭薛徽言奏：「漢薛宣守左馮翊時，頻陽縣當數郡輻湊〔七二〕，且多盜，令薛恭所職不辦。而粟邑縣小，僻在山中，民樸易治，令尹賞以茂材遷，乃奏賞與恭易。未幾，兩縣皆治。蓋材有長短，邑有劇易。望許臣所到州縣，視吏無大過，止坐才窘而事不辦者，聽兩易其任，如薛宣故事。」詔如合移官，申省取旨。

初，詔知湖州汪藻修元符以來日曆，至是，藻言：「東觀凡例，臣嘗預聞，今本州不經兵火，案牘具存，且多藏書之家。臣於郡政之餘，當自元符庚辰至建炎己酉，編年類進，以備採擇。」壬午，詔從之。

初，婦人阿易詐稱帝姬，曾下嫁曹晟〔七三〕，致宗室趙士倫申荆南鎮撫使解潛，送赴行在。至是，驗知其詐，下大理寺，獄具。十二月丁亥朔，詔易杖死，士倫等皆編管。

右諫議大夫徐俯、右司諫劉棐言湖南安撫使李綱慢君父，輕朝廷，及改制書等罪。甲午，詔綱提舉崇福宮。棐，宋城人也。

辛執奏御筆批出，令舉舊制，禁絶民間銷金事。上曰：「昨因閱韓琦家傳〔七四〕，論戚里多用銷金衣服。朕聞近來行在銷金頗多，若日銷不已，可惜廢於無用。朕又觀春秋正義〔七五〕，謂：『質則用物貴，淫則侈物貴。』蓋淫侈不可不革。」

先是，通州歲支鹽二十萬袋，時淮南宣撫使劉光世下統制官喬仲福〔七六〕，買私鹽〔七七〕，倣官袋而用舊引，貨於池州〔七八〕，人不敢問。言者以爲，今歲緣此支鹽僅三萬袋，實損課額。於是，尚書省言：「茶鹽之法，朝廷利柄。今養兵大費，多仰鹽課，若將佐容縱侵紊，非獨妨客販，即養兵大費必闕。」乃詔光世追仲福取問，仍誡所部將佐，不得販鹽，違者重竄。

高麗國遣人入貢〔七九〕。

乙巳〔八〇〕，【新輯】左僕射呂頤浩奏：「近遣郎官孫逸督上供米於江西，聞已起三綱，則三十萬之數可集矣。」上曰：「所補不細。江司漕臣必待遣官促之然後發，則失職爲可責〔八一〕。朕常面訓都轉運使張公濟，俾先理常賦，若常賦不入，反務横斂，非朕恤民之意也。」（輯自皇朝中興紀事本末卷二三）

司封郎官鄭士彦奏：「國以兵故强，兵以教故精。國家承平時，禁軍教法甚嚴，况今艱難，而諸州往往冗占，大抵以將迎爲急務，以教習爲虚文。望詔有司，申嚴故事。每州選兵官專主，歲終則較其精粗而賞罰之。」辛亥，詔劄付諸路帥司。

左司郎中金壇張綱奏：「欲今後令州縣月具繫囚存亡之數，長吏結罪保明，申提刑司。歲終較其多少，最多則黜責，少則褒賞。」壬子，詔從之。

自中原失守，諸重鎮多失，惟德安府獨存，鎮撫使陳規與羣盜屢戰皆勝。至是，規奏屯田事，請以兵爲農，因農爲兵，其策甚可行。諫官乞推賞官吏。遂降詔獎規。甲寅，言者又謂：「規深得古者寓兵於農之意，望頒其法於諸鎮使，倣而行之。」

以參知政事、權都督江淮荆浙諸軍孟庾爲同都督。

婺州歲貢羅，建炎中，已減定爲三萬匹。是歲，計臣格前詔，乞復崇寧之舊。守臣王居正三上章，且遣其屬詣都堂白宰執，仍手疏五不可以聞。乃詔依已減定之數。〔八二〕

初，金虜以余覩之叛〔八三〕，收平州守郭藥師、相州守杜充、平陽總管蕭慶，皆下元帥府獄，既而悉免之，惟雲中副留守李處能預謀，族誅。左副元帥粘罕問充：「爾欲復南歸耶？」充曰：「他人敢歸南朝，惟充不敢歸也。」粘罕顧諸酋而笑之〔八四〕。時虜主晟已至中京〔八五〕，欲遂之燕雲，以余覩亂，復還本土。至是，副元帥而下知其主已回，亦各歸所部。

時鼎寇楊么、黃誠，聚衆至數萬，么主誅殺，誠主謀畫據江湖以爲巢穴。其下又有周倫、楊欽、夏誠、劉衡〔八六〕，分布遠近，共有車船。李龜年紀楊么本末曰：「車船者，置人於前後踏車，進退皆可。其名大德山、小德山、望三州及渾江龍之類，皆兩重或三重，載千餘人。又設拍竿〔八七〕，其制如大桅，長十餘丈，上置巨石，下作轆轤貫其顛，遇官軍船近，即倒拍竿擊碎之。渾江龍則爲龍首，每水鬬，楊么多自乘此。〔八八〕及海鰍船各數百隻〔八九〕海鰍者，鰍頭船也。蓋車船如陸戰之陣兵，海鰍船如陸戰之輕兵，而官軍船不能近，每戰輒敗。大率倫、欽雖各有寨，而專恃船以爲强。誠、衡雖各有船，而專恃寨以爲固。誠寨南據芷江，東北阻湖，惟西有陸路，又設重城濠及陷馬坑。衡寨北據正江，東西南皆阻湖。誠、衡每詫曰：「地險如此，除是飛來。」是月，詔鼎澧鎮撫使程昌寓〔九〇〕，與荆南鎮撫使解潛分遣兵討之，既而昌寓奏殺賊五千餘人。又李龜年記曰：「昌寓初到鼎州，披荆棘，立軍寨，與賊接戰。其御下甚嚴，不用命必誅之，故將士戮力。又爲鐵牀等刑，專以威賊，每擒賊黨，引其傑黠者，問以賊中事，辭不服，則以此刑治之。其徒旁觀惶駭戰慄，又陰縱其老弱以歸，故賊畏昌寓，不敢犯鼎州。」

初，諸州鑄錢監，惟饒之永平最古，蓋自唐乾元初已創。本朝於至道中，增池之永豐，咸平中，增江之廣寧，而虔之鑄錢院，大觀末始建。兵興以來，鼓鑄殊損舊數，而官吏猥衆，往往虚靡廪給。是年，始令永豐監卒寓役於饒，廣寧監卒寓役於虔，蓋移少以就多也。

鄧隨郢鎮撫使桑仲與其下謀，再攻金、房，李横曰：「不率三軍入西川，即殺虜以報國〔九一〕，勿坐困於此。」霍明獨不從，曰：「朝廷既招安我輩，無事且已。」竟無行意。仲怒，自馳至郢州起軍，明謂其黨曰：「大太尉來，定見害。」明度仲以駿馬日馳三百里，髻必解散，預備有力者爲之束髮，坐定，明卑辭謝曰：「擇日即起兵，豈敢違大哥令，事未須遽，莫要理髮否〔九二〕？」仲欣諾，有力者既得髻，即擒而殺之〔九三〕。遂以仲再反聞於朝。仲之母奔告李横〔九四〕，横自鄧州率兵爲仲報讎，進圍郢城。明有口辦，登城呼曰：「仲心難保先殺明，次及兄矣。何如吾二人分其衆與地，請命於朝。」横不聽，攻之愈急，明開門與戰，大敗而走。既而自歸行在，授洪州兵官。横既爲仲報讎，義聲稍著，詔授襄陽等州鎮撫使〔九五〕。

僞河南尹孟邦雄盜發永安陵，河南鎮撫使翟琮憤不能平，思出奇以擒之。又知虢州董震初嘗從僞，至是復歸正，乃將所部與琮併力，謀取西京。琮，興子也。

〔校勘記〕

〔一〕夷狄自服　「夷狄」原作「遠人」，據皇朝中興紀事本末卷二二改。

〔二〕乞詰問　「詰」原作「語」，據廣雅本及皇朝中興紀事本末卷二二改。

〔三〕而左司郎官平陽林待聘　「左」，宋宰輔編年録卷一五同，繫年要録卷五六作「右」。

〔四〕臣恐修政之局廢　「局」原作「舉」，據繫年要録卷五六改。

〔五〕案：繫年要録卷五四繫於「五月丁丑」，以小曆誤。

〔六〕然虜舟從海來　「虜」原作「敵」，據皇朝中興紀事本末卷二二改。

〔七〕張澂李棁與臣實同　「棁」原作「税」，據皇朝中興紀事本末卷二二及繫年要録卷五六改。

〔八〕諸儒皆是古非今　「皆」，皇朝中興紀事本末卷二二作「多」。

〔九〕假如寇或南來　「寇」原作「敵」，據皇朝中興紀事本末卷二二改。下同。

〔一〇〕厚爵賞以募可用之人　「賞」原脱，據皇朝中興紀事本末卷二二及繫年要録卷五六補。

〔一一〕遣往伺賊　「賊」原作「敵」，據皇朝中興紀事本末卷二二改。

〔一二〕癸巳　繫年要録卷五七繫於「壬午」。

〔一三〕仍薦李綱可用　「綱」原作「剛」，據廣雅本、皇朝中興紀事本末卷二二及繫年要録卷五七改。

〔一四〕綱多掠世譽虚美　「譽」，皇朝中興紀事本末卷二二及繫年要録卷五七作「俗」。

〔一五〕况人主近臣　「臣」原作「人」，據廣雅本、皇朝中興紀事本末卷二二及繫年要録卷五七改。

〔一六〕請以神武五軍　「武」下原重「武」字，據皇朝中興紀事本末卷二二删。

〔一七〕初　原脱，皇朝中興紀事本末卷二二補。

〔一八〕結好金虜　「虜」原作「人」，據皇朝中興紀事本末卷二二改。

〔一九〕以河北河東人還金虜　「虜」原脱，據皇朝中興紀事本末卷二二補。

〔二〇〕以中原人還劉豫　「豫」原作「預」，據廣雅本、皇朝中興紀事本末卷二二及繫年要録卷五七改。

〔二一〕又止一殿　「殿」原脱，據皇朝中興紀事本末卷二二補。

〔二二〕皆惶懼請罪曰　「罪」原作「罷」，據廣雅本、皇朝中興紀事本末卷二三改。

〔二三〕借官使虜　「虜」原作「敵」，據皇朝中興紀事本末卷二二改。下同。

〔二四〕左副元帥粘罕嘗遣都提點烏陵思謀　「左」原脱，據皇朝中興紀事本末卷二二補；「烏陵思謀」原作「烏凌阿思謀」，據原注文及皇朝中興紀事本末卷二二回改。下文徑改，不出校。

〔二五〕左僕射吕頤浩謂當遣使以驗虜意　「驗」，皇朝中興紀事本末卷二二及繫年要録卷五八作「驕」。

〔二六〕乃詔承議郎潘致堯假吏部侍郎　「議」原作「義」，據皇朝中興紀事本末卷二二及繫年要録卷五八改。

〔二七〕乃令宰執作書與劉豫　「劉豫」，繫年要録卷五八作「劉麟」，當是。

〔二八〕而言者多請增衛兵　「請」原作「謂」，據皇朝中興紀事本末卷二二改。

〔二九〕案：繫年要録卷五八考史書所載云：「沂中今年三月己酉除中軍統制，已兼帶矣，非在安國建請之後，克蓋誤也。」

〔三〇〕提舉萬壽觀兼侍讀朱勝非　「萬壽觀」，繫年要録卷五八作「醴泉觀」。

〔三一〕緩急浚恐失助　「失」原作「朱」，據繫年要録卷五八改。

〔三二〕執政請除廣帥　「請除」原互倒，據廣雅本及皇朝中興紀事本末卷二二乙正。

〔三三〕案：繫年要録卷六〇十一月辛未條注文云：「此蓋汪藻撰伯彦墓碑之詞，非其實也。」實際是汪伯彦對盜賊招安，盜賊散去。

〔三四〕鎮江府有織羅務　「務」原脱，據皇朝中興紀事本末卷二二及繫年要録卷五八補。

〔三五〕案：胡世將反對貢御服花羅事，繫年要録卷五八戊寅注文據日曆考證，此次拒絶貢花羅是鎮江府，而胡世將明年四月才到任，紹興三年再舉行，而世將有請，坐是削官。熊克誤記。

〔三六〕辛巳　繫年要録卷五八繫於「庚辰」。

〔三七〕案：此張忠彦事，繫年要録卷五繫於「紹興二年十月壬寅」，并考證云：「其令聽李綱節制在今年十月壬辰，被誅在十二月庚子。」小曆誤。

〔三八〕詔龍圖閣待制知温州洪擬爲禮部尚書　「禮部」，繫年要録卷五八作「吏部」。

〔三九〕主管川陜茶馬趙開　「茶」原脱，據皇朝中興紀事本末卷二二補。

〔四〇〕倣大觀東南東北鹽法　「北」前原脱「東」，據皇朝中興紀事本末卷二二補。

〔四一〕金虜諸酋請其主晟如中京　「虜」原脱，「酋」原作「將」，據皇朝中興紀事本末卷二二補、改。

〔四二〕兀朮自鳳翔回　「鳳」原作「秦」，據皇朝中興紀事本末卷二二改。

〔四三〕留監軍撻辣守祁州　「軍」原脱，據皇朝中興紀事本末卷二二補。

〔四四〕約燕京統制槁里同反　「槁里」原作「浩里」，據原注文及皇朝中興紀事本末卷二二回改。下文徑改，不出校。

〔四五〕蓋統軍之兵皆契丹人　「統軍之兵」原作「統兵之人」，據廣雅本及皇朝中興紀事本末卷二二改。

〔四六〕韃靼先已受悟室之命　「韃靼」原脱，據繫年要録卷五八補。

〔四七〕己丑　原作「乙丑」，據皇朝中興紀事本末卷二三改。案：繫年要録卷六〇繫於「十一月己卯」。

〔四八〕統肇子　原脱，據皇朝中興紀事本末卷二三補。

〔四九〕爲相每詢士大夫私計足否人不悟而問之光　原脱，據皇朝中興紀事本末卷二三補。

〔五〇〕多辟親黨攝事且縱子弟預政回老儒　原脱，據皇朝中興紀事本末卷二三補。

〔五一〕案：繫年要録卷六三繫於「紹興三年三月甲子」。

〔五二〕如夷狄盗賊等事　「夷狄」原脱，據皇朝中興紀事本末卷二三補。

〔五三〕以大理卿張公濟爲之　「張公濟」原作「張濟」，據皇朝中興紀事本末卷二三及繫年要録卷五九補「公」字。

〔五四〕長貳郎官肯閲文案　「郎」原脱，據皇朝中興紀事本末卷二三補。

〔五五〕金虜陷南京　「虜」原作「人」，據皇朝中興紀事本末卷二三改。

〔五六〕唐佐密疏劉豫虚實　「豫」原作「預」，據皇朝中興紀事本末卷二三改。

〔五七〕庚戌　繫年要録卷五九繫於「己酉」。

〔五八〕今日仰以養兵　「今日」原作「令曰」，據廣雅本、皇朝中興紀事本末卷二三及繫年要録卷五九改。

〔五九〕亦見久利也　「久」原作「允」，據廣雅本、皇朝中興紀事本末卷二三及繫年要録卷五九改。

〔六〇〕月費二百萬緡　「百」原脱，據廣雅本、皇朝中興紀事本末卷二三及繫年要録卷五九補。

〔六一〕聚以資虜　「虜」原作「敵」，據皇朝中興紀事本末卷二三改。
〔六二〕三謂虜使既行　「虜」原作「金」，據皇朝中興紀事本末卷二三改。
〔六三〕凡官帑金帛皆以賞軍　「帛」原作「弊」，據繫年要録卷五九改。
〔六四〕然亦不可偏廢　「然」後衍「危」，據廣雅本删。
〔六五〕彤弓　「彤」原作「彤」，據廣雅本及皇朝中興紀事本末卷二三改。
〔六六〕吏部尚書兼權翰林學士沈與求除龍圖閣學士知潭州與求乞祠改提舉太平觀　「改」下原有「禮部尚書」四字，此本下句文，誤置於此，據皇朝中興紀事本末卷二三移改。案：繫年要録卷六一繫此事於「紹興二年十二月己亥」，以十一月己巳，「此時李綱未罷，克蓋誤也」。
〔六七〕以禮部尚書洪擬兼吏部尚書　「洪擬兼吏部尚書」原脱，據皇朝中興紀事本末卷二三補。「以禮部尚書」原置於「提舉太平觀」前，據皇朝中興紀事本末卷二三乙正。
〔六八〕古有所謂猜禍吏　「古」原作「故」，據皇朝中興紀事本末卷二三改。
〔六九〕官有以刑名而罷者吏未嘗過而問也　原脱，據皇朝中興紀事本末卷二三補。
〔七〇〕官衝替者　「衝」原作「衡」，據皇朝中興紀事本末卷二三及繫年要録卷六〇改。
〔七一〕中興又須顧祖宗已行法度如何　「須」原脱，據皇朝中興紀事本末卷二三補。
〔七二〕頻陽縣當數郡輻湊　「輻」原脱，據皇朝中興紀事本末卷二三補。
〔七三〕曾下嫁曹晟　「晟」原作「成」，據皇朝中興紀事本末卷二三及繫年要録卷六一改。
〔七四〕昨因閲韓琦家傳　「傳」原作「傅」，據廣雅本及皇朝中興紀事本末卷二三改。
〔七五〕朕又觀春秋正義　「義」原作「議」，據皇朝中興紀事本末卷二三改。

〔七六〕時淮南宣撫使劉光世下統制官喬仲福　「淮南宣撫使」，繫年要録卷六一及皇宋中興兩朝聖政卷一一作「浙西安撫大使」。
〔七七〕買私鹽　「買」原作「置」，據皇朝中興紀事本末卷二三改。
〔七八〕貨於池州　「貨」原作「貸」，據廣雅本、皇朝中興紀事本末卷二三及繫年要録卷六一改。
〔七九〕案：繫年要録卷六一辛丑條注文，認爲高麗實際未至。
〔八〇〕乙巳　原作「己巳」，案本月朔，無己巳日，據繫年要録卷六一改。
〔八一〕則失職爲可責　「失」原作「矢」，據繫年要録卷六一改。
〔八二〕案：王居正反對恢復婺州崇寧貢羅數目之事，繫年要録卷六二繫於紹興三年正月己未。
〔八三〕金虜以余覩之叛　「虜」原作「人」，據皇朝中興紀事本末卷二三改。
〔八四〕粘罕顧諸酋而笑之　「諸酋」原脱，據皇朝中興紀事本末卷二三補。
〔八五〕時虜主晟已至中京　「虜」原作「金」，據皇朝中興紀事本末卷二三改。
〔八六〕劉衡　「衡」原作「衝」，據皇朝中興紀事本末卷二三及繫年要録卷五九改。下同。
〔八七〕又設拍竿「拍」原作「栢」，據皇朝中興紀事本末卷二三及繫年要録卷五九改。下同。
〔八八〕李龜年文原作正文大字，據皇朝中興紀事本末卷二三改作注文。
〔八九〕及海鰍船各數百隻　「各」原作「多」，據皇朝中興紀事本末卷二三改。
〔九〇〕是月詔鼎澧鎮撫使程昌寓　「鼎澧鎮撫使」，繫年要録卷六一紹興二年十二月丙辰作「知鼎州」。注文云：「按：時鼎州已罷分鎮，克所云誤也。」
〔九一〕即殺虜以報國　「虜」原作「敵」，據皇朝中興紀事本末卷二三改。

〔九二〕莫要理髮否「要」原脱，據皇朝中興紀事本末卷二三及繫年要録卷五二補。

〔九三〕案：繫年要録卷五二繫於「紹興二年三月戊戌」。

〔九四〕仲之母奔告李横　繫年要録卷五三紹興二年四月己未載：「其將吏馳報副都統制李横于鄧州。」

〔九五〕案：李横授鎮撫使事，繫年要録卷六二繫於「紹興三年正月乙亥」。